JN449661

아리스토텔레스의 『**니코마코스 윤리학**』 입문

Aristotle's Nicomachean Ethics
by
Christopher Warne

Copyright © Christopher Warne 2006

Korean Language Translation Copyright © 2011 by Seokwangsa Publishing Company

This Korean Language edition is published by arrangement
with **The Continuum International Publishing Group, Ltd., U.K.**

아리스토텔레스의 『니코마코스 윤리학』 입문

크리스토퍼 원 지음 | 김요한 옮김

서광사

이 책은 Christopher Warne의 *Aristotle's Nicomachean Ethics* (The Continuum International Publishing Group, 2006)를 완역한 것이다.

아리스토텔레스의 『니코마코스 윤리학』 입문

크리스토퍼 원 지음
김요한 옮김

펴낸이 | 김신혁, 이숙
펴낸곳 | 도서출판 서광사
출판등록일 | 1977. 6. 30.
출판등록번호 | 제 406-2006-000010호

(10881) 경기도 파주시 회동길 77-12 (문발동)
Tel: (031) 955-4331 | Fax: (031) 955-4336
E-mail: phil6161@chol.com
http://www.seokwangsa.co.kr | http://www.seokwangsa.kr

이 책의 한국어판 저작권은 영국 **The Continuum International Publishing Group, Ltd.**와의 독점저작권 계약에 의해 도서출판 서광사에 있습니다.
한국 내에서 보호를 받는 저작물이므로
무단 전재 또는 무단 복제를 금합니다.

ⓒ 도서출판 서광사, 2011

제1판 제1쇄 펴낸날 · 2011년 6월 20일
제1판 제3쇄 펴낸날 · 2017년 9월 20일

ISBN 978-89-306-0631-8 93160

ἡ παροῦσα μετάφρασις
εἰς μνήμην τοῦ Θεοδώρου Μητσοπούλου (1930–2009).

이 번역본을 聘父 故 Theodoros Mitsopoulos 님께 바칩니다.

옮긴이의 말

quia sicut exaltantur caeli a terra
sic exaltatae sunt viae meae a viis vestris
et cogitationes meae
a cogitationibus vestris 〈이사야 55:9〉

윤리는 하라는 것도 많고, 하지 말라는 것도 많다. 누려야 할 권리보다 지켜야 할 의무를 강조한다. 그래서 많은 사람들이 윤리학을 따분한 것이라고 생각한다. 『니코마코스 윤리학』은 그런 사람들의 오래된 상식을 깨는 책이다. 사람들은 어느 시대, 어느 곳에 살든 '어떻게 살아야 행복한가?' 라고 묻는다. 아리스토텔레스는 이 책에서 그 평범한 물음에 답한다.

그렇다면 행복이란 과연 무엇일까? 그는 행복의 정의를 규정하는 데 중요한 개념은 바로 '탁월성' (또는 덕)이라고 주장한다. 또한 그 탁월성이란 머릿속에서만 존재하는 것이 아니라 실천 속에서 이루어지는 것이며, 그것은 그것을 실천하는 사람에게 즐거움을 주는 것이라고 말한다. 물론 행복은 개인적인 차원에서의 만족을 의미하는 것이기도 하지만 인간은 사회적 동물이기 때문에 개인의 차원을 넘어 사회적 차원에서의 만족이라는 것도 강조한다. 그렇지만 그는 행복이 탁월성뿐만 아니라 외모 · 재산 · 인간관계 등 외부의 좋은 조건들이 함께 주어질 때 인간은 더욱 행복해질 수 있다고 함으로써 일정 부분 외적 조건의 필요성을 주장한다.

아리스토텔레스는 행복의 본질인 탁월성을 지적 탁월성과 도덕적 탁월성으로 구분한다. 지적 탁월성은 교육에 의해 습득되기 때문에 오랜 경험과 시간을 필요로 한다. 도덕적 탁월성은 습관의 결과로 생기는데, 본성적으로 우리에게 있는 것이라면 먼저 능력을 얻고 그 후에야 실천할 수 있지만 도덕적 탁월성은 본성적인 것이 아니기 때문에 먼저 실천함으로써 비로소 얻을 수 있다. 이는 아리스토텔레스가 실천의 중요성을 강조한 것으로 이해할 수 있을 것이다. 현대 규범윤리학은 무엇이 선이고 악인지 그 도덕적인 개념들의 규정과 원리들의 적용에 관한 이론적 연구라면 탁월성 윤리는 직접 행동함으로써 탁월성을 습득해야만 하는 실천윤리학이라고 말할 수 있다. 아리스토텔레스에 따르면 윤리적 사유와 윤리적 행동의 일치된 삶이 우리에게 즐거움을 제공하고 진정한 행복에 도달하게 만들어 준다. 그의 윤리학대로만 된다면 우리는 윤리학을 가르치는 것과 윤리적인 삶을 사는 것은 다르다는 주장을 더 이상은 말할 수 없을 것이다. 종교인은 섬기고 의사는 환자의 병을 치유하고 법관은 공평하게 법을 집행함으로써 본질적으로 행복하게 되는 것이지 다른 방식으로 행복을 얻을 수는 없다.

이 번역서는 보기에 이렇게 간단한 결론이 정교한 철학적 논증들로 촘촘하게 얽혀 있는 『니코마코스 윤리학』을 핵심 개념들을 중심으로 아리스토텔레스 윤리학을 처음 접하는 호기심 많은 학생들에게 알기 쉽게 설명해 주고 있다. 저자인 크리스토퍼 원은 영국의 현직 고등학교 철학 담당 교수로서 깔끔한 설명과 풍부한 예시를 통해서 일목요연하게 아리스토텔레스의 윤리학의 주요 쟁점들을 소개하며 독자들을 논의의 장으로 이끌고 있다. 역자는 이 번역서가 아리스토텔레스를 연구하는 많은 동학들에게 훌륭한 안내서로 그 역할을 충실히 다하기를 소망한다. 열심히 노력했을지라도 역자의 능력 부족으로 언제나 오역의 위험성이 내재하고 있음을 밝혀 둔다. 독자들이 좋은 아이디어나 잘못된 부분을 twitter @ioanniskim으로 따끔하게 지적해 주면 훌륭한 번역에 일조가 될 것이다.

이 번역서가 나오기까지 많은 분들께서 도움을 주셨다. 먼저 아리스토텔레스 철학에 대한 대학원 세미나를 청강하시면서 여러 유익한 논평을 해 주신 정대환 교수님, 박준호 교수님, 백훈승 교수님의 도움이 없었다면 이 책은 빛을 보지 못했을 것이다. 늦은 밤까지 이어진 동료 교수님들의 열정적인 토론과 유쾌한 만남이 번역에 커다란 도움이 되었다. 또한 서양 고대철학의 중요성을 언제나 강조해 주시면서 상냥한 미소로 격려해 주셨던 한상기 교수님께도 감사드린다. 초고를 끝까지 읽고 깔끔하게 수정을 해 주신 조홍만 교수님께도 감사의 마음을 표하고 싶다. 원고 정리에 도움을 준 대학원 유지웅, 김잠선 선생과 홍미애 양의 노고에 감사드린다.

언제나 뜨거운 기도로 부족한 아들을 지원해 주시는 부모님들에게 감사드린다. 먼 곳에서 응원해 주는 아내와 아들에게도 번역한다는 핑계로 살갑게 대해 주지 못해 지면을 빌어 미안한 마음을 전한다. 마지막으로 이 책의 번역 출판을 흔쾌히 허락해 주신 서광사 김신혁 사장님과 김찬우 부장님께 감사드리며 아울러 좋은 책을 만들기 위해 편집과 교정을 맡아 준 편집부 최민희 선생과 직원 여러분들에게도 감사드린다.

건지산 기슭에서

2011년 4월

김 요 한

❖ 일러두기 ❖

1. 이 책은 Christopher Warne, *Aristotle's Nicomachean Ethics*, 2006, London: Continuum을 우리말로 번역한 것이다.

2. 원문의 쪽수는 두 가지 방식으로 표시된다. 하나는 벡커(I. Bekker)가 편집한 아리스토텔레스 전집(*Aristotelis opera*, ed. Academia Regia Borussica. Aristoteles Graece ex recognitione Immanuelis Bekkeri, Berlin, 1831-1870)을 따른다. 예를 들어, 1129a29-b3이라고 표기되어 있다면 1129는 쪽을, a와 b는 한 쪽을 두 단으로 나눈 것 중 왼쪽 단과 오른쪽 단을, 29와 3은 행을 뜻한다. 다른 하나는 내용에 근거해 절(||)로 구분하고 있는 젤(Zell)의 판본(*Aristotelis Ethicorum Nicomacheorum libri decem*, Heidelberg, 1820)을 따른다.

3. 고전 그리스어는 라틴문자로 바꿔서 에라스무스(Erasmus)식 발음으로 통일해서 표기했다. 예를 들어, Odysseus는 '오디세우스'로 표기하지 않고 '오뒷세우스'라고 표기한다. 그리스어 문자 윕실론(υ)은 y로, 키(χ)는 ch로 표기한다. 예를 들어, 프쉬케는 psychē로 표기한다.

4. 본문에 포함되어 있는 참고자료들은 고전 그리스어 원전인용을 제외하고 모두 각주로 처리했다.

차례

서문

이 책은 『니코마코스 윤리학』에 소개된 인간에게 훌륭한 삶이 무엇인지에 관한 아리스토텔레스의 견해들을 담고 있다. 이 책의 목적은 논증들에 초점을 맞춤으로써 본문의 주요 주제들과 주장들을 독자들에게 소개하는 것이다. 이런 성격을 가진 책에서 모든 논쟁점들을 검토하고 독자들의 마음에 흡족할 만큼 깊이 있게 논의하는 것은 불가능한 일이다. 이 말은 필자가 이따금 어떤 주제들을 매우 간략하게 다루고 있고 또 어떤 주제들은 거의 손대지 않았다는 점을 의미한다. 그러나 필자는 여기서 소개된 내용들이 매우 재미있고 유용한 것이 되기를 소망한다.

서점에는 현재 『니코마코스 윤리학』의 수많은 번역서들이 즐비하다. 로스(W. D. Ross)의 번역서가 오랜 기간 동안 표준이 되었으며 여전히 옥스퍼드대학출판부에서 간행되고 있다. 그러나 최근에 출간된 가장 중요한 번역서는 Rowe와 Broadie(2002)의 책이다. 이 번역서는 기념비적인 작품으로 브로디가 작성한 광범위한 주해들과 함께 자세한 역사적 고찰과 철학적 고찰들을 포함하고 있다. 이 주해들은 이따금 『니코마코스 윤리학』에 관한 그녀의 견해들과 관련해서 자신의 『아리스토텔레스의 윤리학』(*Ethics with Aristotle*, 1991)에서 발견할 수 있는 것보다 훨씬 더 쉬운 지침이 되고 있다. 그러나 필자는 『니코마코스 윤리학』의 해설을 위해서 1999년 Hackett에서 출간된 Terence Irwin의 번역서(제2판)를 채택했다. 생각건대, 이 번역서가 가장 유용하고 이용하기에 가장 저렴한 판본이 될 것이다. 이 책 역시 광범위한 주해들과 아리스토텔레스의 핵심 용어들의 용례에 관한 훌륭한 조언을 제공하고 있는 매우 자세한 어휘집을 포함하고 있다. 그러나 필자가 이 번역서를 사용하는 것이 추호라도 다른 번역서들의 질에 대한 부정적인 견해로 이어져서는 안 되며 특별히 『니코마코스 윤리학』의 난해한 구절들과 관련해서는 여러 영어 번역서들을 참조하는 것이 바람직할 것이다. 이 해설서에 소개된 모든 인용문들은 Bekker 판본(1831)의 번호들을 따르고 있다. 필자는 『니코마코스 윤리학』은 약어 *NE*로 그리고 『에우데모스 윤리학』은 약어 *EE*로 축약해서 사용했다.

이 책을 저술하는 데 필자는 Nick Dent 교수에게서 많은 도움을 받았다. 이 책에서 논의된 관념들에 대한 필자의 열정은 1997년 버밍엄 대학에서 이뤄진 닉 교수의 "그리스 윤리학" 시간에 잉태되었다. 닉 교수는 끈기 있게 이 해설서를 읽어 가면서 자신의 전문 지식을 바탕으로 최종 원고의 완성에 큰 유익을 가져다준 여러 제안들을 아낌없이 제시해 주었다. Andy Fisher 박사와 Mark Ellis 박사는 초고들을 읽어 주고 수많은 유익한 제안들을 던져 주었다. 필자는 또한 Rob Hopkins 교수, Iain Law 박사, Chris Wraight 박사가 보내 준 충고와 격려에 감사드린다. 게다가 필자는 Continuum 출판사의 Ian Price와 Sarah Douglas의 조언에 많은 유익을 얻었다. 물론 이 책에 담긴 오류들에 대한 모든 책임은 필자가 짊어진다.

매번 필자가 사의를 표명하지는 않았지만, 이 책은 다른 연구자들의 학술적인 작품과 철학적인 작품에 큰 은혜를 입고 있다. 필자는 Julia Annas, Sarah Broadie, David Bostock, Terence Irwin, Richard Wollheim과 Michael Pakaluk의 작품들에서 많은 것을 배웠다. 비록 그들의 이름이 이 책에 언급되지 않는다고 할지라도, 그것이 은혜의 망

각으로 여겨져서는 안 될 것이다.

특별히 최근 몇 년 동안 필자에게 막대한 후원을 아끼지 않았던 나의 가족들과 친구들에게 감사 인사를 이 책에 기록할 수 있게 되어 기쁨을 느낀다. Tom Humphrey와의 우정은 항상 축복이었으며 필자가 이 연구 지침서를 작성하는 기간 동안에도 전혀 변치 않았다. 또한 Andrew Teverson 박사, Grant Gordon, Saladin Meckled-Garcia 박사와 Sam McIver의 개인적인 후원에도 감사를 드린다. 매우 어려운 시기에 자신들의 집에 필자를 따뜻하게 묶게 해 준 Sarah와 David Mitchell 부부에게도 감사드린다. 끝으로 매우 중요한 Christina Schultz에게도 감사를 드린다. 그는 이 책을 저술하는 동안 끊임없이 필자에게 도움을 주었다.

2006년 1월 21일
런던에서
크리스토퍼 원

이 책을 사랑하는 나의 부모님,

Clare와 Martin Warne에게 바칩니다.

1장 전후맥락

이 장에서 우리는 간략하게 아리스토텔레스의 생애와 작품들을 살펴볼 것이다. 특별히 이 해설서에 관련된 본문들을 고찰하게 될 것이다. 우리는 작품들의 진위성과 그것들 사이의 상호 관계에 대해 논의하게 될 것이다. 그 후에 우리는 윤리학 탐구에 관해 아리스토텔레스가 진술한 방법들을 검토하고 그것들이 결과들을 산출하는 데 얼마나 효율적인지를 평가하게 될 것이다.

I. 아리스토텔레스의 생애

아리스토텔레스는 마케도니아(Macedonia)의 한 지방인 스타기라(Stagira)에서 기원전 384년에 태어났다. 스타기라는 아테네에서 약 500킬로미터 정도 떨어져 있는 칼키디케(Chalcidicē) 반도의 북동쪽 해안에 위치하고 있다. 아리스토텔레스의 아버지인 니코마코스(Nicomachos)는 고대 마케도니아(Macedon) 왕국의 아뮌타스(Amyntas) 2세의 궁정 의사였다. 생물학에 대한 아리스토텔레스의 지속적인 관심은 아마도 가족의 직업적 배경에 그 기원을 두고 있을 것이다. 기원전 367년, 17세의 나이에 아리스토텔레스는 과감하게 남쪽 아테네로 내려가서 플라톤의 아카데미아에 입학했다. 그는 거기서 향후 20년 동안 연구했고 플라톤은 그를 '학원의 지성'으로 언급했다고 알려져 있다.

기원전 347년 플라톤의 사후에 아리스토텔레스는 아테네를 떠나게 된다. 그가 아테네를 떠난 이유들은 역사적 고찰의 주제가 되었다. 아리스토텔레스는 아카데미아 교장에 임명되지 못한 점에 괴로워했다고 전해진다. 그 자리는 플라톤의 조카인 스페우시포스(Speusippos)에게 돌아갔다. 그러나 동시에 그는 아테네 사람들 사이에 퍼져 가고 있던 반마케도니아 정서를 피하고 싶어 했다고 말할 수 있다. 고대 마케도니아 왕국의 아뮌타스의 아들인 필리포스 2세는 남쪽 지방을 지배하려는 군사적 야망을 실현하고 있었고 이는 아테네에 위협으로 간주되었다. 그의 왕실과 관련된 사람들에 대한 적대감은 아리스토텔레스를 매우 불편하게 했을 것이다. 그 동기가 무엇이었든지 간에 아리스토텔레스는 앗소스(Assos)로 이주하고 거기서 퓌티아스(Pythias)와 결혼하게 된다. 그녀가 죽고 약 3년 후에 아리스토텔레스는 반려자인 헤르퓔리스(Herpyllis)와 미튈레네(Mytilēnē)로 이주하게 된다. 비록 그들은 혼인은 하지 않았지만, 그녀에 대한 그의 사랑은 그의 유언장을 읽어 보면 매우 명백하게 드러난다.

> 유언집행자들과 니카노르(Nicanor)는 나를 기념해서 헤르퓔리스를 모든 점에서 그리고 세밀하게 돌봐 주어야 한다(왜냐하면 그녀는 내게 잘해 주었기 때문이다). 만일 그녀가 새 남편을 맞길 원하면, 그녀가 우리에게 어울리는 방식으로 신랑에게 인도되도록 조처해야 할 것이다. … 만일 그녀가 칼키스(Chalcis)에 살기를 원한다면, 정원을 갖춘 숙소를 제공할 것이고 만일 스타기라에 살기를 원한다면 가족소유 건물을 제공해야 한다. 그녀가 이 가옥들 중에 어떤 것을 원하든지 유언집행자들은 헤르퓔리스의 마음에 들고 또한 어울리는 가구들로 꾸며 주기를 바란다(디오게네스 라에르티우스, 『아리스

토텔레스 전집』, 2464쪽에서 인용됨).

기원전 343년 필리포스 2세는 아들인 알렉산드로스(나중에 알렉산드로스 대왕으로 불림)를 교육시키기 위해서 아리스토텔레스를 초빙했다. 아리스토텔레스는 이 제안을 수락했고, 비록 그가 가르쳤던 수업들에 대해서 별로 알려진 바는 없었지만, 알렉산드로스를 대상으로 작성된 몇몇 작품들이 아직까지 전해 내려오고 있다. 그는 기원전 334년에 아테네에 돌아와서 도시 북쪽에 몇 개의 건물들을 임대했다. 이 건물들을 자신의 학원인 뤼케이온(Lykeion)으로 사용하면서 그는 거기서 향후 11년 동안 연구와 교육을 수행하였다. 아침에 일어나서 동료들이나 학생들과 함께 철학적인 문제들과 그 해결책들을 논의하면서 학원 둘레를 산책하는 것이 바로 아리스토텔레스의 습관이었다. 바로 이렇게 둘레를 산책하는 습관 덕분에 거기서 이루어지는 학술적인 활동은 '소요학파'(the Peripatetics, 문자적으로는 '이리저리로 걷기')라는 별칭을 얻게 되었다. 뤼케이온은 또한 대단한 도서관을 가지고 있었다. 아리스토텔레스는 예증과 연구를 위해서 수사본들, 지도들, 사례들과 논문들을 수집했다. 이 연구 자료들은 부분적으로 알렉산드로스 대왕의 후원에 힘입은 것이었다.

알렉산드로스 대왕 자신은 기원전 323년에 사망하면서 이 사건은 다시 한 번 반(反)마케도니아 정서의 기승을 자극했다. 아리스토텔레스는 불경죄로 기소되자 소크라테스와는 다르게 도망쳐 버렸다. 왜냐하면 그는 "나는 아테네인들이 철학에 두 번 죄를 범하는 것을 허용하지 않을 것이다"라고 주장했기 때문이다(아리스토텔레스의 생애, Marciana Gigon, 『아리스토텔레스 전집』, 2461쪽에서 인용됨). 그는 고향으로 돌아갔고 그 후에 소화계통 질병으로 기원전 322년에 에우보이아(Euboia)에서 사망했다.

II. 아리스토텔레스의 작품

아리스토텔레스의 연구는 백과사전식이다. 왜냐하면 그는 형이상학, 생물학, 생리학, 천문학, 인식론, 논리학과 윤리학에 관심을 가지고 있기 때문이다. 그는 전 생애 동안 이 주제들에 관한 수많은 논문들을 출간했지만 불행히도 이것들은 대부분 유실되었다. 그러나 이 작품들의 목록은 잔존하고 있어 그의 저술의 다양성에 관한 몇 가지 단서들을 우리에게 제공해 주고 있다. 이 목록에는 『기억론』, 『충고론』, 『쾌락론』, 『명문 출생론』, 『올림픽경기 승자론』, 『해부론』과 『건조 상태론』과 같은 제목들이 달린 책들이 포함되어 있다. 바로 이 출간된 작품들에 기초해서 아리스토텔레스는 자신의 출간된 산문이 매우 우수하다는 존경을 받았다. 왜냐하면 키케로(Cicero)는 그의 산문을 '황금 강'이라고 칭송하고 있기 때문이다(*Academica II, xxxviii 119*). 그러나 이것은 아마도 현대 아리스토텔레스 작품들의 독자수를 획기적으로 증대시킬 수 있는 우수성이라고까지는 할 수 없을 것이다. 그의 원문들은 단조롭고 간결하며 매우 이해하기 힘든 것으로 보인다. 그래서 쇼펜하우어(Arthur Schopenhauer)는 아리스토텔레스의 저술은 '찬란한 무미건조함'의 특성을 갖는다고 생각했다.[1] 그의 저술에 나타난 이 특징은 의심할 여지 없이 잔존하고 있는 작품들의 스타일에 많은 유래를 두고 있다. 그것들은 강의 원고들이었다.('지금까지 기록된 것들 중에서 가장 찬란한 강

---

1 A. Schopenhauer, 1819〔1969〕, Vol. 1, 428쪽.

의 원고들'이라고 맥킨타이어는 주장한다.[2]) 비록 그것들은 찬란한 원고들이라고 할 수 있지만, 작업 문서라는 측면에서 항상 다른 원문들에 대한 명확한 참조를 빠뜨리고 있거나 또는 논증들에 포함된 모든 전제들의 진술을 생략하고 있다. 아리스토텔레스가 강의들을 할 때는 자신의 원고들을 확장해서 이야기한다고 상상해 볼 수 있기 때문에, 오늘날 『니코마코스 윤리학』을 배우는 학생들로서 우리는 그의 논증들을 확인하고, 감춰진 전제들을 밝혀 내고 그의 생각들의 진행 과정을 좇아가기 위해서는 그 책을 주의 깊게 검토해야만 할 것이다.

아리스토텔레스의 잔존하는 작품들 중에 윤리적인 주제를 다루고 있는 책들은 다음과 같은 네 작품들로, 『니코마코스 윤리학』, 『에우데모스 윤리학』, 『대 윤리학』, 그리고 『탁월성과 결함에 대하여』이다. 처음 두 작품들의 진위성은 심각하게 제기되지 않았지만, 나머지 두 작품들은 일반적으로 아리스토텔레스의 위작(僞作)이라고 간주되었다. 한편 여기에 어떤 신비감이 여전히 지속되고 있다. 『니코마코스 윤리학』 제5-7권은 『에우데모스 윤리학』 제4-6권과 동일하기 때문에 '공통적인 책들'이라고 불려진다. 이 신비감은 공통적인 책들이 원래 어느 윤리학에 속해 있는지에 관련되어 있고, 그다음으로 원문들의 연대기 문제를 제기하고 있다. 케니(Anthony Kenny)는 컴퓨터 분석에 근거해서 『에우데모스 윤리학』이 후기 작품이며 또한 공통적인 책들은 그것에 속한다고 주장했다.[3] 그러나 많은 주석가들은 『니코마코스 윤리학』이 아리스토텔레스의 후기 견해들을 표현하고 있으며 공통적인 책들은 개정되지 않은 채로 『에우데모스 윤리학』에서 『니코마코스 윤리학』으로

---

2 A. MacIntyre, 1981〔2003〕, 147쪽.

3 A. Kenny, 1978.

넘겨졌다는 견해를 지지하고 있다.[4] 이 해설서에서 우리는 『니코마코스 윤리학』에 표현된 견해들을 살펴볼 것이다. 비록 몇몇 논증들과 논쟁점들을 설명하기 위해서 『에우데모스 윤리학』과 『수사학』에 의존해야 하지만(『수사학』에는 탁월성, 감정과 '행복'에 관한 유용한 대중들의 묘사들이 포함되어 있다), 『니코마코스 윤리학』에 표현된 견해들은 여전히 일반적으로 윤리학에 관한 아리스토텔레스의 성숙한 철학적 반성을 표현하고 있다고 간주된다.

앞으로 진행하기에 앞서 아리스토텔레스의 윤리학 작품들의 독해를 가로막는 한 가지 장애물을 제거할 필요가 있다. 그 장애물이란 그의 도덕적인 견해들이 우리의 견해들과 '조화를 이루고' 있지 않다는 점이다. 이 장애물에는 어떤 사람들은 본성적으로 노예들로 태어난다든지 또는 여성들은 심사숙고를 잘할 수 없다(『정치학』 1254a15-24와 1260a13)고 하는 아리스토텔레스의 견해들과 연관되어 형식적으로 형성되었다. 따라서 염려되는 점은 만일 아리스토텔레스가 그런 것들을 생각하고 있다면 그는 '윤리적'인 사람이 될 수 없으며 따라서 우리는 그의 견해들을 무시해야만 한다는 생각이다. 그러나 이런 생각은 불합리한 것이다. 왜냐하면 이 생각은 칸트가 자위와 자살이라는 두 가지 죄(罪) 중에서 자살이 덜 악한 행위라고 생각했기 때문에 『도덕 형이상학을 위한 기초 놓기』를 읽어서는 안 된다고 제안하는 것과 같기 때문이다.[5] 물론 노예들과 여성들에 대한 아리스토텔레스의 주장들은 확실히 『니코마코스 윤리학』의 논증들 속에 내포되어 있지 않기 때문에 이 윤리학의 다른 견해들을 거부할 명분이 되지는 못할 것이다.

---

4 예를 들어 D. Bostock, 2000, 1쪽을 보라.

5 칸트(I. Kant), 『도덕 형이상학을 위한 기초 놓기』, 179쪽.

III. 아리스토텔레스의 방법[6]

『니코마코스 윤리학』의 다음 두 구절들은 방법론에 대한 진술들을 우리에게 제시하고 있다. 첫 번째 구절은 1095a31-b12이고 두 번째 구절은 1145b4-8이다. 두 구절들 모두 완벽하게 명확한 것들은 아니다. 또한 아리스토텔레스조차도 이 구절들에 기술된 방법들을 일관되게 사용하는 것도 아니다. 그러나 이 두 구절들은 다음과 같은 두 가지 이유에서 우리의 연구에 도움이 된다. 첫 번째로, 적어도 그것들은 『니코마코스 윤리학』에 나타난 아리스토텔레스의 접근 방식에 대한 표지를 우리에게 제공해 준다. 그러나 그것은 오직 원문의 해석과 그 구조를 이해하는 일에만 도움을 줄 수 있을 뿐이다. 두 번째로, 이 구절들은 아리스토텔레스의 윤리학 방법에 관한 몇 가지 매우 일반적인 물음들의 해명에 다소 도움을 줄 수 있다. 예를 들어:

- 어떻게 우리는 윤리학에 대해 철학적 탐구를 수행할 수 있고 해야만 하는가?
- 아리스토텔레스의 방법들로부터 우리는 어떤 종류의 통찰들을 얻을 수 있는가?
- 이 방법의 적용으로부터 우리는 어떤 것을 배울 수 있는가?

이 물음들은 어려운 것들이며 그에 대한 충분한 논의는 이 책의 범위를 넘어서고 있다. 그럼에도 비록 우리가 만족할 만한 해답을 얻지 못한다

---

6 방법에 관해 아래 기술된 간략한 검토는 반드시 보충되어야 한다. 출발에 가장 적합한 책은 D. Bostock, 2000, 214-35쪽과 J. Barnes(1980)이다. 반즈의 책은 약간의 그리스어 실력이 요구됨을 독자들은 주의하기 바란다. 필자는 두 책들에 많은 빚을 지고 있다.

고 하더라고 그런 물음들을 고찰함으로써 얻게 되는 이점이 존재한다. 즉 그것은 아리스토텔레스의 야심찬 계획과 그 결과들의 위상을 더 잘 이해할 수 있다는 점이다. 그렇다면 『니코마코스 윤리학』에서 발췌된 두 구절들을 검토해 보자.

첫 번째 구절에서 아리스토텔레스는 다음과 같이 주장한다.

> 하지만 우리가 잊지 말아야 할 것은 제일원리들로부터 출발하는 논의와 제일원리들을 향해 나아가는 논의는 서로 다르다는 것이다. 플라톤 역시 탐구의 길이 제일원리들로부터 출발한 것인지 아니면 제일원리들을 향해 나아가는 것인지를 물으며 올바르게 이 점을 문제로 지적했던 것이다. 마치 달리기 경기장에서 심판들이 있는 곳으로부터 반대편 끝까지 달리는 것과 그 역으로 달리는 것에는 차이가 있듯이 말이다. 우리는 물론 알려져 있는 것에서부터 출발해야 한다. 그런데 알려져 있다는 것은 두 가지 방식으로 존재한다. 어떤 것들은 우리에게 알려져 있고, 다른 어떤 것들은 무제한적으로 알려져 있기 때문이다. 그렇다면 아마도 우리는 우리에게 알려져 있는 것으로부터 출발해야 할 것이다. 이런 까닭에 고귀하고 정의로운 것에 관해, 그리고 일반적으로 정치학의 문제들에 관해 제대로 배우고자 하는 학생은 좋은 습관을 통해 훌륭하게 성장해야만 한다(1095a31-b12).

여기서 아리스토텔레스의 생각은 다음과 같은 것처럼 보인다. 즉 '원리들'로 **향한**(to) 논의와 '원리들'로부터 **도출된**(from) 논의는 서로 다르다는 점이다. '원리들'이란 말은 '아르케'(*archē*)의 번역어로 문자적으로는 '출발' 또는 '시작'을 의미한다. 위에 인용된 처음 두 문장들에서 아르케는 훈육(discipline)의 공리들(가장 기초적인 명제들 또는 원리들)을 의미한다. 그렇다면 우리는 다음과 같은 두 가지 방식들 중에

한 방식으로 논의할 수 있다. 첫 번째 방식, 우리는 그런 공리들로부터 출발하면서 논의한다. 즉 우리는 그 공리들을 참된 것들이라고 전제하고 그것들로부터 추론을 통해서 새로운 결론들에 도달하게 된다. 두 번째 방식, 우리는 그런 공리들을 향해 논의한다. 즉 어떤 현상을 정밀하게 조사하고 그것을 설명하고 해석하려는 탐구를 통해서 우리는 공리들을 발견하려고 노력한다. 윤리학에서 우리는 두 번째 방식으로 논의해야 한다고 아리스토텔레스는 추천하고 있다. 그런 다음 그는 '알려진 것들' (things known) 사이에 존재하는 더 세밀한 차이를 도입하고 있다. 어떤 것들은 '우리에게 알려진 것' (known to us)이며, 다른 것들은 '무제한적으로 알려진 것' (known without qualification)이다. 전자는 인간과 관련되어 알려진 것을 언급하며, 후자는 필연적 진리라고 불리는 것으로 그것으로부터 더 확장된 진리들이 연역될 수 있음을 의미한다. 아리스토텔레스의 주장에 따르면 윤리학 논증들은 '우리에게 알려진 것' 으로부터 출발해야만 한다. '우리에게 알려진' 적절한 것들은 마지막 문장에 기술된 훌륭한 양육(upbringing)을 통해서 획득된다. 따라서 『니코마코스 윤리학』에서는 우리에게 알려진 것으로부터 출발하기 때문에 우리는 원리들을 향해 논의하고 있는 것이다.

두 번째 구절은 첫 번째 구절보다 이해하기 쉬운 편이다.

> 다른 경우들에서와 마찬가지로 우리는 현상들을 놓고 우선 그 속에 있는 난제들을 조사해야만 한다. 이러한 방식으로 이 경험들에 관한 모든 일반적 신념들을 증명해야만 하고, 만약 일반적 신념들을 증명할 수 없다면 대부분의 일반적 신념들을, 그리고 가장 중요한 것들을 입증해야만 한다. 만일 그 난제들이 풀리면서도 일반적 신념들이 살아남게 된다면 문제가 되는 경험들을 충분히 밝힌 셈이 될 것이기 때문이다(1145b4-8).

우리는 이 방법에서 세 가지 단계들을 구별할 수 있다. (1) 일반적인 신념들(*endoxa*)에 표현된 '현상들' (*phainomena*)을 확인하기. (2) 일반적인 신념들 속에 존재하는 문제들과 난제들 확인하기. (3) 일반적인 신념들을 유지하기 위한 방법 찾기. 따라서 우리는 먼저 한 주제에 관한 다양한 의견들을 함께 모으고 그것들 사이의 긴장들과 모순들을 기록한다. 그런 다음 우리는 원래의 견해들을(아마도 그 일부를) 유지하기 위해서 긴장들과 모순들을 해결하려고 노력한다. 그런 모순들의 해결은 이 일반적인 신념들을 구분하고 증거를 검토하고 함의들을 평가함으로써 달성된다. 따라서 예를 들어 인간에게 가장 훌륭한 삶이 무엇인가에 대한 논의에서 아리스토텔레스는 그것이 즐거움을 추구하는 삶이라는 현상을 부정하지만(『니코마코스 윤리학』 제1권 제5장), 나중에 그는 가장 훌륭한 삶은 그 삶을 영위하는 사람에게 즐거움을 가져다줄 것이라는 점(『니코마코스 윤리학』 제1권 제8장)을 긍정함으로써 '일반적인 신념' 을 유지하고 있다. 이 긍정은 가장 훌륭한 삶이 유쾌한 것이라는 표현의 정확한 의미를 구별하는 일에 바탕을 두고 있다. 왜냐하면 그런 삶은 육체적 즐거움의 만족에 전념하는 삶을 나타내는 것이 아니라, 우리가 올바른 일을 행할 때 자연스럽게 즐거움을 얻게 되는 삶을 의미하기 때문이다.[7]

두 번째 구절에서 기술된 방법은 아리스토텔레스의 변증술과 관련이 있다. 첫 번째 구절에서 기술된 방법의 목적은 원리들의 발견이었지만, 변증술의 목적은 일반적인 신념들의 보존이다. 그러나 비록 일반적인 신념들은 우리들의 '출발점' , 즉 우리들의 추론이 시작되는 자료가

---

7 아리스토텔레스 방법의 현대적 응용으로서 『정의론』(1971)에 타나난 롤스(J. Rawls)의 '반성적 평형' (reflective equilibrium)의 용례를 참조하라.

될 수 있을지라도, 그것들이 우리 탐구의 대상인 원리들을 구성한다는 제안은 여기서 제시되지 않았다. 게다가 변증술은 위에 제시된 기술에 따르면 어떤 한계들을 내포하고 있는 것처럼 보인다. 우선 왜 우리가 일반적인 신념들이 전개되는 새로운 신념들과 대치될 때 그것들을 보존하려고 노력해야만 하는지 그 이유가 명확하지 않다. 만일 우리가 단지 현존하는 신념들의 유지만을 고려한다면, 현격한 '진보'는 달성될 수 없을 것처럼 보인다.[8] 두 번째로 아마도 가장 염려스러운 점은 이 방법이 세계에 관한 참된 명제들로 우리를 인도해 줄 것이라는 점이 명확하지 않다. 우리가 구분의 과정을 통해서 그리고 구분된 것들 사이의 모순을 제거함으로써 보존되는 일반적인 신념들의 진리성으로부터 어떤 새로운 사실도 도출되지 않는다.

첫 번째 논점과 관련해서 아리스토텔레스는 『니코마코스 윤리학』 전체를 통해 변증술 방법을 엄격하게 고수하고 있지 않다는 점을 우리는 기억해야 한다. 예를 들어, 『니코마코스 윤리학』 제1권 제5장에서 그는 인간에게 가장 훌륭한 삶이 무엇인가를 탐구하면서 많은 사람들의 견해와 지혜로운 자의 견해를 재검토하기 시작한다(여기까지 앞에서 기술된 변증술에 일치한다). 그러나 『니코마코스 윤리학』 제1권 제7장에서 아리스토텔레스는 변증술을 무시하고 『니코마코스 윤리학』 제1권 제5장에서 확인된 견해들 사이의 모순들을 해결하려고 노력하기보다는 훌륭한 삶에 관한 자신의 견해를 제시하고 있다. 따라서 비록 변증술 방법이 사람들이 이미 견지하고 있는 견해들로 우리의 생각의 폭을 제한하고 있지만, 그것은 아리스토텔레스가 전개하고 있는 유일한 접

8 이 논점과 관련해서 아리스토텔레스와 스피노자를 비교하고 있는 Stuart Hampshire (1977)를 참조하라. "스피노자는 인간 지식의 실제적인 한계들을 받아들임으로써 아리스토텔레스를 추종하지 않았다. 왜냐하면 지식은 시대의 산물이기 때문이다." 57쪽.

근방식이 아님을 알 수 있다. 그러나 이 사유 노선도 변증술의 전개가 방법론적으로는 보수적인 것이라고 생각하는 사람들을 만족시키지는 못할 것이다. 그런 비판자들에게 우리는 일반적인 신념들 사이에 존재하는 긴장들과 모순을 해결하는 과정은 어떤 종류의 진보를 구성할 수 있는 구분들의 형성을 포함하고 있다고 지적할 수 있다. 앞에서 살펴본 것처럼, 즐거움의 다양한 의미들에 관한 아리스토텔레스의 구분은 가장 훌륭한 삶은 즐거움을 줄 수 있다는 즐거움에 관한 새로운 견해로 귀착된다.

두 번째 논점과 관련해서 변증술 방법은 세계에 관한 참된 명제들을 필연적으로 생성하지 않는 것처럼 여겨진다. 그럼에도 아리스토텔레스는 이 점을 잘 몰랐다고 주장하는 것은 공평한 처사가 아니다. 『변증론』에서 그는 "철학의 목적을 위해서 우리는 반드시 〔명제들을〕 그것들의 진리성에 따라 다뤄야 하지만, 변증술을 위해서는 〔명제들을〕 오직 의견과 관련시켜서 다뤄야만 한다"(105a30-31)라고 했다. 그렇지만 아리스토텔레스가 현상에 관한 **모든** 관점을 심각하게 받아들일 의향이 있었다고 간주해서도 안 된다. 『에우데모스 윤리학』에서 그는 자신이 고려하게 될 의견들 또는 견해들의 범위에서 어린이들, 병자들과 정신이상자들의 견해들을 제외함으로써 그 영역을 제한하고 있다(1215b30). 이제 남은 것은 반박 가능한 의견들이다. 이 범위 내에서 어윈(Irwin)의 '일반적인 신념들'(common beliefs)이라는 엔독사(*endoxa*)의 번역어는 약간의 오해를 불러일으킬 수 있다. 아리스토텔레스는 우리가 모든 관점들 사이에 존재하는 긴장들을 해결하려 시도해야 한다고 제안하는 것이 아니라, 오직 반박 가능한 긴장들을 다루라고 제안한다. 그러나 반박 가능한 것이든 그렇지 않은 것이든, 남게 되는 견해들은 분명 허위성들을 포함할 수 있다. 바로 이 점이 변증술에 압박을 가하게 된다.

변증술을 **엄격하게** 따라간다면 우리가 가진 가장 훌륭한 삶과 좋은 행위에 대한 반박 가능한 견해들을 일관되게 유지해 줄 수 있는 방식이 제시될 수도 있을 것이다. 그럼에도 이런 소망은 우리가 출발하면서 사용하는 고귀한 의견들을 납득 가능하게 하는 또 다른 일관된 방식들이 존재하는가 하지 않는가라는 조건에 달려 있다. 따라서 비록 변증술이 우리를 진리로 인도하지 않고 또한, 정직하게, 그렇게 할 수 있는 것처럼 가장하지 않는다고 할지라도, 변증술은 우리에게 삶의 훌륭한 방식에 관련된 명백한 현상들을 납득 가능하게 하는 **몇 가지** 수단들을 제공해 줄 것이다. 그렇다면 우리가 도달하게 될 결론들이 매우 적합한 것들이라는 점도 인정되어야 할 것이다. 최종적으로 우리는 아리스토텔레스의 방법론에 대한 검토를 다음과 같은 낙관적인 논의를 통해 종합해 볼 수 있다.

첫 번째로, 아리스토텔레스의 방법들은 **실제적인** 결과들을 지향하고 있으며 따라서 이 범위 내에서 그것들은 소크라테스의 논박(*elenchos*) 방법과 대조를 이루고 있다. 왜냐하면 소크라테스는 계속해서 다른 사람들의 견해들을 묻고 그 견해들을 통해서 그들의 생각들이 일관되지 못함을 폭로하는 자로 묘사되기 때문이다. 결과적으로 초기 플라톤 대화편들은 독특하게 **난제**(*aporia*, 문자적으로 '막다름')라는 특징으로 끝맺으며 어떤 실제적인 이론도 설명해 주지 않는다. 그러나 아리스토텔레스의 방법들은 부정합성의 해결과 원리들의 파악을 통해서 실제적인 결과들을 추구한다. 물론 그런 해결의 달성은 논박(*elenchos*)을 통해서 노출된 난제들(puzzles)에 대한 이해를 포함하고 있다. 그러나 아리스토텔레스는 이 난제들을 넘어서 우리에게 주어진 반박 가능한 견해들을 정확하게 해결해 줄 수 있는 어떤 이론에 안착하고자 한다.

두 번째로, 한 문제가 제기되었을 때, 우리는 해결할 수 있는 더 좋은 방법이 떠오를 수 있는지를 생각하게 된다. 현대 심리학자들은 행복이나 복지를 스스로 평가하는 사람들의 설문 결과들을 자신들의 논증들의 기초에 편입시킴으로써 '행복학'(science of happiness) 분야를 연구하고 있다는 사실은 주목받을 만한 가치가 있다.[9] 방법론에 관한 다음과 같은 진술을 생각해 보자. "우리는 사람들이 어떻게 느끼는지에 관한 주관적인 보고서들에 상당 부분 의존하게 될 것이다. 왜냐하면 만일 사람들이 행복하다고 말하면, 그들은 **정말로** 행복하기 때문이다. … 그러나 주관적인 보고서들은 다른 사람들에 의해서 수행된 평가들 또는 객관적인 척도들과 항상 일치하는 것은 아니다. 따라서 우리는 그런 조사 결과들을 해명되어야 할 물음들이라고 간주해야만 한다."[10] 필자는 여기서 이 구절과 1145b4-8 본문 사이의 강한 유사성을 지적하고 싶지는 않다. 그러나 아리스토텔레스의 방법이 감정들과 감각들과 기분들에 관한 일인칭 보고들(first-person reports)을 특별 자료들로서 수용하는 몇몇 현대 심리학 작업들보다 표면적으로 훨씬 못 미치는 것은 아니라는 점은 강조되어야 한다.

---

9 이 본문에서 필자의 인용이 행복학의 대상과 아리스토텔레스의 탐구 대상이 동일하다는 점을 암시하는 것처럼 받아들여져서는 안 된다.

10 M. Argyle, Routledge, 1987, 2쪽.

2장 주제들의 개관

이번 절에서 우리는 『니코마코스 윤리학』을 고찰하는 데 가장 만족스럽고 효과적인 방식으로 『니코마코스 윤리학』의 연구에 접근하는 방식들을 살펴보게 될 것이다. 이것은 필자가 '아리스토텔레스의 물음'(Aristotle' s question)이라고 언급하게 될 『니코마코스 윤리학』이 연설문처럼 독해될 수 있는가 하는 물음으로 재빨리 우리의 관심을 이동시킬 것이다. 그런 다음 우리는 작품의 몇몇 주요 주제들을 살펴보고 그 주제들이 불러일으키고 있는 중요한 해석상의 논쟁점들에 주목하게 될 것이다.

I. 『니코마코스 윤리학』의 연구

반즈(Jonathan Barnes)는 펭귄 판 『니코마코스 윤리학』의 서문에서 다음과 같이 주장하고 있다. "술만 좋으면 간판은 필요 없기 때문에(Good wine needs no bush) 이 윤리학의 장점을 칭송하려고 시도하지 않을 것이며 또한 가장 희귀한 포도주를 선전하는 것은 무례한 일이다"(10쪽). 이 말에는 많은 진리가 담겨 있지만 『니코마코스 윤리학』의 장점들이 항상 곧장 새로운 독자들에게 명백하게 다가오는 것은 아니다. 인식은 지속적이고 반성적인 작업을 통해서 생겨나는 법이다. 그런 작업은 때로는 수고스러운 것처럼 보이며 초기의 좌절 경험은 연구 의지를 확 꺾어 놓을 수도 있다. 그렇다면 어떻게 본문을 가장 효율적으로 연구할 수 있는지 고민하는 일은 매우 가치가 있다.

많은 독자들은 『니코마코스 윤리학』을 대학의 철학이나 고전학, 사상사 수업에서 만나게 될 것이다. 그런 수업들은 종종 평가용 에세이를 완성하도록 학생들에게 요구하기 때문에 시간의 압박에 못 이겨 몇몇 학생들은 어떤 문제에 대한 아리스토텔레스의 논점을 단순하게 확정하고 그가 잘못되었다는 점을 보여 주는 일련의 반대 의견들을 정리하고 싶은 유혹에 빠지게 될 것이다. 물론 사실 확인과 반대 의견들에 관한 평가는 철학적인 진취 정신의 핵심 부분이라 할 수 있다. 그러나 그것들의 가치는 만일 우리가 저자의 저술 의도를 하나도 이해하고 있지 못한 상태라면 무용지물이 될 것이다. 만일 철학이 오류를 갖는 진술들을 동반하는 저자가 가진 견해의 진술들로만 환원된다면, 철학은 아마도 영위된 삶과는 필연적으로 아무 관련 없는 부적절한 지성의 오락이라는 성격을 갖게 될 것이다. 그렇다면 철학은 인간의 노력에 비해 너무 음울하게 산출된 결론이 될 것이다.

반면 포퍼(Karl Popper)는 철학자의 작품을 우리 모두에게 의미가 있고 따라서 우리가 관심을 갖고 작업할 가치가 있는 어떤 문제들과 물음들을 이야기하는 것으로 독해함으로써 그것을 가장 잘 파악할 수 있다고 항상 강조했다. 이는 철학적인 작품의 만족스러운 독해는 철학자가 대답하기를 소망하는 물음들의 단순한 목록을 요구한다는 점을 제안하고 있다. 따라서 독자는 이 해설서에서 매 절의 말미에 연구 문제들의 목록들을 발견하게 될 것이다. 그러나 그런 목록의 단순한 인식이 그 자체로 철학적인 작품을 평가할 수 있는 완벽한 위치로 우리를 안내하지는 못한다. 우리는 스스로 그 문제들과 물음들에 관여해야만 한다.

그것들이 우리 삶에 의미와 중요성을 갖는다고 생각하자. 또한 그것들을 긴박하고 절박한 것들로 인식하자. 이런 방식으로 본문에 접근하면서 우리는 '누가 무엇을 말했다'는 식의 인지를 넘어서 정말로 복잡하다고 평가된 물음들의 해결을 능동적으로 추구하는 몇몇 위대한 사상가들을 목격하게 될 것이다. 철학의 위대한 작품들을 독해할 때에만 이런 자극적이고 활기를 돋우는 지적 만남이 가능하다.

그러므로 우리의 임무는 『니코마코스 윤리학』의 동기가 되는 물음들을 정밀하게 검토하고 결과적으로 그 물음들의 의미와 그 물음들의 해결이 무엇에 달려 있는지에 관한 더 나은 이해를 얻는 것이다. 『니코마코스 윤리학』의 경우에 이 과정은 아마도 철학의 다른 분야들에서 이루어진 것보다 훨씬 쉽게 이루어질 것이다. 예를 들어, 사람들은 언어철학에서 명명이론들(theories of naming)이 구성될 때 왜 이러쿵저러쿵하는지 항상 명백하지는 않다. 왜냐하면 그것은 그들의 삶과 무관하기 때문이다. 그러나 『니코마코스 윤리학』은 예를 들어 계속해서 의미를 갖는 번영하는 삶(a life well lived)의 본성에 관한 물음들을 이야기하고 있다. 행복한 삶 또는 성공한 삶들에 관한 대중적인 저술들은 '모든 대형 서점들에' 화려하게 비치되어 있고 그런 삶들의 성취에 관한 비법들을 약속하고 있다. 느슨하게 말하자면, 우리 모두는 매일 무엇을 해야 할지에 관한 결정들을 내리게 된다. 우리는 그 결정들이 후회하지 않을 훌륭한 결정들이 되기를 원한다. 왜냐하면 우리는 '시간을 낭비하고' 싶지 않기 때문이다. 『니코마코스 윤리학』은 이 문제들에 대해서 이야기하고 있기 때문에, 우리 일상 삶들이 형이상학의 분야보다는 『니코마코스 윤리학』과 더 많은 연관성들을 갖게 될 것이다. 그럼에도 우리는 좀 더 깊게 아리스토텔레스의 작품을 탐색해야만 한다.

II. 아리스토텔레스의 물음

『니코마코스 윤리학』을 움직이고 있는 물음은 "인간에게 최고 좋음(the supreme good)은 무엇인가"라는 질문이다. 피상적으로 이 물음은 '최고 좋음'이 무엇이건 상관없이 그것의 성취나 획득에 관심이 없는 사람들에게는 별로 중요한 것처럼 보이지 않는다. 이 물음은 우리가 삶의 일상적인 사건들을 잘 영위해 나가는 동안에는 쉽게 무시될 수 있는 물음처럼 보인다. 아리스토텔레스의 물음이 어떤 사람들에게는 실천적으로 부적합한 것이라는 의심은 작품의 제목(『윤리학』)에 의해서도 제기될 수 있다. 그런 제목은 옳음과 그름, 도덕적인 선, 의무와 책임과 같은 개념들을 함의하고 있다. 매우 많은 사람들은 표면적으로 도덕성의 규범들에 전혀 관심이 없으며, 전적으로 자기 일에만 열중하고 있고 또한 타인의 고통에 전혀 무감각하다는 점이 너무 **명백하지** 않을까? 따라서 만일 '최고 좋음'이 '도덕적인 선'으로 분석이 된다면, 아리스토텔레스의 물음은 오직 '도덕적으로 선'하게 되길 원하는 사람들에게만 적합한 것이 될 것이다.

그러나 위에서 개관된 사유 노선은 여전히 혼란스럽다. 우선 비록 본문의 제목이 『윤리학』(*The Ethics*)이라 할지라도, 이 제목은 문자적으로는 '성품에 관해서'를 의미하는 그리스어 '타 에티카'(*ta ēthika*)의 번역어이다. 이제 성품에 관한 논문은 분명하게 도덕적 선이나 의무나 책임의 개념들을 함의하지 않는다. 따라서 필자는 이 해설서 전체를 통해서 아리스토텔레스는 우리가 도덕성이라고 생각하는 것에 관심을 가지고 있다고 처음부터 **추정하는** 일은 오류가 될 것임을 강조할 것이다. 그러나 이 말은 본문이 우리가 생각하는 형태의 도덕성에 관심을 갖지 않는다는 점을 의미하지는 않는다. 단지 우리는 본문의 제목을 영어로 해석한 것에 기초해서 본문을 **추정해서는** 안 된다는 점을 의미한다. 그럼에도 비록 『니코마코스 윤리학』이 도덕철학 작품은 아니지만, 아리스토텔레스의 물음은 오직 '최고 좋음'을 원하는 사람들에게만 의미를 갖는다는 주장은 참이다.

그렇다면 아마도 우리는 『니코마코스 윤리학』에 나타난 최고 좋음의 실체를 고찰하고 그것이 정말로 모든 사람이 원하는 것인지 아닌지를 검토해야만 한다. 아리스토텔레스는 인간에게 최고 좋음은 '행복'이라고 생각한다. 행복은 잘 살고 잘 행동하는 것이다. 만일 이것이 최고 좋음이라면 아리스토텔레스의 물음은 적어도 그런 삶에 관심이 있는 사람들에게 의미를 갖는다. 그러나 우리는 그런 개념은 삶의 '실제적인' 결정들에 비추어 너무 고상하고 부적절한 것처럼 보인다고 생각하는 사람들을 여전히 상상해 볼 수 있다. 결국 인간의 행복의 구성에 관해 염려하는 일은 자신의 직장에 가기에 앞서서 아이들을 깨우고 밥을 먹이고 학교에 등교시키는 일들과는 표면적으로 거리가 있어 보인다.

필자는 우리가 최고 좋음의 형식적인 본성을 검토함으로써 아리스토텔레스의 물음의 중요성을 좀 더 잘 파악할 수 있을 것이라고 생각한다. 아리스토텔레스는 우리의 모든 행위들은 어떤 좋음을 목표로 하고 있다고 생각한다. 그가 의미하는 바는 어떤 사람이 **행위**할 때 그는 자신이 생각하기에 중요하며 소중하고 할 만한 가치가 있는 어떤 목적을 달성하려고 행동한다는 것이다. 이 점은 불충실한 부하를 '제거하는' 깡패에게서나 천재지변의 희생자들에게 원조를 제공하는 자선단체 봉사자에게 모두 적용된다. 둘 모두는 중요하고 가치 있다고 생각하는 어떤 목적을 발견했고 그리고 그들은 행동을 통해서 그 목적을 이루려고 노력하고 있다. 그렇다면 인간 행위의 목적들이 수없이 존재하는 만큼 수많은 좋음들이 존재하게 된다. 따라서 이 설명에 따르면 음식물, 숙소, 오락, 타인에 대한 존중은 인간의 좋음이라고 정당하게 간주된다. 왜냐하면 그것들은 우리들이 실현하려고 추구하는 목적들이기 때문이다. 그렇다면 우리는 이미 좋음에 관한 개념을 가지고 있다. 그러나 **최고** 좋음(the **supreme** good)이란 무엇일까?

최고 좋음은 오직 그 자체를 위해서 추구되는 좋음으로 다른 모든 것들은 이 좋음을 위해서 추구된다고 형식적으로 정의된다(1094a18-20, 1102a2-3). 이 정의는 우리가 추구하는 좋음들 사이의 관계를 함의한다. 어떤 좋음들은 다른 좋음들을 위해서 추구된다. 그렇지만 어떤 좋음들은 단지 그 자체를 위해서 추구된다. 예들 들어, 우리는 승마를 위해서 말고삐들과 안장들을 생산한다. 따라서 승마가 왜 우리는 말고삐들과 안장들을 생산하기 위해서 고민해야 하는지 설명해 주는 목적이자 좋음이다. 그 자체를 위해서 추구되는 또 다른 좋음들을 제시해 볼 수 있다. 예를 들어 음악을 듣거나 또는 산책을 나가는 것을 생각해 보자. 어떤 다른 목적 때문이 아니라 산책하는 것이 기분을 전환시켜 주고 기운을 돋워 주기 때문에 우리는 산책을 하고 싶어 한다. 그럼에도 '기분전환' 과 '기운을 돋움' 이 더 궁극적인 목적들이고 '산보하러 나감' 은 단순히 그것들의 도구가 될 뿐이라고 생각할 수도 있다. 물론 그런 설명도 충분히 가능하다. 왜냐하면 어떤 사람은 기분전환을 목표로 정하고 그것을 획득하기 위한 **모든** 가능한 수단들을 받아들일 수 있기 때문이다. 그러나 어떤 사람은 '산책하러 나감' 에 의해서 성취된 '기분전환' (목적)에 대립되는 것으로서 '산책하러 나감이라는 기분전환' (목적)을 원할 수 있다는 사실도 똑같이 가능한 것처럼 보인다. 아리스토텔레스에게 우리가 그 자체 때문에 원하는 좋음들은 우리가 판단할 때 매력적이며 소중하며 보람 있는 것으로 우리는 그것들을 다른 좋음들을 위해서 도구들로서 추구하지 않는다. 이제 우리는 최고 좋음의 개념을 이해할 수 있는 입장에 놓이게 되었다. (i) 최고 좋음은 그 자체 때문에 우리가 추구하는 좋음 또는 목적으로 우리는 그것을 다른 어떤 목적을 위한 도구로 사용하지 않는다. (ii) 최고 좋음은 우리가 그것 때문에 우리가 할 수 있는 다른 모든 것들을 궁극적으로 하게 되는 좋음 또는 목적이다. 이를 요약하면, 최고 좋음은 우리의 모든 욕구들이 휴식을 얻게 되는 좋음이다.

앞에서 정의된 것처럼 최고 좋음의 한 가지 함의는 그것이 우리 삶에 존재하는 가치의 궁극적인 근원이라는 점이다. 어떤 것의 탁월성 또는 가치는 그것이 최고 좋음과 올바른 관계를 맺고 있는가에 결정적으로 달려 있다. 따라서 아리스토텔레스의 물음은 실제로 우리의 모든 행위들의 궁극적인 기초가 되는 인간 삶의 그 목적의 발견과 관련되어 있다. 삶에서 어떤 의미 있는 행위들의 실행 가능성은 우리가 최고 좋음을 성취하는가에 달려 있다. 왜냐하면 최고 좋음 없이는 우리의 모든 욕구들은 '공허하고 무익한' 것이 될 것이기 때문이다(1094a22). 따라서 의미 있는 결정들을 내리고 중대한 행위들을 실행하길 원하는 사람은 최고 좋음의 본성을 고찰하는 데 관심을 갖는다는 결론이 도출된다. 아리스토텔레스가 설명하듯, "우리는 지향하는 훌륭한 삶에 관한 어떤 대상을 스스로 설정해야만 한다. … 그리고 이것과 관련해서 우리는 모든 행동들을 하게 될 것이다. 왜냐하면 어떤 목적과 관련해서 자신의 삶을 조직하지 않는 것은 엄청난 어리석음의 증표이기 때문이다(『에우데모스 윤리학』 1214b8–11)." 여기서 논점은 삶의 궁극적인 목적에 대해서 생각하거나 반성하지 않는 사람은 자신의 삶 전체의 상황에서 그런 목적들이 갖는 상대적인 중요성에 관한 숙고 없이 다소 마구잡이식으로 이번에는 이 목적, 다음에는 다른 목적을 추구하면서 '시간을 낭비' 할 수 있다는 점이다. 물론, 한 사람이 아무 생각 없이 어떤 좋음의 우월을 인정하거나 또는 반성 없이 가족 또는 친구들의 목적들을 단순하게 받아들일 수도 있다. 그러나 그가 그렇게 행동하는 만큼 삶에서 목적들에 관한 심사숙고와 그것들의 본래적 중요성에 관한 고려를 요구하고 있는 최고 좋음을 달성할 수 없다.

III. 『니코마코스 윤리학』의 주제들과 논쟁점들

이 절에서는 『니코마코스 윤리학』의 주요 주제들과 그것들이 동반하는 몇몇 논쟁점들이 소개될 것이다. 필자의 의도는 본문의 내용과 그것의 해석을 둘러싼 중요 논쟁들에 관해서 독자들을 준비시키려는 것이다. 논의는 포괄적인 것처럼 보이지는 않지만 중요 문맥에서 아리스토텔레스의 사고를 재현하는 일에는 아마도 충분할 것이다.

아리스토텔레스는 인간의 최고 좋음이 전통적으로 '행복' 이라고 번역되는 에우다이모니아(*eudaimonia*)라고 생각한다. 이 개념은 아리스토텔레스가 『니코마코스 윤리학』을 저술하기 훨씬 이전부터 통상적으로 사용되었으며 문자적으로는 '유쾌한 천사' ('에우' 는 '좋은' 을 '다이몬' 은 '정령')를 의미한다. 에우다이모니아를 성취하는 사람은 그의 삶이 그러한 천사에 의해서 축복을 받은 사람이다. 아리스토텔레스는 이 용어의 어원을 살펴보지 않고 그것을 잘 살고 잘 행동하는 것과 동의어로 사용하고 있다. 이 해설서에서 필자는 그리스 용어를 번역하지 않은 채로 사용할 것이기 때문에 다양한 용어들의 집합들을 구분하는 일이 유용할 것이다. 어떤 사람이 잘 살고 잘 행동하는 삶을 살 때 그는 에우다이몬(*eudaimōn*, 형용사)적인 삶을 영위한다고 말해질 수 있다. 그가 에우다이몬적인 삶을 살기 때문에 우리는 그를 에우다이몬적인 사람이라고 부를 수 있다. 또한 우리는 그 사람이 소유하고 있는 것을 다소 추상적으로 에우다이모니아(*eudaimonia*, 명사)라고 부를 수 있다. 여기서 생각해야 될 첫 번째 개념은 에우다이몬적인 삶이라는 개념인 것 같다. 왜냐하면 우리의 논의 속에서 가장 기초적으로 파악해야 될 문제가 잘 살아온 삶이란 주제이기 때문이다. 다른 용어 집합들은 이 가장 기초적인 의미로부터 파생되고 있다. 왜냐하면 우리는 어떤 사람의 삶을 관찰하고 만일 그 삶이 훌륭하다면 그는 에우다이몬적인 사람이라고 주장하기 때문이다.

아리스토텔레스의 주요 연구 계획들 중의 하나는 에우다이몬적인 삶을 분석하는 일이다. 즉 그것의 본성과 구성 요소들을 찾아내고 가능하다면 그것을 확보하기 위해서 우리가 어떻게 해야 하는지 다루는 일이다. 이 목적을 위해서 그는 다양한 대중적인 분석들(예, 육체적 즐거움의 삶)을 살펴보고 거부하게 되며 이어 인간의 기능을 검토하면서 그 자신의 개념을 주장하는 데로 나아간다. 한 사물의 기능은 그 사물의 특색을 이루는 활동 또는 그것이 일반적으로 수행하는 것이다. 따라서 예를 들어 제빵 기구의 기능은 빵을 굽는 것이고 좋은 제빵 기구는 이 활동을 잘 수행한다. 이 점에서 아리스토텔레스는 의심할 여지없이 인간의 탁월성은 지성의 통제와 활동으로 구성된다는 점을 주장하기 위해서 '기능'의 개념을 전개했던 플라톤의 영향을 받았다(『국가』 352d-354b). 그럼에도 아리스토텔레스는 다른 결론을 도출하고 있다. 왜냐하면 어떤 사람이 삶 전체에 걸쳐서 탁월성들을 소유하고 활용한다면 에우다이몬적인 삶을 살고 있기 때문이다.

『니코마코스 윤리학』의 해석에서 발생하는 중요 논쟁들 중 하나는 아리스토텔레스가 그 특성을 묘사하고 있듯이 에우다이몬적인 삶의 본성에 관계하고 있다. 한편으로 에우다이모니아가 '지배적인 목적'

(dominant end)이라고 생각하는 학자들이 있고, 다른 한편 그것이 '총괄적인 목적' (inclusive end)이라고 생각하는 학자들이 있다. 에우다이모니아를 지배적인 목적이라고 생각하는 학자들은 에우다이몬적인 삶을 구성하는 오직 하나의 활동만이 존재한다고 주장한다. 이것은 '관조적인 삶' 에 관해 『니코마코스 윤리학』 제10권에 나오는 아리스토텔레스의 견해들이 확실히 지지하고 있는 견해이다. 거기서 그는 우리가 삶 속에서 가능하면 많은 시간을 지식의 관조에 바쳐야만 한다고 주장하는 것처럼 보인다. 그러나 다른 주석가들에게 이 견해는 믿을 수 없는 것으로 그들은 에우다이몬적인 삶은 다양한 형태의 (좋은) 활동들로 구성되기 때문에 총괄적인 목적이라고 주장한다. 이렇게 되면 우리는 해석의 대립적인 논점을 갖게 된다. 이 대립적인 논점을 우리는 어떻게 처리해야 할까? 『니코마코스 윤리학』을 다룸에 있어서 우리는 제기된 논쟁이 근거가 확실한 것인지 아니면 관련된 본문들의 오해에 근거하고 있는지를 고찰해야만 한다. 만일 이 논쟁이 근거가 확실한 것이라면, 우리는 어떻게 그것이 해결될 수 있는지를 고찰해야만 한다. 논쟁의 해결은 단지 학술적인 문제에만 국한되지 않는다. 왜냐하면 에우다이모니아 개념을 이해하려는 우리 자신의 노력이 핵심적인 것이기 때문이다.

아리스토텔레스는 에우다이몬적인 삶을 어떤 사람이 탁월성들을 활용하는 삶 전체로 분석하고 나서 탁월성들을 검토하기 시작한다. 일반적으로 어떤 것의 탁월성들은 그것의 기능들과 관계된다. 탁월성들은 그 사물을 좋은 것으로 만들고 그 기능을 잘 수행하게 하는 특성들이다. 따라서 예를 들어 의사의 탁월성은 진단의 정확성과 환자의 감정들에 대한 민감성을 포함할 수 있다. 왜냐하면 이것들이 한 의사를 **의사로서** 좋은 의사로 만들어 주는 특성들이기 때문이다. 게다가 의사의 탁월성들은 그가 자신의 기능들을 잘 수행하도록 하는 특성들이기도 하다. 왜냐하면 그것들이 의사로 하여금 환자들의 질병들을 효과적으로 처치하고 고통을 경감해 줄 수 있도록 만들어 주기 때문이다. 이런 탁월성의 개념은 아마도 그 자신을 희생한다고 하더라도 타인들의 행복에 사심 없이 헌신하는 일종의 도덕적인 성인과 같은 유덕한 사람에 관한 대중적인 개념과 근본적으로 다르다.

아리스토텔레스는 인간의 탁월성이 품성의 탁월성들과 사유의 탁월성들을 모두 포함하고 있다고 주장한다. 품성의 탁월성들은 감정들과 욕구들과 관련해서 어떤 사람을 유복하게(well off) 만드는 상태들 또는 경향들이다. 예를 들어, 용감한 사람은 두려움과 관련해서 '유복하다.' 왜냐하면 그는 오직 두려움에 적합한 상황들에서만 두려움을 느끼기 때문이다. 역으로 겁쟁이는 두려움과 관련해서 '유복하지 못하다.' 왜냐하면 그는 모든 것들을 두려움의 대상으로 여기며 그 결과 적당한 양보다 더 빈번하게 두려움을 경험하게 되기 때문이다. 아리스토텔레스는 탁월성들을 '중간 상태들'이라고 정의한다. 왜냐하면 그것들은 그가 결함(vice)이라고 명칭을 붙인 두 가지 대립적인 극단 상태들 사이에 위치하기 때문이다. 품성의 덕에서 작용하는 사유의 덕은 실천적 지혜이다. 실천적 지혜는 모든 것들을 고려한 후에 주어진 상황에서 실행될 수 있는 최상의 행위를 올바르게 판단하는 우리의 능력이다. 따라서 용감한 사람은 실천적 지혜를 활용하고 있다. 왜냐하면 그는 자신의 상황들을 두려움에 적합한 것으로 올바르게 생각하면서 어떻게 반응해야 할지를 올바르게 판단하기 때문이다. 그러나 겁쟁이는 실천적 지혜를 활용하지 못하고 따라서 위협적이지 않은 상황을 위험한 것으로 간주하게 된다.

탁월성에 대한 설명은 논쟁의 대상이 되고 있다. 어떤 사람들에게 탁월성에 대한 담론은 절망스럽게도 구식이라 우리가 살아가는 현재 삶과 어떤 실질적인 연관성을 갖지 못한다. 우리에게 문제가 되는 것은 행위의 옳음과 그름이다. 즉 우리가 어떤 해야 될 의무와 하지 말아야 할 의무를 우리는 갖고 있는지가 문제가 된다. 탁월성은, 만일 실제로 어떤 그런 것이 존재한다면, 주변적인 것에 불과하다. 아리스토텔레스의 경우에 문제를 더 어렵게 만드는 것은 그가 인지하고 있는 탁월성들은 우선적으로 그것들을 소유한 사람들의 행복과 관련되어 있는 것처럼 보인다. 따라서 비록 탁월성이 구식의 개념이 아니라고 할지라도, 그것은 아리스토텔레스가 제시하듯 혐오스럽게도 개인주의적인 것이며 우리들의 자녀들에게 발전시키려고 노력해야 될 어떤 것은 아니다. 그러나 이 그룹과 달리 탁월성 개념은 유용한 것이라고 주장하는 사람들도 있다. 우리는 계속해서 사람들을, '정의롭다', '관대하다', '친절하다' 라고 기술하며 우리가 그렇게 할 때 그들을 칭찬하는 것이다. 탁월성 개념은 이런 칭찬받을 수 있는 품성들의 본성을 설명해 준다. 게다가 아리스토텔레스는 탁월성을 가진 사람은 자신의 이익이 아닌 훌륭한 것을 위해서 행동하는 자라고 명확하게 주장한다. 그러나 이 주장은 에우다이몬적인 삶은 특별히 자신의 일에 열중한 것이라는 주장과 갈등을 일으킨다.

아리스토텔레스의 논쟁적인 주장들 중의 하나는 사람들은 자신이 소유하고 있는 품성 상태들에 대해 책임을 진다는 것이다. 따라서 탁월성을 가진 사람은 자신의 우수한 품성에 대해서 칭송을 받으며, 결함을 가진 사람은 자신의 통탄할 만한 품성에 대해서 비난을 받는다. 이 결론에 관한 논증은 자발적인 행동과 비자발적인 행동에 관한 아리스토텔레스의 폭넓은 논의 속에 나타난다. 그는 품성이 반복되는 행동들의 산물이라고 주장한다. 만일 그런 행동들이 자발적으로 실행된다면, 어떤 품성 상태가 그 결과에 의해서 역시 자발적으로 획득된다. 어떤 주석가들은 이 주장을 불합리한 것으로 간주한다. 왜냐하면 확실히 몇몇 사례들에서 어떤 사람의 결함 있는 품성은 (전적으로) 자발적으로 획득되는 것은 아니기 때문이다. 그는 학대하는 부모들의 희생자가 되었을 수도 있고 잘못된 훈계를 받았을 수도 있다. 몇몇 학자들에 따르면 아리스토텔레스는 사람들은 매사 선택을 하기 때문에 그의 품성 상태는 부분적으로, 그렇지만 결정적으로 '그에게' 달려 있다고 주장한다.

완성된 탁월성은 성취하기 어렵고 따라서 희귀하기 때문에 많은 사람들이 그것에 미치지 못할 것이라는 점이 필연적인 것처럼 보인다. 그러나 이 점이 사실이라고 하더라고, 탁월성에 미치지 못하는 다수가 결함이 있다는 결론에 도달하지는 못한다. 탁월성과 결함의 극단적인 사례들 사이에서 아리스토텔레스는 아마도 좀 더 빈번하게 실현되는 품성의 두 가지 상태들을 구분하고 있다. 그것은 엥크라테이아(*enkrateia*, 자제력)와 아크라시아(*akrasia*, 자제력의 결핍)이다. 엥크라테이아를 가진 사람은 탁월성을 가진 사람이 하려는 것을 하지만, 어떤 다른 것을 하고 싶어 하는 자신의 욕구를 통제하려고 모진 노력을 해야 한다. 아크라시아를 가진 사람은 해야 하는 최선의 것을 올바르게 결정하지만 엥크라테이아를 가진 사람과는 달리 다르게 하려는 자신의 욕구를 통제하지 못하고, 그 결과로 자신의 좀 더 좋은 판단보다는 자신의 욕구에 따라 행동하게 된다. 여기서 철학자들을 혼란스럽게 하는 점은 어떻게 잘못된 것을 행동하는 사람이 올바른 것을 알고 있다고 적절하게 기술될 수 있는가 하는 점이다. 이 물음은 특히 어려운 것처럼 보인다. 왜냐하면 아리스토텔레스는 모든 행위에서 우리는 좋다고 판단되는 어떤 것을 목표로 삼고 있다고 주장하기 때문이다.

여기서 필자가 다루게 될 마지막 주제는 우정에 관한 주제이다. 아리스토텔레스는 친구들이 에우다이몬적인 삶의 일부를 이루고 있다고 생각한다. 제8권과 제9권은 『니코마코스 윤리학』의 모든 논의들 중에 몇 가지 가장 계몽적인 것들을 포함하고 있다. 아리스토텔레스는 다양한 종류의 우정들, 특별히 에우다이몬적인 삶에 적합한 우정의 종류를 구분하는 데 관심을 가지고 있다. 또한 그는 친구가 되는 것과 에우다이몬(행복한 자)이 되는 것 사이의 관계를 명확히 하는 일에 관심을 보이고 있다. 이 논의는 또한 탁월성을 가진 사람의 이해에 적절한 논쟁들을 불러일으키고 있다. 하나의 예를 들어 보자. 자선을 베푸는 사람은 타인을 위해서 행동하는 걸까 아니면 자기 자신을 위해서 행동하는 걸까? 이 물음에 관한 아리스토텔레스의 주장들은 탁월성을 가진 사람들의 참된 동기부여와 그들이 실제적인 삶에 취하는 즐거움을 조명해 준다.

이 주제들이 본문을 살피면서 작업할 때 염두에 두어야만 하는 『니코마코스 윤리학』의 중요 주제들이다. 이 책은 아리스토텔레스의 본문의 순서를 똑같이 밟아 가면서 각 장별로 중요한 주장들을 포함하고 있다. 그러나 몇몇 장들은 그냥 검토하지 않고 지나치게 될 것이다. 그 이유는 이 장들에 대한 관심이 없거나 무가치한 장이라서가 아니라 몇 가지 중요한 문제들을 자세하게 검토하는 것이 이 개론서의 목적에 적합하기 때문이다.

3장 본문 읽기

I. 『니코마코스 윤리학』 제1권

서론

『니코마코스 윤리학』 제1권에서 아리스토텔레스의 주된 관심사는 인간에게 있어서 최고 좋음을 발견하고 분석하는 일이다. 우리는 이미 최고 좋음이 인간 삶의 궁극적인 목표 또는 목적이라는 사실을 확인했다. 그러나 무엇이 궁극적인 목표가 될 수 있을까? 언뜻 보기에 오직 하나의 해답만이 존재할 것이라고 생각하는 일은 어려운 것처럼 보인다. 왜냐하면 우리가 사람들, 친구들과 가족들에게 그들이 삶에서 궁극적으로 추구하는 것이 무엇이냐고 묻는다면 다양한 형태의 반응들이 존재할 것이기 때문이다. 한 사람의 궁극적인 목표는 세계적인 명성을 얻는 것이고 다른 사람의 목표는 마세라티(Maserati) MC12 자동차를 갖는 것이다. 아리스토텔레스는 삶의 수많은 목적들과 최고 좋음에 관련된 다양한 의견들을 잘 알고 있었다(1097a15-23과 1095a20-25). 이 다양성들 중의 다수는 개별적인 인간들의 특수한 관심들에 기인하고 있다. 피카소 애호가는 어느 날 원본 그림을 소유하길 희망하면서 매우 열심히 일할 수 있다. 그러나 모든 사람이 이것을 목표로 삼지는 않을 것이고 궁극적인 목표로는 더더욱 그러하지 않을 것이다. 아리스토텔레스의 관심은 **자연적인** 것으로서 인간의 궁극적인 목표를 확인하는 일이다.

그의 논의는 그 자체로 어떤 일반적인 수준에서 진행되었다. 이와 관련해서 아퀴나스의 주장을 살펴보는 일은 가치 있다. "비록 일반적인 시작점은 어떠한 예외도 허용하지 않는다고 할지라도, 우리가 개별자를 다루면 다룰수록 더 많은 예외들이 발생하게 되어 있다(『신학대전』 1.94.4)." 문제는 활용 가능한 에우다이모니아에 관한 좀 더 정확한 설명이 존재한다는 점이 아니라, 현재로서는 우리의 탐구 능력들을 벗어나는 설명이 존재한다는 점이다. 오히려 문제는 특수성 수준으로 내려가면 취득할 수 있는 어떤 정확한 설명이 존재하지 않는다는 점이다.

『니코마코스 윤리학』 제1권의 구조는 처음 접하는 독자들에게 금방 명백하게 드러나지 않을 수 있다. 따라서 출발에 앞서 다음과 같이 그 내용들의 윤곽을 그려 보는 것이 독자들에게 유익할 것이다.

- 『니코마코스 윤리학』 제1권 제1-2장: 최고 좋음의 존재에 관한 논증들.
- 『니코마코스 윤리학』 제1권 제3장: 우리의 탐구에서 얼마만큼의 많은 정확성을 기대할 수 있는가? 학생들이 미리 알고 있어야 하는 것.
- 『니코마코스 윤리학』 제1권 제4장: 최고 좋음의 명칭에 관한 의견 일치와 그것의 본질에 관한 의견 불일치.
- 『니코마코스 윤리학』 제1권 제5-6장: 최고 좋음에 관한 대중적 견해와 학술적 견해.
- 『니코마코스 윤리학』 제1권 제7장: 최고 좋음에 관한 아리스토텔레스의 개념(기능에 관한 논증).
- 『니코마코스 윤리학』 제1권 제8장: 아리스토텔레스의 견해와 대중적인 견해의 일치와 불일치. 외적 좋음들의 위치.

- 『니코마코스 윤리학』 제1권 제9-11장: 최고 좋음의 원인. 우연의 역할.
- 『니코마코스 윤리학』 제1권 제12장: 최고 좋음은 칭송받지 못하지만 축복이다.
- 『니코마코스 윤리학』 제1권 제13장: 영혼의 부분들. 탁월성에 대한 개요.

어떻게 이 다양한 주제들이 한 주제에서 다른 주제로 넘어가게 되는지 항상 명확하지 않다. 따라서 필자는 우리가 각 장들을 검토할 때마다 줄곧 그 연관 관계들을 강조하려고 노력할 것이다.

『니코마코스 윤리학』 제1권 제1-2장

우리는 이미 아리스토텔레스가 최고 좋음은 인간의 목표 또는 목적이라고 생각한다는 사실을 살펴보았다. 이 점은 『니코마코스 윤리학』의 첫 번째 문장에서 곧바로 확인된다. "모든 기예와 탐구, 또한 마찬가지로 모든 행위와 선택은 어떤 좋음을 목표로 하는 것 같다. 그렇기 때문에 사람들은 좋음을 모든 것이 추구하는 것이라고 옳게 규정해 왔다(1094a1-3)." 몇몇 주석가들은 이 짧은 구절은 최고 좋음의 존재에 관한 다음과 같은 논증을 포함하고 있다고 주장했다.

(i) 모든 행위와 선택은 어떤 좋음을 목표로 한다.

따라서

(ii) 모든 행위들과 선택들이 궁극적으로 목표로 하는 어떤(개별적인) 좋음이 존재한다.

이 추론의 문제점은 그것이 부당한 추론이라는 점이다. 왜냐하면 전제는 참이지만 결론은 반박하지 않아도 거짓이기 때문이다. 이 추론은 다음과 같은 유비추론에 의해서 부당성이 증명될 수 있다.

(i*) 모든 도로들은 어떤 장소로 인도한다.
따라서
(ii*) 모든 도로들이 인도하는 어떤 장소가(예, 로마) 존재한다.[1]

그렇다면 논리학의 아버지인 아리스토텔레스는 『니코마코스 윤리학』의 초반부터 논리적 오류를 범하고 있는 것처럼 보인다. 그러나 물론 이 논증은 그가 (i)로부터 (ii)를 추론하고 있다는 점을 **가정하고** 있으며 이런 가정은 잘못된 것이다. 아리스토텔레스가 (ii)를 그의 탐구의 **이번** 단계에서 옳은 명제로 생각한다는 점조차도 명확하지 않다. 왜냐하면 1097a23-24에서 그는 "만일 행위에 의해 성취할 수 있는 모든 것의 목적이 하나 있다면, 이것이 행위에 의해 성취할 수 있는 좋음일 것이며, **만약 목적이 하나 이상이라면**, 이것들이 행위에 의해 성취할 수 있는 좋음들일 것이다"라고 주장하기 때문이다. 만일 우리가 궁극적으로 목표로 하는 단 하나의 좋음만이 존재한다는 점을 증명했다고 아리스토텔레스가 생각했다면, 왜 그는 불과 몇 장 뒤에 하나 이상의 좋음이 있을 수 있음을 시인하려고 할까? 필자에게는 아리스토텔레스가 이 첫 문단에서 다음과 같은 개념적인 논점을 형성하고 있는 것처럼 보인다. (1) 행위가 되는 어떤 것은, 행위자의 평가에 따르면, 좋거나 가치 있거나 보람이 되는 어떤 목표를 갖게 될 것이다. (2) (최고) 좋음은 모

1 필자는 이 유비 논증을 A. Kenny(1966)에게서 빌려 왔다.

든 인간 행동의 목표가 된다.

『니코마코스 윤리학』 제1권 제2장에서 아리스토텔레스는 최고 좋음을 다음과 같이 정의하고 있다.

> 그래서 만약 행위할 수 있는 것들의 목적이 있어서, 우리가 이것은 그 자체 때문에 바라고, 다른 것들은 이것 때문에 바라는 것이라면, 또한 우리가 모든 것을 다른 것 때문에 선택하는 것은 아니라고 한다면(만약 그렇다고 한다면 이렇게 무한히 나아갈 것이며, 그 결과 우리의 욕구는 공허하고 헛된 것이 될 것이기 때문이다) 이것이 좋음이며 최상의 좋음(최고 좋음)일 것이라는 사실은 명백하다(1094a18-22).

그렇다면 최고 좋음은 우리가 그 자체를 위해서 추구하고 그것을 위해서 다른 모든 것들을 추구하는 좋음 또는 목표이다. 우리가 그다음 목적들을 위한 **도구들**로서 추구하는 어떤 것들이 존재한다. 예를 들어, 어떤 사람은 오직 돈을 획득하기 위한 도구로서만 생각하고 취직하려고 노력할 수 있다. 만일 돈을 획득하기 위한 대안적인 수단이 제시된다면(예를 들어, 복권당첨) 그는 더 이상 직업을 찾지 않을 것이다. 그러나 최고 좋음은 어떤 다음 목적을 위한 도구로서 추구되지 않는다. 왜냐하면 최고 좋음은 그 자신의 본질적으로 매력적인 특성들에 의해서 추구되기 때문이다. 게다가 바로 이 최고 좋음을 성취하기 위해서 우리는 삶에서 실행되는 **모든** 다른 행동들을 시도하게 된다. 그러나 이 구절은 최고 좋음의 존재에 관한 다른 증명으로 해석되었다.

(1) 만일 우리가 다른 어떤 것을 위해서가 아니라 그 자체를 위해서 원하는 어떤 것이 존재한다면, 그것은 최고 좋음이 될 것이다.

(2) 만일 우리가 다른 어떤 것을 위해서 모든 것을 원한다면, 우리의 욕구들은 궁극적으로 공허하고 무익한 것이 될 것이다.

〔(3) 우리의 욕구들은 궁극적으로 공허하거나 무익한 것들이 아니다.〕

따라서

〔(4) 우리가 다른 어떤 것을 위해서가 아니라 그 자체를 위해서 원하는 어떤 것이 존재한다.〕

따라서

〔(5) 최고 좋음이 존재한다.〕

이 해석은 설득력이 없다. 왜냐하면 (3), (4)와 (5)는 위 구절에 진술되지 않았기 때문이다. 그러나 비록 이 명제들이 암시되었다고 하더라도, 아리스토텔레스가 보여 주었다고 주장할 수 있는 최대치는 우리가 그 자체를 위해서 추구하는 좋음이 **적어도** 하나는 존재한다는 것이지 **오직** 하나의 그런 좋음이 존재한다는 강한 주장이 아니다. 버나드 윌리엄스(Bernard Williams)는 이 구절이 최고 좋음의 실존의 증명이라기보다는 최고 좋음이 존재하지 않는다면 일어나게 될 결과를 상술하는 것으로 쉽게 해석될 수 있다고 제안했다. 그러나 아무튼, 그가 지적하듯, "이 구절은 혼란스러운 표현이며 아마도 정확히 무엇을 의미하는지를 말하는 것은 불가능하다."[2]

아리스토텔레스가 제시한다고 주장되는 세 번째 논증은 어떤 최고 학문(정치학)이 존재하며 이 정치학의 목적은 공동체의 시민들을 위한 최고 좋음들을 획득하는 것이라는 근거에서 최고 좋음의 실재를 추론

2 Bernard Williams, 1962, 292쪽.

하고 있다(1094a28-1094b11). 그러나 다시 한 번 이 논증은 타당하지 못하다. 왜냐하면 정치학은 시민들을 위한 최고 좋음의 획득을 목표로 한다는 점이 분명하지 않기 때문이다. 서양 국가들은 법률들을 국민들의 보호를 추구하는 것이라고 규정한다. 따라서 우리는 이 첫 두 장들에서 무엇을 제거할 수 있을까?

만일 우리가 『니코마코스 윤리학』 제1권 제1-2장은 최고 좋음의 실존을 증명하려고 기획되었다고 가정한다면, 우리는 그 기획이 실패했다고 결론을 내릴 수밖에 없는 것처럼 보인다. 그러나 필자는 그 가정에 반박할 것이다. 아리스토텔레스는 최고 좋음이란 개념에 친숙해 있는 청중에게 강의를 하고 있었다. 그는 1094a2에서 **궁극적인** 좋음은 모든 것이 추구하는 목적이라는 원리를 언급하고 있다. 그는 나중에 1172b10-17에서 이 원리를 플라톤의 제자인 에우독소스의 것으로 돌리고 있다. 따라서 필자는 아리스토텔레스가 기존 철학에 그가 입증해야만 하는 어떤 **새로운** 개념을 도입하고 있다고 생각하지 않는다. 오히려 그는 최고 좋음이 어떤 종류의 목적이 되어야 하는지 명확하게 설명하고 있으며 또한 최고 좋음을 정치 활동의 목적과 동일시하고 있다.

『니코마코스 윤리학』 제1권 제3장

아리스토텔레스는 자신의 탐구가 인간을 위한 최고 좋음을 발견하는 것을 목표로 삼고 있다는 것을 진술하고서 실천적 문제들에 관한 연구에서 너무 많은 정확성을 기대해서는 안 된다고 주장한다(1094b13-15). 그 이유는 실천적 학문들은 구체적인 사실들에 의존하고 있기 때문이다.[3] 따라서 '돈은 좋다'와 같은 일반화는 실제적으로 부정확하다.

---

3 S. Broadie, 1991, 19쪽.

어떤 상황에서 돈은 좋지만, 다른 상황에서는 그렇지 못하기 때문이다(1129b2-5; 『메논』 87e-88c). 아리스토텔레스의 논점은 우리가 주제의 본성에 민감해야 하며 좀 더 정확한 결과를 기대해서는 안 된다는 것이다. 그럼에도 아리스토텔레스는 윤리학 연구가 필연적으로 부정확한 것이라는 것을 의미하지는 않는다는 점을 깨닫는 것이 중요하다.[4] 오직 윤리학 연구가 **실천적인** 것을 다루는 한도 내에서 그것은 부정확성을 허용한다.

두 번째로 아리스토텔레스는 젊은이들이 윤리학 연구로부터 유익을 얻을 수 없다고 주장한다. 왜냐하면 그들은 "우리 논증의 주제와 전제가 되는 인생의 여러 행위들에 대한 경험이 없기 때문이다(1095a2)." 비록 아리스토텔레스의 관심이 우리를 좋은 사람으로 만드는 것일지라도, 그는 자신의 논증들에 귀 기울이는 것이 그런 결과를 초래하는 충분조건이라고 생각하지 않는다(1179b5-6). 그 논증들을 이해하기 위해서 우리는 그가 언급하고 있는 경험들을 공유해야만 하고 이는 우리가 훌륭하게 양육되어야만 함을 의미한다.

『니코마코스 윤리학』 제1권 제4장

『니코마코스 윤리학』 제1권 제4장에서 아리스토텔레스는 최고 좋음의 본성에 관한 탐구를 시작하고 있다. 그는 최고 좋음의 명칭에 관해 일반적으로 동의한다고 주장한다. 그것은 통상적으로 '행복'이라고 번역되는 '에우다이모니아'(*eudaimonia*, 1095a19)이다. 그러나 '행복' 개념과 '에우다이모니아' 개념은 차이가 있다. 첫 번째로, 우리는 행복을 심리적인 상태로 생각하는 경향이 있다. 대체로 그것은 세상에 존재하

---

4 D. Bostock, 2000, 6쪽.

는 어떤 대상에 대한 긍정적 태도 또는 감정을 갖는 것이다. 예를 들어, "우리 아들이 시험을 통과했기 때문에 난 행복해"라고 말한다. 그러나 아리스토텔레스에 따르면 에우다이모니아는 상태가 아니다. 그것은 활동이고, 그것은 우리가 **행하는** 어떤 것이다(1098a16). 두 번째로, 우리는 사람들은 자신이 행복한지 아닌지에 대해서 착각할 수 없다고 생각하는 경향이 있다. 그러나 앞으로 살펴보겠지만 사람들은 자신의 삶이 에우다이몬(*eudaimōn*)적인지에 대해서 착각할 수 있다. 세 번째로, 우리는 행복을 일시적인 어떤 것으로 생각한다. "나는 지난밤 로니가 당구 게임을 이겼기 때문에 행복했지만 이제는 일을 해야 하기 때문에 불행하다"라고 말한다. 그러나 에우다이모니아는 일시적인 것이 아니다. 그것은 우리의 삶 전체에 적용된다. 따라서 어떤 사람이 한순간에는 에우다이몬적이다가 다음에는 그렇게 되지 않을 수 없다(1098a19).[5]

그러나 우리는 에우다이모니아에 대한 아리스토텔레스의 설명을 검토하기 전에 그것의 몇 가지 의미를 검토할 필요가 있다. 그가 그 용어를 처음으로 도입할 때, 그것은 '잘 사는 것'과 '잘 행동하는 것'과 동의어라고 주장한다(1095a20). 이 주장은 최고 좋음이라는 개념에 대한 그의 초기 주장들과 완벽하게 일치하고 있다. 최고 좋음은 우리가 그 자체로 원하는 것이며 그것 때문에 다른 모든 것들을 우리가 원하는 것임을 기억하자. 만일 우리가 인간 삶에서 최종 목적을 생각하고 있다면, 직관적으로 그것은 잘 살고 성공적으로 사는 것이라고 생각할 것이다.

비록 최고 좋음의 명칭에 대해서 일반적으로 일치하고는 있지만, 그 실체에 대해서는 상당한 의견 차이들이 존재한다(1095a20). 어떤 사람들은 에우다이모니아가 돈이나 즐거움이라고 생각한다. 다른 사람들은

5 이 주제들에 대한 훌륭한 논의는 R. Kraut(1979)를 참조하라.

그것이 명예나 존경심이라고 생각한다. 사실상 아리스토텔레스는 에우다이모니아의 개념에 대한 사람들의 생각은 그들의 상황에 따라 변화한다는 것을 지적하고 있다. 사람들이 가난할 때, 그들은 돈이 그것이라고, 병들었을 때는 건강이 그것이라고 생각한다(1095a24-25). 아리스토텔레스는 이 모든 견해들을 고려하고 싶어 하지 않는다. 그 대신 그는 논증이 지지하는 것처럼 보이는 가장 대중적인 설명들을 검토해 볼 것을 제안한다(1095a29-31). 『니코마코스 윤리학』 제1권 제5-6장에서 아리스토텔레스는 에우다이모니아에 관한 다양한 실질적인 설명들을 고찰하면서 거부하고 있다. 이제 이것들을 살펴보자.

『니코마코스 윤리학』 제1권 제5장

아리스토텔레스는 소위 즐거움 추구, 명예, 관조, 돈 벌기의 '삶들'을 고찰한다. 그의 목표는 이 좋음들 또는 목표들이 지적으로 우리의 모든 행동들의 **최종** 목적이 될 수 있는지 살피는 것이다. 예를 들어, 우리는 즐거움을 위해서 모든 일을 하는 것일까? 그는 『니코마코스 윤리학』 제10권에서 검토하고 있는 '관조적인 삶'을 제외하고 여기서 고찰하고 있는 다른 설명들을 거부한다. 이 부분을 연구할 때 아리스토텔레스가 예를 들어 즐거움과 돈 벌기가 무가치한 것이라거나 또는 그것들은 훌륭한 삶의 **구성 요소들**이 아니라는 것을 주장한다고 생각하지 말아야 한다. 그는 단지 이것들 중에 어떤 것이 **최고** 목적이 될 수 있는지 확증하려고 노력하고 있을 뿐이다.

아리스토텔레스는 대중들이 에우다이모니아를 즐거움과 동일시한다고 주장한다(1095b18-19). 그는 그런 삶은 동물들을 사육하는 데 적합하다고 주장하면서 그런 분석을 거부해 버린다(1095b20-21). 가축들과 비교하는 것은 아리스토텔레스가 최종 목표는 육체적으로 만족하는 삶을 염두에 두고 한 말이라는 점을 분명하게 해 준다. 그런 삶은 음식, 음료, 잠과 이성(異性)에 대한 육체적 욕구들을 만족시키려 애쓰는 삶이다. 비록 그가 이런 삶은 에우다이몬적인 삶이 아니라고 **주장하지는** 않았지만(『니코마코스 윤리학』, 제7권 제12장과 제10권 제2장), 우리는 어떤 육체적 욕구들의 만족이 (**최고** 좋음은 제쳐 두고서) 심지어 좋은 것이라고도 생각하지 않는다는 점을 주목해야만 한다. 예를 들어 헤로인 중독이나 폭식하고 싶은 욕구들의 만족을 생각해 보자. 따라서 비록 여기서 어떤 논증을 구성하고 있지는 않았지만, 우리는 곧바로 에우다이모니아는 육체적인 즐거움의 삶이 아니라고 결론을 내릴 수 있다.

아리스토텔레스는 좀 더 많은 '교양을 갖춘' 사람들은 에우다이모니아를 명예 또는 존경심과 동일시한다고 주장한다(1095b22-24). 그런 사람들에게 존경심의 성취 또는 그들 동료들의 인정은 행동의 최종 목적이다. 그러나 아리스토텔레스는 그런 사람들은 잘못 생각하고 있다고 주장한다. 첫 번째로, 명예는 수여받는 사람보다는 수여하는 사람에게 달려 있는 것처럼 보인다. 그러나 에우다이모니아는 '그 자체로 고유한 어떤 것'이다. 그것은 **우리가** 행하는 것에 의존하는 어떤 것이다(1095b26). 두 번째로 아리스토텔레스는 사람들은 오직 자신들이 좋은 사람들이라는 것을 확신하기 위해서 공경받기를 원한다고 주장한다. 만일 이것이 사실이라면, 명예는 최고 좋음이 될 수 없다. 왜냐하면 최고 좋음은 그 자체로 우리가 원하는 것이지 다른 어떤 것을 위해서 원하는 것이 아니기 때문이다.

그렇다면 아마도 에우다이모니아는 좋은 상태 또는 탁월성을 갖춘 상태로 구성된 것인지도 모른다(1095b33-35). 그러나 단지 탁월성의 단순 소유는 '아무도 에우다이몬이라고 생각하지 않는' 심각한 불행 또는 오랜 기간의 무의식을 경험하는 것과 동일한 것이다(1096a1-2; 1153b19와 비교하라).[6] 따라서 어떤 사람은 탁월성을 소유하고 있으면서도 그는 에우다이몬적이지 않게 된다. 마지막으로 아리스토텔레스는 돈 벌기의 '삶'을 부정한다. 왜냐하면 돈은 단지 도구적인 좋음이며 따라서 곧바로 『니코마코스 윤리학』 제1권 제2장의 최고 좋음의 개념을 만족시키지 못하기 때문이다.

『니코마코스 윤리학』 제1권 제6장

그다음 아리스토텔레스는 플라톤의 '좋음의 형상'으로 관심을 전환한다. 플라톤의 견해를 다루는 그의 방식은 비교적 불투명하고 전문적이다. 따라서 처음으로 본문에 접근하는 독자들에게는 다소 어렵게 느껴진다. 아리스토텔레스 자신의 설명은 여기에 나오는 논증들에 의존하지 않기 때문에, 독자들은 처음부터 이번 장을 무시하고 나중에 돌아오고 싶어 할 것이다. 필자의 의도는 단지 아리스토텔레스의 논평들에 관한 짧은 소개를 제공하는 것이다. 논증들과 개념들을 검토하고 싶은 독자들은 각주에 언급된 참고서들을 참조하기 바란다.[7]

플라톤의 형이상학에서 세계의 대상들은 그가 '형상' 또는 '이데아'라고 부르는 것의 구체적인 사례들이다. 플라톤은 형상들이 시공간 밖에 존재하는 범형들(exemplars)이고 세속적인 대상들은 그것들의 열등

---

6 아리스토텔레스 그 자신은 어떤 사람이 탁월성을 갖춘 일을 하지 않고 탁월성을 갖춘 사람이 되는 것은 가능하다고 생각하지 않았다(1105b13-15). 그는 아마도 여기서 단지 대중적인 신념이나 또는 이미 탁월성을 획득한 자가 불행을 경험하는 경우들을 다루고 있는 것처럼 보인다. 『니코마코스 윤리학』 제1권 제10-11장과 비교하라.

7 D. Bostock은 29-31쪽에서 다수의 논의들을 제공하고 있다. S. Broadie(C. Rowe and S. Broadie, 2002)와 T. E. Irwin(1985년 판과 1999년 판)에 유용한 주석들이 달려 있다. G. Fine(1993)은 이 주제에 관한 장편의 논의들을 제시하고 있다.

한 사례들이라고 생각했다. 따라서 "이것이 장미이고 저것도 장미이다"라고 말할 때 우리는 두 대상들이 '장미'의 형상과 고유한 관계를 맺고 있음을 주장하는 것이다. 아리스토텔레스가 설명하듯이, 그것들은 '수많은 개별자들에 속한 하나의 공통적인 속성'을 가지고 있다(『형이상학』, 1079a3-4). 플라톤은 좋음의 형상이 존재하며 모든 좋은 것들은 그 좋음의 형상과 고유한 관계를 맺고 있다고 생각했다. 플라톤에 관한 아리스토텔레스의 해석을 따르면 모든 좋은 것은 몇 가지 공통적인 속성을 가지고 있다. 그러나 이것은 아리스토텔레스가 부정하려는 주장이다.

좋음의 형상에 대한 아리스토텔레스의 거부는 일련의 전문적인 논증들에 기초하고 있다(1096a17-1097a14). 필자는 1096a24-29에 나온 논증에 관해 논평할 것이다.

(a) 만일 좋음의 형상이 존재한다면, '좋다'라는 술어는 단일 속성을 지시한다.
(b) 그러나 '좋다'는 다양한 범주의 다양한 속성들을 지시한다. 실체에서 '좋다'는 지성 또는 신을 지시한다. 양에서 '좋다'는 적당한 양을 지시한다.
(c) '지성', '신'과 '적당한 양'은 공통적인 특성을 공유하지 않는다.

따라서

(d) 좋음의 형상은 존재하지 않는다.

그러나 아리스토텔레스는 여기서 플라톤을 잘못 해석한 것처럼 보인다. 플라톤은 비록 '지성'과 '적당한 양'이 많은 다른 속성들을 가지고 있을지라도, 그것들의 '그 종(kinds)의 한 사례가 됨'이라는 속성을 공유하고 있다고 주장할 수 있다. 이것은 전제 (c)가 사실이 아님을 나타내며 이로써 논증은 부당하게 된다. 사실상, 아리스토텔레스 자신도 좋음을 어떤 사물의 종과 관련된 것으로 생각하고 있다.

『니코마코스 윤리학』 제1권 제7장

이번 장에서 아리스토텔레스는 에우다이모니아에 관한 자신의 실질적인 설명을 제시하고 있다. 그는 '에우다이모니아' 라는 개념에 관한 몇 가지 제한들을 소개하면서 시작하고 있다(1097a15-b21). 그 후에 그는 이 제약들을 만족시키는 자신의 설명을 제시하고 있다(1097b22-1098a21). 첫 번째 개념적인 분석의 목적은 어떤 '최고' (supremacy)가 우리가 최고 좋음에 관해서 말할 때 사용되는지 밝히는 것이다. 그런 해명 작업은 어떤 것이 실제로 그 개념에 대응하는지를 결정하는 데 도움을 주게 될 것이다.

아리스토텔레스는 에우다이모니아가 (1) '가장 완전한 목적' (1097a30)이고 (2) '자족적인 것' 이라고 주장한다(1097b8). 이것들이 개념적인 제한들이라고 말하는 것은 단지 그것들이 '에우다이모니아' 라는 술어가 의미하는 것의 자격 조건들이라고 말하는 것이다. 그 제한들을 도입하면서 아리스토텔레스는 에우다이모니아의 실체에 대해서 아무것도 주장하지 않는다. 그는 단지 에우다이모니아가 어떤 종류의 목적인지를 지적하고 있을 뿐이다. 삶의 목적들의 다수성 때문에 그런 구분은 필수적인 것이다(1097a15-22).

어떤 목적은 만일 우리가 그것을 그 자체를 위해서 원한다면 '완전한 것' 이다(1097a31). 아리스토텔레스가 지적하듯이 삶의 수많은 목적들이 존재하며 그것들 중에서 우리는 수단적인 목적들과 비수단적 목적들을 구분할 수 있다(1097a26-27). 예를 들어, 집 없는 사람들에게 안식처를 기부하는 것을 생각해 보자. 만일 내가 어떤 명성을 얻으려는 다른 목적을 위해서 기부한다면, 나의 기부는 단순히 수단적인 것이며 따라서 완전한 것이 아니다. 그러나 만일 내가 기부는 내 돈으로 하는 일 중에 가장 훌륭한 것이라고 생각하기 때문에 단순히 그 자체를 위해서 기부한다면, 그것은 완전한 것이다. 아리스토텔레스는 '가장 완전한 목적'은 **항상** 그 자체를 위해서 추구되며 **결코** 다른 어떤 것을 위해서 추구되지 않는다고 주장한다(1097a29-33).

어떤 목적이 만일 그 자체만으로도 어떤 종류의 삶을 '선택할 만한 것'으로 만들고 '아무것도 부족하지 않도록' 만든다면 '자족적'인 것이다(1097b15). 이 주장을 통해서 아리스토텔레스는 에우다이모니아가 다른 좋음의 첨가에 의해서 개선될 수 없음을 의미하고 있다(b17-19). 그러나 이 주장은 논쟁을 불러일으킨다. 만일 우리가 아리스토텔레스를 에우다이모니아가 모든 좋은 것을 통합하고 있기 때문에 개선될 수 없다는 점을 주장한 것처럼 해석하면, 그것은 분명히 잘못된 것이다. 왜냐하면 우리들 중에 그 누구도 **모든** 좋은 것을 가질 수 없기 때문이다. 그러나 만일 우리가 아리스토텔레스를 에우다이모니아가 **모든** 좋음들이 아니라 일정한 범위의 좋음들을 통합하고 있음을 주장한다고 해석하면, 그것의 개선 불가능성이라는 지위는 위태롭게 된다. 당신이 가족을 돌보면서 임시 수용소에 기부도 하고 일 년에 세 차례 정도 멋진 휴가를 보낼 수 있을 정도의 충분한 재산을 소유하고 있다고 가정해 보자. 그것은 꽤 멋진 삶처럼 들릴 수 있다. 그러나 만일 당신이 돈을 좀 더 많이 소유해서 휴가를 더 많이 다녀올 수 있고 더 많은 수용소 원조 프로젝트를 도울 수 있다면 더 좋지 않을까?

1097b7에서 아리스토텔레스는 완전함이라는 조건은 자족성이라는 조건 뒤에 따라온다고 주장한다. 논점은 다음과 같다. 만일 에우다이모

니아가 자족적인 것이라는 주장이 잘못이라면, 그것이 완전하다는 주장도 거짓이 된다. 왜냐하면 만일 어떤 의미에서 에우다이모니아보다 우월한 어떤 목적이 존재한다면(그렇다면 에우다이모니아는 자족적인 것이 아니다), 우리는 에우다이모니아를 단지 그 자체를 위해서 추구할 뿐만 아니라 그 상위의 목적을 위해서도 추구하게 될 것이다(따라서 에우다이모니아는 완전한 것이 못 될 것이다). 에우다이모니아에 관한 아리스토텔레스의 실질적인 설명이 이 조건들을 만족시키는가 아닌가를 고려할 때 이 논점을 염두에 두는 것이 중요한다. 만일 그것이 자족적인 것이라면, 그것은 자동적으로 완전한 것이 될 것이다.

1097b22에서 아리스토텔레스는 에우다이모니아에 대한 실질적인 설명을 시작하고 있다. 그는 우리가 인간의 '기능' (*ergon*)을 검토함으로써 에우다이모니아의 본성을 결정할 수 있다고 제안한다(b25). 이 주장은 '기능 논증' (function argument)이라고 알려진 것으로 우리를 인도하고 있다. 이 논증은 방대한 이차문헌들을 발생시켰지만 필자는 여기서 그것들을 다루지 않을 것이다. 먼저 1097b25-1098a20에 나타난 논증 그 자체와 그것의 전제들과 결론에 관한 해석을 살펴보자.

(i) 만일 X가 그 '기능' 을 잘 수행한다면, X는 좋다(1097b25-29).

(ii) 인간은 한 '기능' 을 가지고 있다(1097b31).

(iii) 인간의 독특한 '기능' 은 이성을 가진 영혼의 부분의 활동이며 그것은 이성을 가진 부분과 그것에 복종하는 부분을 모두 포함하고 있다(1098a3-5).

따라서

(iv) 좋은 사람은 이성을 가진 영혼의 부분을 생애 전반에 걸쳐 잘 또는 훌륭하게 활용한다(1098a14-15).

아리스토텔레스는 기예(*technē*)와의 유비를 통해서 전제 (i)에 나타난 원리를 지지하고 있다. 피리 연주자의 '기능'은 피리를 연주하는 것이다. 훌륭한 피리 연주자는 그 '기능'을 잘 또는 훌륭하게 수행하는 사람이다(1097b26-29). 비록 그 원리가, 윤리학 책을 읽는 어떤 독자들이 기대하듯, 그 '기능'을 잘 수행하는 것은 **도덕적으로 선한 것**(morally good)이라는 점을 함의하지 않을지라도(왜냐하면 훌륭한 피리 연주자는 깡패가 될 수도 있기 때문이다), 그 원리는 확실히 어떤 직관적인 호소를 가지고 있다. 그렇지만 1097b25-29에 대한 또 다른 해석이 존재한다. 이 설명에 따르면 원리는 만일 X의 '기능'이 잘 수행된다면, X의 '기능'은 X에게 좋은 것이라는 것이 된다. 이 해석에 따르면 피리를 잘 연주하는 것은 피리 연주자로서 피리 연주자에게 좋은 것이다. 혼란은 '인간적인 좋음'(human goodness)과 '인간에게 좋음'(good for humans) 양쪽 모두로 해석될 수 있는 '토 안트로피논 아가톤'(*to anthrōpinon agathon*)이라는 표현에서 기인하고 있다.[8] 그러나 아리스토텔레스는 분명하게 사람에게 좋은 것을 하는 것이 좋은 사람이 되는 것이라고 생각하고 있다. 비록 우리는 그런 연관성에 대해서 매우 회의적인데도 말이다.

전제 (ii)는 두 가지 이유에서 현대 독자들에게 논쟁거리처럼 보인다. 첫 번째로, 몇몇 주석가들은 전제 (ii)를 인간은 어떤 목적을 위해서 고안된 도구임을 주장하는 것으로 해석한다. 그런 해석은 종교적인 문맥에서 호소력을 가질 수 있지만, 그 밖의 영역에서 그것은 직관적인 것이 아니다. 두 번째로 아리스토텔레스는 신체의 기관들이 '기능들'

---

8 D. Bostock, 2000, 26쪽; J. Whiting(1995)의 논문 여러 부분에서 제시된 구절들과 비교하라.

을 가지고 있다는 주장으로부터 인간은 '기능'을 가지고 있다는 결론을 부당하게 주장하고 있는 것처럼 보인다(1097b32-34). 그러나 비록 신체의 기관들이 몇 가지 '기능'을 가지고 있더라도, 인간도 역시 그러하다는 결론이 도출되지 않는다. 여기서 문제는 '기능'이 과연 무엇을 의미하는지 검토해 봄으로써 어느 정도 명확해질 것이라고 필자는 생각한다.

기능에 해당하는 그리스어는 에르곤(*ergon*)이다. 비록 이 용어는 일반적으로 '기능'으로 번역되지만 다소 거추장스러울지라도 더 훌륭한 번역은 '삶의 특정 방식'이다. 이 말이 무엇을 의미하는지 이해하기 위해서 우리는 아리스토텔레스의 영혼(*psychē*) 개념을 검토해야만 한다. (영혼에 관한 아리스토텔레스의 자세한 이론은 『영혼론』에 담겨 있다.) 지적해야 될 첫 번째 논점은 아리스토텔레스는 영혼이 인간에만 있는 고유한 것이라고 생각하지 않는다는 점이다. 두 번째 논점은 어떤 것의 영혼은 그것의 형상(*eidos*)에 의해서 결정된다는 점이다. '형상'이라는 말을 아리스토텔레스는 어떤 특정한 유기체가 구조화되는 방식에 대해서 사용한다. 제라늄은 어떤 특정한 방식으로 구조화되고 인간은 다른 특정한 방식으로 구조화된다. 구조에 드러난 차이들의 결과는 능력의 차이로 나타난다. 예를 들어, 제라늄은 토양으로부터 영양분을 추출할 수 있지만 대화를 나눌 수는 없다. 한 사물의 영혼과 그것의 에르곤과의 관계는 여러 능력들을 가진 그 사물의 고유한 행위에 의해서 이해되어야만 한다. 따라서 피리 연주자의 에르곤 즉 고유한 활동은 피리를 연주하는 것이고 눈의 에르곤은 보는 것이다.

이런 방식으로 이해하면 전제 (ii)의 '도구적인' 해석을 거부할 수 있다. 왜냐하면 유기체는 어떤 추가적인 목적을 위해서 고안되지 않아도 고유한 활동을 가질 수 있기 때문이다. 또한 아리스토텔레스는 신체의 기관들이 에르곤을 가지고 있다는 근거에서 인간은 에르곤을 가지고 있다는 사실을 **추론할** 필요가 없다는 점이 명확해진다. 인간은 고유한 형상을 가진 생명체이며 따라서 고유한 능력들을 가지고 있기 때문에 에르곤을 소유하고 있다. 그러나 불분명한 점은 다양한 인간의 능력들이 존재한다고 할 때, 인간에게 **하나의** 고유한 활동이 존재하고 있느냐는 점이다. 인간의 삶은 매우 다양한 형태의 활동들을 포함하고 있는 것처럼 보인다. 요리하기, 식사하기, 춤추기, 글쓰기, 훔치기 등등. 그래서 이 주장은 전제 (iii)으로 이어진다. 그것은 인간의 고유한 활동은 영혼의 이성을 가진 부분의 활동이라는 주장이다.

아리스토텔레스는 영혼의 이성을 가진 부분의 활동이 인간에게 고유한 것이라는 근거를 토대로 전제 (iii)을 주장하고 있다. 그는 영혼을 3부분으로 구분한다. 그것은 영양 섭취와 성장 부분, 감각 지각 부분, 추론 부분이다. 아리스토텔레스는 자연환경으로부터 영양분을 추출하는 활동은 식물과 공유하고 있기 때문에 인간의 고유한 에르곤이 아니라고 주장한다(1098a1). 그다음 그는 지각의 활동은 동물과 공유하고 있기 때문에 인간의 고유한 에르곤이 아니라고 주장한다(1098a2). 이렇게 제거 과정을 거쳐 아리스토텔레스는 인간의 에르곤이 영혼의 이성을 가진 부분의 활동임을 추론한다. 불행하게도 이 주장에 관한 유일한 직접적인 해명은 영혼의 이성을 가진 부분은 이성에 '복종' 하는 부분과 이성 그 자체를 가지고 있는 부분을 모두 포함한다는 아리스토텔레스의 주장뿐이다(1098a3-4). 이 주장은 제13장에서 어느 정도 설명되며 필자는 이 문제를 다룰 때 이 주장에 관해서 상세하게 논평할 것이다. 여기서는 단지 그 부분은 감정, 욕구, 사고를 포함하고 있는 영혼의 부분이라는 점만을 주목해야만 한다. 감정과 욕구를 담당하는 부분은 사고를 담당하는 부분에 '복종한다.'

네이글(T. Nagel)은 여기서 아리스토텔레스의 추론에 반대하고 있다. 그는 영혼의 이성을 가진 부분의 활동이 인간에게만 고유한 것이 아니라고 주장한다. 이 부분은 신과 공유하고 있다.[9] 그러나 그는 그럼에도 아리스토텔레스가 영양 섭취와 지각을 담당하는 부분들보다 사유하는 영혼의 부분에 특권을 부여하는 점에 있어서는 옳았다고 주장한다. 이는 영혼의 다른 부분들이 이성에 이바지하고 있다는 근거에서 주장되었다.[10] 인간의 삶에서 고유한 것은 인간의 삶은 영혼의 이성을 가진 부분의 활동에 의해서 지시된다는 것이다. 인간은 이성을 통해서 행동하지 단지 '본능'에만 의존하지는 않는다. 따라서 인간의 삶은 다양한 형태의 활동들을 포함하고 있으며 또한 그 능력들 중에 그 어느 것도 다른 것들보다 인간에게 더 고유한 것처럼 보이지 않는다는 점도 사실이다. 그러나 아리스토텔레스의 논점은 이성 활동은 그 자체로 인간 종에게 고유한 것이라는 점이다.

아리스토텔레스의 결론 (iv)는 한 사람이 삶 전체를 통해서 영혼의 이성을 가진 부분을 탁월하게 활용하고 있다면 에우다이몬이 된다는 것이다. 그렇게만 진술된다면, 결론은 실망스러운 것처럼 보인다. 그러나 여기서 제기될 수 있는 몇 가지 문제제기들을 검토함으로써 우리는 아리스토텔레스의 반대자들을 누그러뜨릴 수 있는 방법을 찾아볼 수 있다.

자연스러운 한 가지 문제제기는 결론이 너무 모호하다는 점이다. 그러나 아리스토텔레스는 결론 (iv)를 오직 에우다이모니아에 관한 '약도'로 간주하고 있다(1098a22). 필자가 생각하건대 여기에는 타당한

---

9 T. Nagel, 1980, 10쪽. 1178a22-23과 비교하라.

10 T. Nagel, 같은 책, 11쪽.

이유가 존재한다. 주제가 허용하는 것 이상의 정확성을 우리는 기대하지 말아야 한다는 『니코마코스 윤리학』 제1권 제3장의 주장을 회상해 보자(1098a27-28). 그렇다면 그 결론을 좀 더 잘 이해할 수 있게 된다. 결론 (iv)에 나온 '잘' 또는 '훌륭하게'라고 번역되는 단어는 아레테(*aretē*)이다. 그러면 결론은 탁월성 또는 더욱 단순하게 탁월성을 갖춘 삶에 따라 이성을 지닌 영혼의 부분의 활동이라고 해석될 수 있다. 그러나 탁월성을 갖춘 삶이란 어떤 것일까? 그런 삶은 『니코마코스 윤리학』 제1권 제7장의 첫 대목에서 제시된 개념적 제한들을 만족시키고 있는 것일까?

첫 번째 물음과 관련해서, 탁월성을 갖춘 삶의 특성은 실제로 『니코마코스 윤리학』의 나머지 다른 부분의 주제이다. 그러나 우리는 여기서 몇 가지 일반적인 논평들을 내릴 수 있다고 필자는 생각한다. 탁월성의 활용에 의해서 우리의 삶이 형성되고 지시된다. 탁월성의 활용은 삶을 형성하는 행위들과 그 삶의 총체적인 목적과 모두 관련된다. 이 주장은 때때로 에우다이모니아를 '삶의 계획'이라고 해석하는 일에까지 연결된다. 비록 아리스토텔레스는 그런 계획을 결코 명백하게 언급한 적이 없지만, 탁월성의 활용은 그런 계획을 암시하고 있다(예를 들어, 『니코마코스 윤리학』 제6권 제5장를 보라). 탁월성을 갖춘 사람은 최선의 선택지들을 행동할 것을 결정하며 그 선택지에 관한 결정은 삶 전체를 관통하는 어떤 개념을 언급하고 있어야만 한다.

그러나 아리스토텔레스는 탁월성에 의해서 형성된 삶의 활동들 그리고 좋음들이 부분적으로 에우다이모니아의 구성 요소라고 생각하고 있을까? 아니면 탁월성의 활용 그 자체가 에우다이모니아의 구성 요소라고 생각하고 있을까? 이 물음은 아리스토텔레스의 설명이 포괄적인 것인지 또는 지배적인(배타적인) 것인지에 관한 문제로 이어진다. 이런 용어들은 하디(W. F. R. Hardie)에 의해서 사용되었다.[11] 포괄적인 목적은 둘 또는 그 이상의 좋음들을 포함하고 있는 목적이다. 지배적인 목적은 오직 하나의 좋음만을 포함하고 있는 목적이다. 쟁점은 『니코마코스 윤리학』의 다양한 구절들이 에우다이모니아가 무엇으로 구성되어 있는지에 관한 상반된 해석들을 지지하고 있다는 점이다. 제1권에서 아리스토텔레스의 주장들은 포괄적인 설명을 지지하고 있는 것처럼 보이는 반면, 제10권의 주장들은 지배적인 설명을 지지하는 것처럼 보인다. 필자는 여기서 모든 관련된 구절들을 개관하지는 않을 것이며 제10권에 관한 논의 속에서 이 쟁점에 관해 좀 더 자세하게 논평할 것이다.[12]

아리스토텔레스는 에우다이모니아가 '외적인 좋음들을 필요로 한다' 고 주장한다. 물질적인 부, 친구 등등(1099a34-b6). 이 구절을 해석하는 한 가지 방식은 결합으로 해석하는 것이다. 에우다이몬적인 삶은 탁월성의 활용, 돈과 소유, 친구 등등의 결합과 동일하다. 그러나 필자는 이 해석이 잘못되었다고 생각한다. 왜냐하면 이와 같은 다른 좋음들의 가치의 원천에 관한 독자적인 설명은 제시되지 않았기 때문이다. 그래서 다른 대안은 이와 같은 다른 좋음들은 단지 에우다이모니아의 구성 요소인 탁월성을 갖춘 활동에 필요조건일 뿐이라는 주장처럼 보인다. 그러나 이 설명에 따르면 외적 좋음들은 그 자체로 가치 있는 것들이 아니기 때문에 우리의 직관적 통찰과 갈등하는 것처럼 보인다.

필자는 이에 관한 해결점은 이런 것들은 "무조건적으로는 항상 좋은 것이지만, 어떤 사람에게는 항상 좋은 것은 아니다"라는 제5권의 아리

---

11 W. F. R. Hardie, 1980, 23쪽.

12 여기서 필수적인 책은 J. L. Ackrill(1974)이다.

스토텔레스의 주장에 의해서 제시될 수 있다고 생각한다(1129b3-4). 예를 들어 돈은 좋은 것이지만 그것은 오직 삶 전체의 맥락에서 올바르게 관리될 때만 좋은 것이 된다. 쿠퍼(J. M. Cooper)는 이 지점에서 '일차적 좋음'과 '이차적 좋음'이라는 용어를 유용하게 도입하고 있다.[13] 일차적 좋음은 돈, 휴가, 우정 등등과 같이 우리가 실제로 원하는 특수한 것들이다. 그러나 에우다이모니아는 일차적 좋음이 아니다. 왜냐하면 우리가 돈, 휴가, 우정을 원하지 않는 것처럼 에우다이몬적인 삶을 원하지 않는 것은 아니기 때문이다. 오히려 그것은 '이런 일차적인 목적들의 획득을 위해서 질서정연한 계획을 실행하려는 시도'로 구성된 이차적 좋음이다.[14] 이 해석에 따르면 탁월성을 갖춘 활동은 에우다이몬적인 삶으로 이끌기 위한 외적인 좋음들의 올바른 관리를 담당하는 것이다. 우리는 이제 에우다이모니아가 왜 향상될 수 없는 것인지에 대한 이유를 파악할 수 있게 되었다. 만일 우리가 아리스토텔레스는 에우다이모니아가 일차적인 좋음이라고 주장한다고 해석한다면, 모든 삶은 향상될 수 있다는 주장은 적절한 것처럼 보인다. 왜냐하면 우리는 어떤 부가적인 일차적 좋음의 첨가가 현존하는 결합 상태를 향상시킬 것이라고 쉽게 상상할 수 있기 때문이다. 그러나 만일 우리가 아리스토텔레스는 에우다이모니아가 이차적 좋음이라고 주장한다고 해석한다면, 그런 반론은 무의미한 것처럼 보인다. 왜냐하면 삶에서 어떤 사람에게 이용 가능한 모든 좋음들을 올바르게 질서 짓는 활동은 부가적인 일차적 좋음의 첨가에 의해서 향상될 수 없기 때문이다. 그것은 오직 더 훌륭한 관리에 의해서만 향상될 수 있다. 그러나 가정에 따르면 에

---

13 J. M. Cooper, 1980, 96-97쪽.

14 J. M. Cooper, 같은 책.

우다이모니아는 최고로 좋은 것이기 때문에, 관리는 이미 훌륭한 것이고 따라서 향상될 수 없는 것이라는 사실이 그 가정 속에 내포되어 있다.

위에서 제기된 두 번째 물음은 결론 (iv)는 아리스토텔레스가 이 장의 서두에서 개진했던 개념적인 제한들을 만족시키고 있는가였다. 그 결론은 에우다이몬적인 삶은 '완전함'을 진술하고는 있지만 그 완전함은 아리스토텔레스가 제7장의 서두에서 도입했던 '완전함'의 의미와는 다르다는 점이 분명하다. 왜냐하면 결론의 완전함은 오직 그 자체를 위해서 욕구되는 것으로서 탁월성의 상태보다는 한 사람의 삶 전체를 통해서 발휘되는 탁월성의 활용을 언급하고 있기 때문이다. 따라서 아리스토텔레스는 탁월성을 갖춘 활동의 삶은 오직 그 자체를 위해서 욕구된다고 생각해야만 한다. 어느 정도까지 위에 소개된 논평들은 그 주장을 입증하는 데 이바지하고 있다. 그러나 여전히 이 삶이란 대부분의 사람들이 우리가 영위할 수 있는 최상의 삶에 대해서 생각할 때 머리에 떠올리는 그런 삶이 아닌 것처럼 보인다. 아리스토텔레스는 이 문제제기를 제8장의 논의에서 설명하려고 노력한다.

『니코마코스 윤리학』 제1권 제8장

아리스토텔레스는 에우다이모니아에 관한 설명이 사람들이 그것에 대해서 가지고 있는 일상적인 직관적 통찰과 일치해야만 된다고 생각한다(1098b9-10). 이것들이 『니코마코스 윤리학』 제1권 제5장에서 에우다이모니아에 관해 대중들의 설명 속에 떠오르는 직관적 통찰들이다. 아리스토텔레스는 "둘 중 어느 것도 전적으로 틀렸을 것 같지는 않고, 적어도 어느 한 점이나 대부분의 점들에서 옳았다는 것이 이치에 맞을 것이다"라고 주장한다(1098b27-28). 이 목적을 위해서 그는 『니코마코스 윤리학』 제1권 제7장의 설명이 제1권 제5장의 대중적인 설명들을 유발하는 직관적 통찰들을 반영하고 있음을 증명하려고 노력한다. 그러나 여기서 이 논의는 『니코마코스 윤리학』 제1권 제7장의 설명이 그 대략적인 형식의 측면에서 '완전하지' 못하다는 점을 완전하게 불식시켜 주고 있다.

첫 번째로 아리스토텔레스는 1095b32-33에서 거부했던 탁월성의 삶을 고찰하고 있다. 여기서 그는 『니코마코스 윤리학』 제1권 제7장의 설명이 '가장 훌륭한 삶'은 어떤 방식으로든 탁월성을 포함하고 있다는 직관적 통찰과 일치하고 있음을 진술하고 있다. 그러나 그는 여기서 탁월성을 소유하는 것과 탁월성을 활용하는 것의 차이를 강조하고 있다. 그는 우리가 '반드시 행위하고 그것도 잘 행위'해야 한다고 주장한다(1099a4). 그렇다면 이 주장은 『니코마코스 윤리학』 제1권 제5장에서 표현된 견해를 변형시킨 것이다.

1095b18-22에서 아리스토텔레스는 즐거움과 에우다이모니아를 동일시하는 것을 거부하고 있다. 즐거움의 추구를 위해서 누군가의 삶을 조직화하는 것은 가장 훌륭한 삶이 아니다. 여기서 아리스토텔레스는 에우다이몬적인 삶은 유쾌한 것이 되겠지만 오직 어떤 조건들 아래에서만 그렇게 될 것이라고 주장하고 있다(1099a6). 다양한 것들이 다양한 사람들을 즐겁게 만들며 모든 종류의 즐거움이 에우다이몬적인 삶에서 발견되지 않는다는 사실은 상식적인 것이다(1099a12). 그러나 에우다이몬적인 삶은 탁월성에 따라 영위되는 삶이며(1098a17), 제2권에서 검토되겠지만 아리스토텔레스는 탁월성의 적절한 활용은 유쾌한 것이 될 수 있다고 생각한다. 따라서 에우다이모니아가 유쾌한 것이 될 수 있다는 점은 사실이지만, 그런 삶의 목표가 육체적 즐거움의 극대화라는 주장은 거짓이다.

『니코마코스 윤리학』 제1권 제9-11장

아리스토텔레스는 에우다이모니아에 관한 자신의 설명이 대중적인 견해들과 어떤 의미에서 일치하고 있는지 살펴본 후, 에우다이몬적인 삶들의 원인을 고찰하게 된다. 에우다이몬적인 삶은 배움을 통해서 획득될까 아니면 습관을 통해서 획득될까? 또는 그 삶은 신에 의해서 부여되는 걸까 아니면 단지 행운의 문제일까? 아리스토텔레스는 우리가 배움과 습관을 통해서 에우다이몬이 된다고 생각한다. 그러나 그는 역시 우연이 몇 가지 역할을 감당한다는 점을 인정하고 있다. 결국 이렇게 되면 우리는 우연적인 부상 때문에 생애를 짧게 마감한 사람이 훌륭한 삶을 영위했다고 말할 수가 없게 된다. 아리스토텔레스는 우연의 역할에 관해서 『니코마코스 윤리학』 제1권 제10-11장에서 논의하고 있다. 그는 한 사람을 그가 살아 있는 기간만 관찰하고 에우다이몬이라고 말할 수 있는지 아니면 솔론(Solōn)의 충고를 따라 '그 삶의 종말을 확인해야' 하는지를 묻고 있다(1100a10-11). 그의 논점은 만일 우연이 우리가 영위하는 에우다이몬적인 삶 속에서 어떤 역할을 감당하고 있다면, 우리는 삶이 다 끝날 때까지 우연적으로 일어나는 어떤 반전을 배제할 수 없을 것이라는 점이다. 따라서 에우다이모니아에 관한 찬가는 죽음에 이르기 전까지는 결코 완성될 수 없는 것처럼 보인다(1100a17). 그러나 이 논점은 어떤 사람이 살아가면서 번영하고 있다면 우리는 그를 에우다이몬적인 사람이라고 부를 수 있어야만 한다는 대중의 직관적 통찰과 갈등을 빚게 된다(1100a34-35).

아리스토텔레스는 먼저 솔론의 경구 뒤에 숨겨진 직관적 통찰을 검토하게 된다. 우리가 어떤 사람을 에우다이몬이라고 간주할 수 없는 이유는 우연이란 것이 그 사람의 삶을 변화시킬 가능성에 기인하고 있다. 예를 들어, 한참 번영하고 있었지만 심각한 교통사고를 당해서 전신이 마비되어 자신을 돌볼 수 없는 어떤 사람을 생각해 보자. 비록 우리는 그를 교통사고 이전에는 에우다이몬이라고 간주하고 싶은 유혹이 들더라도 교통사고 이후에는 그렇게 간주할 수 없게 된다. 왜냐하면 에우다이모니아는 삶 전체를 통해 안정된 어떤 것이기 때문이다.

이 주장과 관련해서 아리스토텔레스는 어떤 사람의 우연적 사건들은 그의 에우다이모니아를 결정하지 못한다고 주장한다(1100b8-10). 그의 에우다이모니아를 통제하는 것은 탁월성을 갖춘 활동들의 수행이다(1100b10-11). 탁월성은 어떤 사람의 품성의 안정된 상태라고 간주되기 때문에, 에우다이몬적인 사람은 생애 전체를 걸쳐 탁월성을 활용하게 될 것이다(1100b18-22). 따라서 어떤 사람이 품성의 탁월성을 갖춘 상태들을 소유하고 있다면, 살아가는 동안 그를 에우다이몬이라고 부를 수 있다. 그러나 거기에는 한계가 있다는 점을 주목해야만 한다. 아리스토텔레스는 탁월성을 갖춘 품성을 가진 사람에게 불행들이 닥쳐와 그것으로 말미암아 회복하는 데 상당한 시간이 필요하게 될 상황들이 존재한다는 점을 시인하고 있다(1101a10-13). 그럼에도 에우다이몬적인 사람은 결코 '비참한' 사람이 아니다. 왜냐하면 비참한 사람은 가증스러운 일이나 비열한 행위를 하기 때문이다(1100b34-35).[15]

『니코마코스 윤리학』 제1권 제12장

아리스토텔레스는 에우다이몬적인 삶의 획득과 관련해서 우연의 역할을 검토한 후에, 에우다이모니아가 칭찬 또는 명예로운 것인지에 관해서 고찰하고 있다. 그는 에우다이모니아가 칭찬의 논리적 구조에 적합

15 이 쟁점들에 관한 논의는 N. Sherman(ed.)(1999)의 책에서 T. H. Irwin(1999)을 참조하라.

하지 않다고 주장한다. "칭찬 받을 만한 것은 모두 어떤 성질을 가지고 있으며 어떤 것에 대해 특정한 관계를 가지고 있기에 칭찬받는 것으로 보인다(1101b13-14)." 아리스토텔레스의 논점은 내가 어떤 것을 칭찬할 때, 어떤 다른 것과 연관해서 그렇게 한다는 것이다. 예를 들어, 한성이가 창을 던지는 거리는 그것이 다른 사람이 창을 던지는 거리와 비교해서 뛰어나기 때문에 칭찬을 받을 수 있는 것이다. 우리는 한성이의 투창 실력이 얼마나 성공적이었는지를 판단할 때, 다른 사람이 던진 거리를 언급하게 된다.

그러나 아리스토텔레스는 에우다이모니아가 칭찬받을 대상이 아니라고 주장한다. 그 이유는 우리가 에우다이모니아의 크기를 판단하는데 비교 대상이 되는 다른 어떤 것이 존재해야만 하기 때문이다. 그러나 에우다이모니아는 인간이 성취할 수 있는 가장 훌륭한 것이기 때문에 비교가 불가능하게 된다. 이 관점에서 아리스토텔레스는 신들을 칭송할 수 있다는 어리석음을 비판하고 있다. 신들은 완전한 존재이기 때문에 우리는 그것들과 관련해서 다른 어떤 것의 위대함을 판단하게 된다. 그러나 우리는 신 자체를 칭송할 수 없다. 왜냐하면 그렇게 되면 신들보다 위대한 어떤 것이 존재해서 신들을 판단할 수 있는 근거가 된다는 가정을 받아들여야 하기 때문이다. 따라서 아리스토텔레스는 에우다이모니아가 명예로운 것이기는 하지만 칭찬받을 수 있는 것은 아니라고 결론을 맺고 있다.

『니코마코스 윤리학』 제1권 제13장은 제1권의 마지막 장이다. 마지막 장은 탁월성들을 소개하고 있다.

『니코마코스 윤리학』 제1권 제13장

탁월성의 본성은 『니코마코스 윤리학』의 다음의 다섯 권을 차지하고 있다. 필자가 제7장과 관련해서 지적했듯이, 에우다이몬적인 삶에 관한 아리스토텔레스의 설명은 영혼의 본성에 관한 자신의 주장들에 기초하고 있다. 제13장에서 아리스토텔레스는 이성을 지닌 영혼의 부분에 관해서 논평하고 있다. 왜냐하면 바로 영혼의 이 부분의 가장 훌륭한 활동이 에우다이모니아의 구성 요소이기 때문이다.

영혼은 이성적인 부분과 비이성적인 부분으로 구분될 수 있다. 이 부분들은 각각의 기능들에 의해서 구분되며 따라서 그것들이 신체의 부분들로서 구분되는지 또는 본성적으로 구분되는지는 문제시되지 않는다(1102a30–32). 비이성적인 부분은 다시 영양이나 성장을 담당하는 부분과 '이성에 참여하는'(1102b15) 부분으로 세분화된다. '이성에 참여하는' 그리고 '이성에 귀 기울이는' 부분은 감정들과 욕구들을 가진 부분이다. 품성의 탁월성들은 영혼의 이 부분에 속한다. 품성의 탁월성들에 관련된 사유의 탁월성들은 이성을 가진 영혼의 부분에 속한다. 비록 이 절에는 수많은 관심 사항들이 존재하지만, 필자는 비이성적인 영혼이 이성적인 영혼에 어떤 방식으로 귀 기울이게 되는지에 관해서만 논평하게 될 것이다. 이 방식이 품성의 탁월성들과 사유의 탁월성들의 관계를 이해하는 데 핵심적으로 중요한 것이다.

아리스토텔레스는 성장을 담당하는 영혼의 부분은 이성의 영향을 받을 수 없음이 명백한 사실이라고 생각한다. 이성은 성장과 관련해서 무기력하다. 예를 들어, 이성은 우리의 키를 한 자라도 크게 할 수 없다. 필자가 여기서 의미하는 바는 추론 능력은 성장의 과정에서 어떤 인과적인 효과를 갖지 못한다는 점이다. 그러나 이성과 사유는 감정들과 욕구들을 담당하는 영혼의 부분에서는 일정한 역할을 담당하고 있다. 이 주장은 한 예를 통해서 증명될 수 있다.

당신은 채식주의자이고 필자가 당신에게 바비큐 햄버거를 제공한다고 가정해 보자. 당신은 햄버거를 먹으면서 그 달콤한 맛을 느끼게 된다. 당신에 관해서 다른 어떤 것들을 말할 수 있지만, 확실하게 우리는 당신이 햄버거에 대해서 긍정적인 태도를 가지고 있으며 또한 부분적으로 이 태도에 의거해서 당신은 그 햄버거를 계속해서 먹고 있다고 주장할 수 있다. 이제 내가 당신에게 지금 먹고 있는 것이 사실은 쥐 고기 햄버거라는 사실을 알려 준다고 가정해 보자. 확실히 여기서 우리는 햄버거에 대한 당신의 태도가 변할 것이라고 가정할 수 있다. 그 정보는 극도의 불쾌감을 불러일으키게 될 것이며 이 불쾌감은 당신의 입속에 들어 있는 내용물을 모두 뱉는 방식으로 표현될 것이다.

이 가정의 핵심은 어떤 사람의 감정들과 욕구들이 어느 정도까지 '이성에 귀 기울이고' 있는지 보여 주는 것이다. 왜냐하면 앞의 사례에서 확실히 변하지 않은 것은 바로 햄버거이기 때문이다. 당신은 동일한 고기를 먹고 있을 뿐이다. 그러나 햄버거에 대한 당신의 신념들은 변했다. 처음에 당신은 그것이 쇠고기라고 생각했다가 나중에 필자가 끼어들어 당신은 그것이 쥐 고기라고 믿게 되었다. 논증의 구성상 당신은 쥐 고기가 불쾌하고 구역질나는 것이라고 믿고 있기 때문에, 햄버거에 대한 당신의 태도는 변하게 된 것이다. 햄버거에 대한 당신의 과거 긍정적인 태도는 부정적인 태도가 되었다. 그리고 바로 이 태도 변화가 햄버거를 내뱉게 하는 당신의 욕구를 형성하게 되었다.

영혼의 한 부분이 '이성에 귀 기울인다'는 말의 의미는 다음과 같다. 이성은 우리가 처한 상황을 파악하는 데 이용된다. 즉 우리의 감정과 욕구들은 위긴스(David Wiggins)가 '상황 인식'(situational appreciation)이라고 부르는 것에 의존하고 있다.[16] 한 상황에 대해서 우리가 취

16 David Wiggins, 1975-6, 233쪽.

하는 태도는 그 상황에 대한 우리의 인식과 그 상황의 여러 측면들의 가치에 관한 우리의 판단에 의존하고 있다. 여기서 이 이론은 흄의 이론과 얼마나 강한 대조를 이루고 있는지 파악하는 것이 중요한다. 흄은 이성이 아무런 활동도 없는 것이며 단지 감정들의 노예라고 생각했다.[17] 흄의 설명에 따르면 어떤 사람의 욕구들은 이성으로부터 독립되어 있다. 그러나 아리스토텔레스에게 감정들과 욕구들은 이성의 활동과 밀접하게 관련되어 있다. 우리의 감정들은 제멋대로 일어나는 것이 아니며 우리가 우리 자신이나 세계의 어떤 측면들에 부여하는 중요성에 의해서 결정된다. 만일 내가 구운 쥐 고기를 먹는 것이 구역질나는 것이라고 판단한다면, 내가 햄버거의 내용물을 알았을 때 내가 먹고 있는 햄버거에 혐오감을 느끼게 될 것이다.

요약하기

아리스토텔레스는 우리가 인간에게 가장 훌륭한 삶의 본성을 발견해야 한다고 주장하면서 탐구를 시작했다. 그는 삶의 목표 또는 목적과 관련해서 그 본성을 밝혀 나가고 있다. 그는 최종 목적에 관한 몇 가지 후보들을 거부하면서 인간 기능의 검토를 통해 자신의 이론을 주장하게 된다. 이 이론은 우리의 최종 목적이 영혼의 이성을 소유하고 있는 부분의 활동에 의해서 규정된 삶의 어떤 방식임을 드러내고 있다. 아리스토텔레스는 비록 우연이 어느 정도까지는 삶에 기여할 수 있을지라도, 삶의 방식이 대개는 우리의 통제 아래에 놓인 것이라고 생각한다. 마지막으로 그는 에우다이몬적인 삶의 본성은 칭찬받을 수 있는 것이 아니라 명예로운 것임을 제시했다. 왜냐하면 그 삶은 칭찬의 논리적 구조에 적

---

17 David Hume, 『인간 본성에 관한 논고』 II, iii, 3쪽.

합하지 않기 때문이다. 『니코마코스 윤리학』 제2권에서 아리스토텔레스는 탁월성들에 대한 분석을 시작하고 있다.

연구를 위한 물음들

1. 최고 좋음과 가치 있는 삶들의 영위는 어떤 관계를 가지고 있는가?
2. 아리스토텔레스는 삶의 최고 목적은 즐거움의 향유가 아니라고 생각하는 일에 설득력 있는 이유들을 제시하고 있는가?
3. 아리스토텔레스는 기능이라는 개념을 성공적으로 사용하고 있는가?
4. 왜 아리스토텔레스는 어떤 사람이 자신의 생애 동안 에우다이몬이라고 불릴 수 있는지 아닌지에 관한 물음에 관여하고 있는가?
5. 사유, 감정, 욕구 사이의 관계에 관한 아리스토텔레스의 설명은 설득력이 있는가?

『니코마코스 윤리학』 제2권

서론

아리스토텔레스는 에우다이모니아가 전 생애에 걸쳐 탁월성을 따르는 영혼의 이성을 가진 부분의 활동이라고 주장했다(1098a16-20). 이 에우다이모니아는 탁월성들의 활용에 의해서 형성되고 지시된 삶을 언급한다고 우리는 생각한다. 이제 아리스토텔레스가 승인하고 있는 것처럼, 에우다이모니아에 관한 자신의 이론의 세부 사항들이 더 구체화될 필요가 있다(1098a22-23). 『니코마코스 윤리학』 제2-6권의 탁월성들에 관한 논의는 그런 세부 사항들을 조금은 채워 주고 있다. 아리스토텔레스에게 탁월성은 품성의 탁월성들과 사유의 탁월성들을 모두 포함하고 있다(1103a15). 그는 품성의 탁월성들을 『니코마코스 윤리학』 제2권에서 검토하고 있으며 사유의 탁월성들을 『니코마코스 윤리학』 제6권에서 검토하고 있다. 비록 이 탁월성들은 **이론적으로는** 분리 가능한 것들이지만, 아리스토텔레스의 견해에 따르면 그것들 중의 어느 하나의 소유와 활용은 그것들 모두의 소유와 적절하게 통합된 활용을 요구하게 됨을 알게 될 것이다.

여기서 아리스토텔레스가 '품성의 탁월성'(*ēthikē aretē*)이란 말을 무슨 의미로 사용하고 있는지 상기해 보는 것이 유익할 것이다. 톰슨(J. A. K. Thomson)은 이를 '도덕적인 탁월성'(moral virtue)이라고 잘못 번역하고 있다. 비록 아리스토텔레스의 품성의 탁월성들이 (예를 들어 정의처럼) 우리가 '도덕적인 차원'이라고 부르는 것을 가지고 있을지라도 다른 것들(예를 들어, 재치)은 그런 차원을 갖지 않는다. 어떤 사람이 재치를 갖지 못하는 것은, 만일 그것이 비난받을 만한 잘못이라 하더라도, 분명하게 **도덕적인** 잘못은 아니다. 따라서 품성의 탁월성의 영역은 도덕적인 탁월성의 영역보다 훨씬 넓은 것이다.

그렇다면 품성의 탁월성들은 무엇일까? 일반적으로 그리스어 '아레테'(*aretē*)는 '어떤 사람에 관해서 칭찬하는 데 사용되는 가장 강력한 단어들' 중의 하나이다.[18] 소크라테스는 탁월성을 지식과 동의어로 사용하고 있다.[19] 그러나 아리스토텔레스는 이에 반대한다. 그는 품성의 탁월성들이란 어떤 사람을 좋은 자로 만들고 자신의 기능을 잘 실행하도록 만드는 칭찬받을 만한 특성들이라고 생각한다(1106a17-18). 예

18 A. W. H. Adkins, 1960, 31쪽.

19 예를 들어, 『메논』 87D-89A를 보라.

를 들어, 우리는 어려움에 처한 다른 사람들을 도우려는 어떤 사람의 자발적인 태도, 갈등의 공정한 해결 또는 후한 대접을 존경할 수 있다. 따라서 우리가 비난하게 되는 어떤 사람의 품성의 특성들, 즉 결함들(vices)도 존재한다. 예들 들어 우리는 모든 관심의 중심이 되고 싶어 하는 어떤 사람의 강박적인 욕구, 타인의 필요에 대한 무관심 또는 예고 없이 갑자기 화내는 경향을 비난할 수 있다.

『니코마코스 윤리학』 제2권에서 아리스토텔레스의 목표는 품성의 탁월성들의 본성을 상술하는 것이다. 이 일을 진행하기 위해서 그는 탁월성들을 기술 또는 기예(*technē*)와 비교하며 대조하고 있다. 비교는 유용한 방법이다. 탁월성들과 기술들은 한 사람의 비교적 안정된 특성들이며 둘 모두 한 사람으로 하여금 어떤 종류의 것들을 하도록 만들어준다. 예를 들어, 숙련된 굴뚝 수리공은 굴뚝들을 고칠 수 있는 사람이며 정의로운 사람은 재산을 공정하게 분배할 수 있는 사람이다. 이런 유사성이 있지만 아리스토텔레스는 탁월성들이 기술들과는 다르다고 주장한다(『니코마코스 윤리학』 제6권 제4장을 참조하라). 이 차이점들을 발견하기 위해서 탁월성의 본성은 더 명확하게 진술되고 있다.

『니코마코스 윤리학』 제2권 제1장

아리스토텔레스는 어떤 방식으로 품성의 탁월성들이 획득되는지 고찰하면서 자신의 논의를 시작하고 있다. 그는 그것들이 습관을 통해서 형성된다고 주장한다(1103a18). 여기서 그는 "품성의 상태는 그 품성 상태들과 유사한 활동들로부터 생긴다"는 사실을 의미하고 있다(1103b21-22). 이 사실은 탁월성들이 기술들과 유사하다고 말하는 측면들 중의 하나가 된다. 한 사람은 피리 연주를 연습함으로써 피리를 연주하는 능력을 획득하게 되고 다른 사람은 정의로운 행동들을 함으로써 정의로운 자가 되는 것이다. 따라서 아리스토텔레스의 첫 번째 주장은 다음과 같다. (V1) **탁월성은 습관을 통해서 얻어진 품성 상태이다.**

비록 탁월성들이 습관을 통해서 형성될지라도, 왜 그것들을 **습관**이라고 간주하는 일은 오류가 되는지에 관한 두 가지 이유들이 존재한다. 첫 번째로 폰 리히트(G. H. von Wright)가 지적하듯이, 습관들은 구체적인 행동(action-specific)이다.[20] 예를 들어 어떤 사람의 발을 가볍게 두드리는 습관은 항상 그 행위를 통해서 나타난다. 반대로 탁월성들은 특유한 행동들로 나타나지 않는다. 우리는 어떤 때는 초콜릿 케이크 한 조각을 먹음으로써 절제를 표시할 수 있고 다른 때는 초콜릿 케이크 한 조각을 먹지 않음으로써 절제를 표시할 수 있다. 두 번째로, '습관'이라는 용어는 때때로 행위자가 아무 생각 없이 그 행위를 하고 있음을 보여 준다. 예를 들어, 우리는 바지를 입을 때 먼저 마음속으로 '지금은 오른발 먼저'라고 생각하지 않고서도 습관적으로 오른 다리에 먼저 바지를 입을 수 있다. 그런 행위는 때때로 정확하게 이런 이유 때문에 '무심코 하는'(mindless) 행동으로 기술된다. 그렇지만 논점은 탁월성들이 '무심코 하는' 것이 아니라는 점이다. 만일 어떤 사람이 그가 하고 있는 일이 무엇인지 인식하고 있고 또한 그것을 하려고 결정했다면, 오직 그때에만 그 사람은 탁월하게 행동하고 있는 것이다(1105a32). 따라서 탁월성들은 품성의 습관화된 상태들이지만 그것들 자체가 습관은 아니다.

아리스토텔레스는 2가지 대안적인 이론들을 거부하면서 탁월성의 기원에 관한 자신의 이론을 주장하고 있다. (a) 탁월성은 '본성적인 것' 즉 선천적인 것이다. (b) 탁월성은 가르쳐진다(1103a16, a19-20을 참

---

20 G. H. von Wright, 1963, 143쪽.

조하라. 『메논』 99E와 비교하라). 그는 (a)에 반대한다. 왜냐하면 선천적인 것은 습관화를 통해서 다른 조건 속에서 발생될 수 없기 때문이다. 예를 들어서 선천적으로 들을 수 없는 사람은 습관화 과정을 통해서 더 잘 듣게 될 수 없다. 그러나 습관화 과정을 통해서 어떤 사람은 더 관대해질 수 있다. 따라서 아리스토텔레스는 탁월성이 선천적인 것은 아니라는 결론을 내리고 있다. 이런 추론에 관한 한 가지 반대는 사람들은 선천적인 특성들을 가지고 있다는 관념이다. 예를 들어 우리는 한 아이가 고통이나 어려움을 극복하지 않더라도 용감하다고 기술하는 경향이 있다. 이 경우는 아리스토텔레스가 『니코마코스 윤리학』 제6권에서 제시하고 있는 문제 현상인 '자연적 탁월성'이라는 쟁점을 불러일으킨다. 여기서 우리는 단지 이런 명백한 반대 사례가 있다는 정도만 지적하는 것으로 충분할 것이다.

아리스토텔레스는 이번 장에서 (b)에 대한 반박을 제시하지 않는다. 이는 다소 실망스러운 일로 특별히 (b)는 우리는 후견인들에 의해서 '좋은 행동'을 **교육받는다**는 상당히 강한 직관적 통찰과 갈등을 빚는 것처럼 보이기 때문이다. 어릴 때부터 우리는 다른 사람들과 더불어 살면서, 비록 나중에 더 매혹적인 조건이 생긴다고 하더라도, 우리에게 주어진 초대에 응해야 한다는 말을 들으면서 살아왔다. 만일 우리가 타인들과 더불어 살며 초대에 응하는 종류의 사람으로 성장한다면, 우리는 그렇게 지시를 받았기 때문에 그렇게 하라는 교육을 받았다고 생각하고 싶은 유혹이 생길 것이다. 비록 우리는 아이들이 이것은 옳은 것이고 저것은 그른 것이라는 말을 들었다는 사실을 승인할 수 있다고 할지라도, 진짜 물음은 이렇게 말하는 것이 그들이 교육받았다는 사실의 증거가 될 수 있느냐 하는 것이다.

버닛(M. F. Burnyeat)은 아리스토텔레스가 습관화란 학습의 대안적인 방식들을 나타내는 귀납, 지각 등등과는 구분되는 학습 방법을 구성한다고 생각하고 있다고 지적한다.[21] 예를 들어, 습관화의 과정을 거쳐 관대한 자가 된 어떤 사람은 버닛이 **약한** 의미와 반대되는 **강한** 의미라고 부르는 방식으로 관대함이 무엇인지를 배운 것이다. 약한 의미로 관대함이 무엇인지를 배운다는 것은 '관대함이 정확하게 누군가의 재산을 나누어 주는 것을 포함하고 있다'는 약간의 정보를 배우는 것이다. 그러나 강한 의미로 관대함이 무엇인가를 배운다는 것은 반복적으로 관대한 행위들을 수행하고 이 수행을 통해서 관대함이 무엇인지와 무엇이 그것의 매력인지를 인식하게 되는 것이다.[22] 그런 다음 버닛은 어떤 사람이 관대함이 무엇인지를 강한 의미로 배우게 되었을 때만 오직 그때에만 그 사람은 관대한 자가 된다는 점을 제안하고 있다. 따라서 탁월성의 소유에 필요한 특수한 종류의 배움이 존재하며 습관화는 바로 그런 종류의 배움이라 할 수 있다. 버닛의 설명에 따르면, 이것 또는 저것이 탁월성을 갖춘 것이라는 말을 듣는 일은 강한 의미에서 탁월성을 학습하게 되는 것과 전혀 다른 일이다. 우리는 오직 탁월성을 갖춘 행동들을 함으로써만 탁월성을 성취할 수 있다(1105b10-12와 비교하라).

『니코마코스 윤리학』 제2권 제2장

그러므로 아리스토텔레스는 품성의 탁월성들이 탁월성을 갖춘 행동들의 반복적인 수행을 통해서 습관화된다고 주장한다. 우리의 품성 상태들은 우리가 수행하는 행동들에 의해서 통제된다(1103b30-32). 그렇

---

21 M. F. Burnyeat, 1980, 72-73쪽; 1099b9-11.

22 M. F. Burnyeat, 같은 책, 76쪽.

다면 우리는 『니코마코스 윤리학』 제2권의 나머지 부분들에 서술된 탁월성을 갖춘 행동들의 본성을 검토해야만 할 것이다. 아리스토텔레스는 세 가지 예비적인 논점들을 검토하고 있다.

첫 번째 논점은 올바른 행동들은 '올바른 이성'(*orthos logos*, 1103b33)과 일치한다는 사실이다. 이 주장은 다시 1107a1-3에 등장하지만 오직 『니코마코스 윤리학』 제6권에서만 적절하게 논의되고 있다. 우리는 여기서 이것에 관해서 논의하지 않을 것이다. 아리스토텔레스의 두 번째 논점은 탁월성을 갖춘 행동들에 관한 설명에서 우리가 성취하려고 목표한 구체성의 정도를 다루고 있다. 『니코마코스 윤리학』 제1권 제3장에서 그는 주제가 허용하는 것보다 많은 정확성을 기대해서는 안 된다고 주장했다. 여기서 그의 두 번째 논점은 우리가 기대해야만 하는 개별적인 행동들에 관한 이론이 실천적 문제들에 관한 일반적인 이론보다 심지어 '좀 더 부정확'하다는 사실이다(1104a7-8; 1094b23-1095a2와 비교하라). 예를 들어, 항해사는 어떤 일반적인 원리들을 가질 수 있지만 그것들의 적용은 그가 처한 상황의 상태에 의존하게 된다. 따라서 어떤 일반적인 원리를 어떤 상황에 적용해야 하는지 아는 능력은 어떤 종류의 통찰력을 요구하게 된다.[23] 아리스토텔레스는 행위에 관한 원리들 또는 규칙들이 존재한다고 생각하지 않으며 또한 탁월하게 행동하는 것은 그러한 원리들을 적용하는 것이라고도 생각하지 않는다는 점을 지적하는 일은 가치 있다.

아리스토텔레스의 세 번째 논점은 품성의 탁월성들은 "모자람이나 지나침으로 말미암아 파괴되게끔 되어 있는" 상태들이라는 점이다. "왜냐하면 무슨 일이든 회피하고 두려워하며 어떤 자리도 지켜 내지

23 H. H. Joachim, 1955, 75쪽.

못하는 사람은 비겁한 사람이 되는 것이며, 이와는 반대로 무슨 일이든 결코 두려워하지 않으면서 모든 일에 뛰어드는 사람은 무모한 사람이 되는 것이기 때문이다(1104a13-22)." '모자람' 과 '지나침' 에 대한 언급은 『니코마코스 윤리학』 제2권 제6장의 '중용 사상' 에 관한 아리스토텔레스의 논의를 예고하고 있다. 이 사상의 명백한 목적은 탁월성을 갖춘 상태를 결함 있는 상태들로부터 구별하는 일이다.

『니코마코스 윤리학』 제2권 제3장

아리스토텔레스는 품성의 탁월성을 갖춘 상태들은 올바른 것들로부터 즐거움을 얻고 잘못된 것들로부터 고통을 당하는 일을 통해 습관화된다고 생각한다(1104b10 이하). 따라서 나는 적절하게 나눠 주는 것에서 즐거움을 느낌으로써 그리고 옹졸하게 사는 것은 불쾌한 것이라는 사실을 발견함으로써 관대한 사람이 된다. 그러나 『니코마코스 윤리학』 제2권 제3장은 "어떤 사람의 실제 행위에 수반되는 즐거움과 고통을 그 사람의 품성 상태의 표시로 간주해야 한다. … 만일 무서운 것들을 견뎌 내고 그런 일에서 기쁨을 느끼는 사람, 혹은 적어도 고통을 느끼지 않는 사람은 용감한 사람이다"라는 주장으로 시작된다(1104b5-10). 이 주장은 즐거움과 고통은 단지 탁월성의 획득에 인과적으로 필요한 것들일 뿐만 아니라 탁월성이 활용될 때 획득되는 상태의 구성 요소들이라는 점을 제시한다.[24] 만일 우리가 아리스토텔레스를 이런 방식

24 그러나 아리스토텔레스는 이상하게도 1107a1-3에 나온 탁월성의 정의라고 일반적으로 간주되는 주장에서 즐거움과 고통을 전혀 언급하지 않고 있다. 그러나 『에우데모스 윤리학』의 이와 유사한 구절에서 그는 명백하게 탁월성의 정의에 즐거움과 고통을 포함시키고 있다. "도덕적 탁월성은 각 개인들 자신에게 관련된 중용이며 즐거움과 고통, 즉 유쾌한 것과 고통스러운 것 사이의 어떤 중용과 관계하고 있다(1222a10-12)."

으로 이해한다면, 우리는 탁월성의 소유에 관한 다음과 같은 필요조건을 그가 상술하고 있다고 간주할 수 있다. (V2) **만일 어떤 사람 P가 탁월성 V를 나타내는 행동들을 수행하면서 즐거움을 얻는다고 할 때 또는 최소한 고통을 당하지 않는다고 할 때, 오직 그때에만 그는 그 탁월성 V를 소유하고 있다**. 이 정의에 따르면 어떤 사람이 타당한 이유 때문에 돈을 나눠 주지만 정말 마지못해서 그렇게 한다면, 그는 관대한 사람이 아니다. 물론 이 주장은 그런 사람이 어떤 나쁜 일을 한다는 말을 의미하지는 않는다. 아리스토텔레스는 그런 사람을 엥크라테스(*enkratēs*) 즉 자신을 통제할 수 있는 사람이라고 간주한다. 비록 그들은 탁월성을 보여주지는 못하지만, 좋은 것을 행하기 때문에 확실히 칭찬받을 수 있다.

(V2)에 대한 명백한 반론은 그것이 오류처럼 보인다는 점이다. 탁월성에 따라 행동하는 것은 항상 유쾌한 것이 아니며, 따라서 즐거움을 가져다주는 행동은 탁월하게 행동하는 일의 필요조건이 될 수 없다. 예를 들어, 초콜릿 케이크 한 접시를 거절하는 절제력이 강한 사람을 생각해 보자. 그런 사람은 케이크 한 접시의 즐거움을 포기한 것이다. 그러나 이 반론은 한 가지 논점을 놓치고 있다. 아리스토텔레스는 탁월성을 갖춘 행동들의 수행이 절대적으로 유쾌한 감각들을 산출한다는 의미에서 그 행동들이 즐거움을 주는 것이라고 주장하는 것이 아니다. 그는 어떤 사람이 탁월하게 행동할 때, 그는 즐겁게 행동하며 마지못해서 하는 것이 아니라고 주장하고 있는 것이다. 탁월성을 갖춘 행동의 수행은 탁월성을 갖춘 사람의 선호도와 갈등을 빚는 어떤 것이 아니다. 사실상, 그 행동은 그 사람의 선호도의 **표현**이다. 따라서 그 사람은 어떤 관점에서는 고통스러운 행동을 하는 것도 가능하다. 그럼에도 그 행동은 그 사람의 진실한 선호도의 표현이라고 할 수 있다.

아리스토텔레스는 용기를 검토하면서 명백하게 이 쟁점을 제시하고 있다. "탁월성의 발휘가 즐겁다는 것은, 이미 그 목적에 도달한 경우를 제외한다면, 모든 탁월성에 타당하지 않다"(1117b6). 왜냐하면 "권투 선수들의 목적은, 다시 말해 그들이 그런 일을 하는 목표인 월계관이나 명예는 즐거운 것인 반면, 얻어맞는 것은(그들의 몸이 살로 되어 있는 한) 괴로운 일이며 고통스러운 일이기" 때문이다(1117b3-5). 이 주장은 탁월성을 갖춘 행동들의 수행은 고통스러울 수 있다는 사실에 대한 명백한 승인이다. 그러나 아리스토텔레스는 이 주장이 (V2)를 반박한다고는 생각하지 않는다. 고통스러운 행위를 유쾌한 것으로 만드는 것은 탁월성을 갖춘 사람이 지향하고 있는 목적의 **고귀함**이다. 탁월성을 갖춘 사람은 즐겁게 행동한다. 왜냐하면 그는 고귀함(*kalon*)을 위해서 행동하기 때문이다. 탁월성의 이런 특성은 1107a1-3의 탁월성에 관한 정의 속에 담겨 있지 않은 것이다. 그러나 앞으로 살펴보겠지만, '고귀함을 위해서' 라는 것은 아마도 탁월성의 **유일한** 공통 속성이라고 할 수 있다. 계속 분석하기 전에 '고귀함' 의 본성을 고찰하는 일을 중지하는 게 좋을 듯싶다. 왜냐하면 그것은 탁월성에 대한 아리스토텔레스의 이론에서 핵심적인(또한 난해한) 개념이기 때문이다.

비록 고귀함, 유익함, 즐거움이 1104b31에서 선택할 만한 목적들이라고 간주될지라도 『니코마코스 윤리학』의 어디에서도 아리스토텔레스는 '고귀함을 위해서 하는 행동' 에 관한 분석을 제시하고 있지 않다. 고귀함은 수치스러움과 대조를 이루고 있다(1104b34). 이 주장은 『수사학』에서도 확인된다. "그러한 행동들은 그것들에 대한 보상이 단순히 돈보다는 명예이기 때문에 고귀한 것이다. … 또한 그 유익함이 죽음 이후에 향유되는 행동들도 고귀한 것이다"(1366b36-1367a2; 1390a2와 비교하라). 그렇다면 고귀한 행동들은 존경할 만한 것이며 고상한 것이다. 따라서 '고귀함을 위해서 하는 행동' 이라는 표현은 존경할 만한 것, 고상한 것 또는 올바른 것을 위해서 행동하기와 유사한 어떤 것을 의미한다고 우리는 잠정적으로 말할 수 있다. 그러나 비록 이 해석이 올바르다고 할지라도, 우리는 여전히 2가지 문제들을 직면하게 된다. 첫 번째로, 탁월하게 행동하는 사람의 심리적인 내용은 고귀함과 관련된 것을 포함한다고 주장하는 일은 수긍하기 어렵다. 두 번째로, 우리는 결국 에우다이모니아를 위해서 행동하지 고귀함을 위해서 행동하는 것은 아니라고 아리스토텔레스는 주장했다.

첫 번째 물음과 관련해서, 아리스토텔레스는 탁월성을 갖춘 행위자는 행동할 때 마음속으로 "X를 행하는 일이 고귀하기 때문에 나는 X를 할 것이다"라고 생각한다고 주장하지 않는다. 여기서 '고귀함을 위해서 행동하기'라는 표현을 탁월하게 행동하는 일에 전형적인 이유가 되는 일련의(존경할 만한 또는 고상한) 이유들을 정의하는 표현으로 해석할 때 의미가 명료해진다. 예를 들어, 나는 **어떤 사람이 곤경에 처해 있기 때문에** 그를 도울 수 있다. 또는 나는 **내 아내가 위험에 처해 있기 때문에** 그녀를 공격하는 사람을 막으려고 덤벼들 수 있다. 여기서 '그가 곤경에 처해 있기 때문에'와 '내 아내가 위험에 처해 있기 때문에'와 같은 이유들은 행동하기에 존경받을 만한 이유이거나 또는 고상한 이유가 된다. 그렇다면 만일 어떤 사람이 탁월성을 갖춘 사람에게 전형적인 이유들 때문에 행동한다면 그는 고귀함을 위해서 행동하는 것이다.[25]

두 번째 문제와 관련해서 탁월성과 에우다이모니아의 관계를 회상하는 것이 좋을 것이다. 아리스토텔레스는 만일 어떤 사람이 생애 전체

---

25 필자는 R. Hursthouse(1999)로부터 도움을 얻었다. 121-140쪽에 나온 그녀의 논의를 참조하라.

에 걸쳐서 탁월성들을 소유하고 발휘한다면 그가 에우다이몬적인 삶을 영위하고 있다고 주장한다(『니코마코스 윤리학』 제1권 제7장). 앞으로 살펴보게 되겠지만, 그는 또한 어떤 것을 좋은 것으로 만드는 것과 그 기능을 잘 수행하는 데 유능한 것은 그것이 탁월성을 갖춘 것이기 때문이라고 주장하고 있다(『니코마코스 윤리학』 제2권 제6장). 우리는 방금 만일 어떤 사람이 고귀함을 위해서 행동한다면 그는 탁월하게 행동한다는 사실을 알게 되었다. 따라서 이 주장들을 함께 묶어 보면, 만일 어떤 사람이 고귀한 것을 위해서 행동한다면, 그는 탁월하게 행동하는 것이고, 만일 그가 탁월하게 행동한다면, 그는 에우다이몬적인 삶을 살고 있다는 점을 이해할 수 있게 된다.

그러므로 아리스토텔레스는 만일 어떤 사람이 즐거움을 주는 탁월성을 갖춘 행동들을 한다면 그는 탁월성을 갖춘 사람이라고 생각하게 된다. 우리가 해석했던 것처럼, 비록 고귀한 것이 어떤 고통을 감내하는 일을 포함한다고 할지라도 그 사람은 즐겁게 그 일을 할 것임을 아리스토텔레스는 의미하고 있다. 아리스토텔레스는 이 주장을 위해서 일련의 논증들을 제시하고 있다. 비록 우리는 그 모든 논증들을 검토하지는 않겠지만, 1104b14-18에 제시된 논증을 여기서 살펴볼 것이다.

(1) 탁월성은 행위 및 감정과 관련되어 있다.
(2) 행위와 감정은 즐거움 또는 고통을 포함하고 있다.
따라서
(3) 탁월성은 즐거움 및 고통과 관련되어 있다.

여기서 지적해야 될 첫 번째 논점은 결론 (3)이 (V2)와 동일한 것이 아니라는 점이다. 결론 (3)은 단지 탁월성, 즐거움, 고통 사이의 어떤 관계가 존재한다는 사실만 진술하고 있다. 그러나 탁월성은 (V2)에서 기술된 방식으로 즐거움과 관련되어 있다는 사실은 진술되지 않았다. 지적해야 될 두 번째 논점은 전제 (2)가 명백하게 그릇된 것처럼 보인다는 점이다. **모든** 행동들이 즐거움 또는 고통을 포함하지는 않는다. 예를 들어, 어떤 사람의 머리를 빗는 일이라든지 탈취제를 바르는 일은 분명히 즐거움을 주는 것도 고통스러운 것도 아니다. 그러나 만일 우리가 전제 (2)를 우리는 모든 행동을 자발적으로 또는 비자발적으로 수행한다는 의미로 해석한다면 그 전제는 좀 더 설득력 있는 것처럼 보인다(위에서 (V2)의 해석과 비교하라). 그럼에도 비록 전제 (2)가 참인 전제가 되는 방식으로 해석될 수 있다고 할지라도, 전제 (1)과 (2)는 결론 (3)을 함의하지 않는다.[26] 이 결과는 만일 우리가 그 논증을 아래와 같은 논리적 유비를 통해서 검토한다면 확인될 수 있다.

(1*) 미학은 예술 작품들에 관계한다.
(2*) 모든 예술 작품들에는 가격이 있다.
따라서
(3*) 미학은 가격들에 관계한다.[27]

우리는 (3*)을 부정하고도 (1*)과 (2*)를 아무 모순 없이 주장할 수 있다. 따라서 이 논증은 부당하다. 허치슨(D. S. Hutchinson)은 "이 논증은 탁월성들이 즐거움과 고통에 관계해야만 한다는 주장을 위한 약한 논증처럼 설득력이 떨어진다"라고 논평하고 있다.[28] 그러나 비록 이 특

---

26 D. S. Hutchinson, 1986, 84쪽.
27 D. S. Hutchinson, 같은 책.

수한 논증이 최소한 부당하다고 할지라도 아리스토텔레스의 결론은 참이라는 가정하에서 논의를 진행해 보자.

그럼에도 (V2)의 의미에 대해서 물음을 제기할 수 있다. 우리를 돕는 사람이 기쁜 마음으로 그렇게 하는지 아니면 마지못해서 그렇게 하는지가 실제적으로 우리에게 문제가 될 수 있을까? 왜냐하면 (V2)는 참이 될 수 있지만 그럼에도 타인의 행동들에 관한 우리의 인식에는 관련이 없는 것이 될 수 있다. 이런 반론은 특별히 탁월성이 규범적인 윤리 이론의 기초를 구성하기를 원하는 사람들과 관련되어 있다. 이제, 탁월성을 갖춘 사람과 엥크라테스(자제력이 있는 자) 사이에는 확실하게 명백한 차이들이 존재하게 된다. 탁월성을 갖춘 사람은 올바른 방식으로 행동하기를 원한다. 엥크라테스는 최소한 어떤 의미에서 다른 어떤 것 때문에 자신이 선호하는 것들을 좌절시키는 일을 하지 않거나 또는 그런 일을 하는 것에 분노할 수 있다. 따라서 엥크라테스보다는 탁월성을 갖춘 사람에게 올바르게 행동하는 것은 확실히 좀 더 **쉬운**, 즉 수고가 덜한 일이 될 것이다. 왜냐하면 탁월성을 갖춘 사람의 영혼 속에 아무런 갈등이 존재하지 않기 때문이다. 그러나 이것이 중요한 차이이거나 의미 있는 차이를 만들어 낼 수 있을까?

즐거움을 동반하거나 또는 동반하지 않는 행동들은 행위자가 무엇을 귀중한 것 또는 가치 있는 것으로 간주하는가에 대한 판단들을 얼마만큼 내포하느냐에 따라 필자는 탁월성을 갖춘 사람과 엥크라테스 사이에 중요한 차이가 존재한다고 생각한다. 엥크라테스는 어떤 의미에서 올바른 행위가 그때 당시에 자신이 해야 될 가장 훌륭한 것이라고 판단하지 못한다. 그는 다른 것을 하려는 강한 경향을 가지고 있다. 『니코마

---

28 D. S. Hutchinson, 같은 책.

코스 윤리학』 제1권 제13장의 논의에서 살펴본 것처럼, (어떤) 욕구들은 좋은 것(가치 있는 것) 또는 나쁜 것(의미 없는 것)에 관한 우리의 판단에 의존하고 있다. 따라서 관련된 모든 특수한 사실들을 알고 있는 어떤 사람이 가장 훌륭한 행동이라고 자신이 판단한 것과는 다른 어떤 것을 하겠다고 계속해서 강한 욕구를 갖는 것은 그 다른 어떤 것이 좋은 것이라는 판단을 함의하고 있다. 이제 어떤 사람의 감정들과 행위에 대한 판단들은 적어도 때로는 우리에게 중요한 것이라는 점을 나는 받아들이게 된다. 마지못해 나의 목숨을 구해 준 사람은 어떤 의미에서 나의 목숨은 구할 가치가 없는 것이라고 판단하고 있다. 이 주장의 진실은 루소(J.-J. Rousseau)의 『고독한 산책자의 몽상』(*The Reveries of a Solitary Walker*)의 한 예 속에 멋지게 표현되어 있다. "우리가 당하는 모든 불행들과 관련해서 우리는 결과보다는 의도에 더 많은 관심을 갖게 된다. 지붕에서 떨어지는 한 장의 기와가 우리를 더 심각하게 해칠 수 있지만, 심술궂은 사람이 고의로 던진 돌만큼 우리에게 깊게 상처를 남기지는 못할 것이다. 던진 돌은 빗나갈 수 있지만, 그 의도는 항상 급소를 타격한다."[29]

『니코마코스 윤리학』 제2권 제4장

우리는 탁월성을 갖춘 행동을 함으로써 탁월성을 획득한다는 주장은 퍼즐처럼 복잡해 보인다. 탁월성을 갖춘 행동을 함이 탁월성을 소유하는 일의 충분조건이라고 생각하는 사람이 있다고 상상해 보자. 만일 이 주장이 참이라면, 우리는 탁월성을 갖춘 행동을 함으로써 탁월성을 **획득할** 수 없다. 왜냐하면 탁월성을 갖춘 행동을 하면서 우리는 이미 탁

29 J. -J. Rousseau, 『고독한 산책자의 몽상』, 1979, 128쪽.

월성을 **발휘하고** 있기 때문이다(그것은 이미 탁월성의 소유를 함의하고 있다, 1105a17-21). 이 이론의 반대자는 자신의 입장을 옹호하기 위해서 문법적으로 옳은 영어 문장들을 구사하는 사람은 이미 영어 문법에 관한 지식을 소유하고 있다고 주장할 수 있다.

아리스토텔레스는 탁월성을 갖춘 일을 하는 것이 탁월성의 소유에 충분조건이라는 주장을 거부한다. 그는 반대자의 주장이 심지어 '문법의 사례'에조차도 해당되지 않는다고 주장한다. 그의 설명에 따르면 우연적으로도 문법적으로 옳은 문장들을 구사하는 일은 실제로 가능하다(1105a23). 우리는 문법적으로 옳은 영어 문장을 구사하는 사람에게 단지 그의 문법에 대한 이해 **때문에** 영문법에 관한 지식을 귀속시키고 있을 따름이다(1105a24-25). 아리스토텔레스는 계속해서 기술과 탁월성 사이의 좀 더 일반적이고 중요한 차이점을 지적하고 있다(1105a26). 기예의 산물들은 자체 성질들에 근거해서 훌륭하다고 평가되지만(1105a29), 탁월성의 경우에는 그 동일한 원리가 적용되지 않는다. 어떤 행동이 탁월성을 갖춘 것이 되기 위해서는 그 행동이 올바른 것과 일치하는 것만으로 충분하지 않다. 그 행동은 또한 어떤 사람의 품성의 올바른 상태의 표현이 되어야만 한다(1105a32). 아리스토텔레스는 다음과 같은 주장을 통해 이 차이를 진술하고 있다. (V3): **만일 (i) 어떤 행위자가 자신이 하는 일을 인식하고 있다면, (ii) 그가 스스로 자신의 행동을 결정하고 그 행동 그 자체를 위해서 결정한다면, (iii) 그가 품성의 견고하고 안정된 상태로부터 자신의 행동을 수행한다면, 그 행위자는 탁월성을 갖춘 상태로부터 행위하고 있는 것이다**(1105a32-35).

아리스토텔레스는 비록 (i)이 탁월성과 기예의 경우 모두에 해당하지만, 그것은 탁월성이 되기 위한 최소한의 조건이라고 지적한다(1105b1-4). (ii)의 해석은 논쟁거리가 될 수 있지만, 우리의 목적을 위해서

(ii)는 탁월성을 갖춘 사람은 어떤 다른 이유 때문이 아니라 고귀함을 위해서 행동한다는 주장으로 이해할 수 있다.[30] 그러나 조건 (iii)은 더 복잡한 논쟁거리이다.[31] 왜 아리스토텔레스는 만일 어떤 사람이 영구적인 품성 상태를 통해 행동할 때만 오직 그때만 그가 탁월하게 행동한다고 생각해야 하는가? 허친슨(D. S. Hutchinson)은 (iii)의 오류가 (ii)의 오류를 수반한다고 생각한다.[32] 그는 만일 어떤 사람이 탁월성을 사랑하는 자가 된다면, 오직 그때에만 그는 다른 이유 때문이 아니라 고귀함을 위해서 탁월성을 갖춘 행동을 수행하려 결정할 수 있다고 주장한다.[33] 게다가 만일 어떤 사람이 품성의 탁월성을 갖춘 상태를 습관화한다면 오직 그때에만 그는 탁월성을 사랑하는 자가 될 수 있다.[34] 이 해석에 따르면 어떤 사람이 탁월성을 소유하고 있다는 것은 그가 '올바른 이성' 때문에 행동한다는 점을 보증하게 된다. 탁월성을 소유하지 않은 사람은 다양한 이유들 때문에 행동할 수 있으며, 물론 그 이유들 모두가 칭찬받을 수 있는 것은 아니다. 예를 들어, 단지 벌금 내는 것이 두려워서 제한속도를 준수하는 사람을 생각해 보자.

우리는 이제 아리스토텔레스가 어떻게 난제를 해결하고 있는지 이해할 수 있는 입장에 놓이게 되었다. 반론을 제기한 자는 탁월성을 갖춘 행동을 하는 것은 탁월성을 소유하는 일에 충분조건이 된다고 주장

30 R. Heineman ed., *Aristotle and Moral Realism*에서 (ii)의 해석에 관한 S. Williams와 R. Hursthouse 사이의 흥미로운 의견 교환이 있었다.

31 품성의 특성들의 존재에 관한 최근의 논의 속에서 (iii)에 관한 흥미로운 논쟁이 있어 왔다. 예를 들어, G. Harman(1999)과 N. Athanassoulis(2001)를 참조하라. 필자의 생각에, G. Harman의 논점은 엉뚱한 것처럼 보인다.

32 D. S. Hutchinson, 1986, 105쪽.

33 D. S. Hutchinson, 같은 책.

34 D. S. Hutchinson, 같은 책, 105-106쪽.

했다. 탁월성을 갖춘 사람의 상태에 관한 아리스토텔레스의 설명은 이 주장이 틀렸음을 증명해 준다. 우리는 유사한 상황에서 탁월성을 갖춘 사람이 가진 품성 상태를 동일하게 갖지 않고서도 그가 행하는 일을 할 수 있다. 또한 이 주장의 핵심적인 사례가 위에서 살펴보았던 엥크라테스의 사례이다.

『니코마코스 윤리학』 제2권 제5장

아리스토텔레스는 탁월성은 '품성 상태' 라는 유개념의 종개념이 된다고 주장한다. (V4) **탁월성은 품성 상태이다**. 그는 이미 수많은 곳에서 이 주장을 자신의 논의 속에 제시해 왔다(1103b21, 1104a12, 1104b6, 1105b31). 그러나 그는 『니코마코스 윤리학』 제2권 제5장에서 이 문제를 더 자세하게 고찰하고 있다. 이 논증의 구조는 매우 단선적이다.

(A) 탁월성은 감정이거나 능력이거나 상태이다(1105b20-21).
(B) 탁월성은 감정이 아니다(1105b30).
(C) 탁월성은 능력이 아니다(1106a8).
따라서
(D) 탁월성은 품성 상태가 되어야만 한다(1106a13).

아리스토텔레스는 감정, 능력, 품성 상태가 무엇인지를 설명하면서 이 장을 시작하고 있다. 아리스토텔레스는 감정에 공포, 신뢰, 사랑과 같은 감정뿐만 아니라 욕구 또는 욕망도 함께 포함시키고 있다. 이 말의 의미는 현대적 관점에서 보면 낯선 것이다. 왜냐하면 우리는 감정과 욕구에 형식적인 구별이 존재한다고 생각하는 경향이 있기 때문이다. 예를 들어, 강한 인지주의자들은 감정은 인지적 상태이며 그 자체로 신념을 필연적으로 포함하고 있지만, 욕구는 그렇지 못하다고 주장한다. 여기서 우리는 이런 분류의 문제를 가지고 씨름하지 않을 것이다. 왜냐하면 아리스토텔레스의 논증은 이런 분류에 의존하지 않기 때문이다. 아리스토텔레스는 '능력'이란 말을 그것이 무엇이 되었든지간에 우리가 감정을 경험할 수 있는 것을 담당하는 것으로 생각한다. '품성 상태'는 헥시스(*hexis*)의 번역어로 문자적으로는 '가짐' 또는 '소유함'을 의미하며 때때로 '경향성'이라고 번역되기도 한다. 여기서 아리스토텔레스는 "품성 상태란 그것에 따라 우리가 감정들에 대해 제대로 태도를 취하거나 나쁘게 태도를 취하게 되는 것이다. 예를 들어, 분노와 관련해서 너무 지나치거나 너무 느슨하다면 우리는 나쁘게 태도를 취하는 것이며, 중용적이라면 제대로 태도를 취하는 것이다(1105b27-29)"라고 주장한다. 그렇다면 품성 상태는 감정의 어떤 경향이며 따라서 영혼의 비이성적인 부분에 속한다(『니코마코스 윤리학』 제1권 제13장과 비교하라).

아리스토텔레스는 (B)에 관해 네 가지 논증들을 제시하고 있다(1105b30-1106a7). 첫 번째, 우리는 어떤 감정들을 가지고 있기 때문이 아니라 탁월성 또는 열등감의 소유 때문에 훌륭한 사람 또는 나쁜 사람이라고 말해진다. 두 번째로 우리는 우리가 가진 감정 때문에 칭찬을 또는 비난을 듣는 것이 아니라 탁월성과 결함(*kakia*)의 소유 때문에 칭찬을 듣거나 비난을 듣게 된다. 세 번째로 우리가 가진 감정 때문에 어떤 결정을 내리는 것이 아니라 탁월성이 곧 결정이며 또는 적어도 어떤 결정을 함의하고 있다. 마지막 네 번째로, 어떤 감정을 경험하는 것은 '움직여지는 것'인데 탁월성의 소유는 움직여지는 것이 아니라 '특정한 품성 상태에 있게 되는 것'이다. 아리스토텔레스는 동일한 논증들이 (C)를 정당화한다고 생각하지만, 필자는 (B)의 옳음에 관련된 그 논증들의 의미만을 고찰할 것이다. 그러나 우리는 (B)에 관한 아리스토텔레스의 논증들은 설득력이 없는 것이라고 생각할 수 있다.[35] 우리는 두 번째 논증에 반해서 어떤 사람이 단순히 어떤 감정을 가진 것에 관해서 그를 칭찬할 수 있다. 성격상 전혀 동정심을 느끼지 않지만 어떤 경우에 동정심을 보이는 어떤 사람을 생각해 보자. 우리는 그가 단지 그 감정을 가졌다는 것만으로도 그 사람을 칭찬할 수 있다. 그러나 이 주장은 올바르지 못하다. 만일 우리가 그를 칭찬한다면, 우리는 그가 동정심을 **단순하게** 느꼈기 때문에 칭찬하는 것이 아니라 그가 동정심을 올바른 때에 그리고 올바른 이유에서 느끼기 때문에 칭찬하는 것이다. 또한 세 번째 논증에 반해서 우리는 어떤 사람의 관대함에 의해서 움직여지며 또한 관대함이 탁월성이기 때문에 우리는 탁월성에 의해서 움직여진다고 말할 수 있다. 그러나 이 주장 역시 잘못이다. 아리스토텔레스는 우리가 타인의 품성에 대해서 어떤 태도를 가질 수 있다는 점을 부정하지는 않는다. 오히려 그는 어떤 사람이 감정을 소유할 때는 움직여지지만 탁월성을 소유할 때는 움직여지지 않는다는 점을 주장하고 있는 것이다.

『니코마코스 윤리학』 제2권 제6장

비록 모든 탁월성들이 품성 상태라는 주장이 사실일지라도, 품성의 모든 상태가 탁월성이라는 주장은 사실이 아니다. 아리스토텔레스는 탁월성을 갖춘 품성 상태가 '중용'의 상태라고 주장하면서 그 상태를 특별하게 구별하고 있다. 이 주장은 '중용 이론'으로 우리를 안내하고 있다. 이 이론은 때로는 '『니코마코스 윤리학』에서 가장 어려운 단일 개

---

35 이 부정적인 논증들은 D. Bostock, 2000, 36-37쪽에서 발견된다.

념' 이라고,[36] 때로는 대담하고 흥미로우며 또한 '매우 그럴듯한' 것으로,[37] 때로는 실천적으로 무익하지만 회의적인 개념적 유용성을 가지고 있는 것이라고[38] 다양하게 기술되었다.

우리가 위에서 지적했던 것처럼, "모든 탁월성은 그것이 무엇의 탁월성이건 간에 그 소유자를 좋은 상태에 있게 하고, 그것의 기능을 잘 수행하도록 한다(1106a17-18)." 예를 들어, 칼의 탁월성은 날카로움을 포함한다. 칼의 날카로움은 그것을 좋은 칼로 만들고 그 기능을 잘 수행하도록 만드는 것의 일부이다. 인간의 탁월성이 무엇이든지 간에, 그것은 우리를 좋은 사람으로 만들어 주고 **우리의** 기능을 잘 실행하도록 만들어 주는 것이다. 『니코마코스 윤리학』 제2권 제5장에서 이미 살펴본 것처럼, 품성의 탁월성은 상태이며 그것을 우리는 감정과 욕구의 경향이라고 분석했다. 따라서 탁월성은 우리를 좋은 사람으로 만들고 우리의 기능을 잘 수행하도록 만들어 주는 감정과 욕구의 경향이 된다. 탁월성이 되는 감정과 욕구의 경향은 중간적인 경향이다. 이 주장은 좀 더 고찰될 필요가 있다.

아리스토텔레스는 중간의 개념을 먼저 소개하면서 어떤 것이 중간이 될 수 있는 두 가지 의미를 구분하게 된다. 그런 다음 그는 이 개념들 중의 하나를 기예의 뛰어남과 품성의 탁월성에 적용하고 있다. 그가 처음 이끌어 가는 주장을 살펴보자.

> 연속적이고 분할할 수 있는 모든 것에서 더 많은 양을, 혹은 더 적은 양을, 혹은 동등한 양을 취할 수도 있다. 그리고 이때의 더 많고 적음이나 동등함

---

36 A. MacIntyre, 1967, 62쪽.

37 J. O. Urmson, 1980, 157쪽.

38 J. Barnes, 1976, 26쪽.

은 대상 자체에 따라 이야기될 수도 있고, 우리와의 관계에 따라 이야기될 수도 있다. 이때 동등함은 지나침과 모자람의 어떤 중간이다. 대상에 있어서 중간은 각각의 끝에서 같은 거리만큼 떨어진 것을 말하는데, 이것은 모든 사람에게 하나이며 동일하다. 반면 우리와의 관계에서의 중간은 너무 많지도 않고 너무 모자라지도 않는 것을 말하는데, 이것은 모든 사람에게 하나이지도 않고 동일하지도 않다(1106a28-34).

이 구절에서 아리스토텔레스는 어떤 것이 중간이 될 수 있는 두 가지 의미를 찾아내고 있다. (a) 대상에 있어서 중간과 (b) 우리와의 관계에서의 중간. 그는 (a)의 의미를 숫자의 예를 통해서 명쾌하게 설명한다. 숫자 6은 2와 10 사이에 '똑같은 거리차를 두고 있는 것'이기 때문에 중간이다(1106a34-b1). 그는 (b)의 의미를 식이요법의 예를 통해서 설명하고 있다. 운동선수에게 적당한 음식의 양은 어린아이에게 적당한 양이 될 수 없다(1106b2-7). 운동선수에게 적합한 양의 음식이 **있고** 아이에게 적합한 양의 음식이 **있다**. 따라서 적합한 양은 개별적인 상황에 관계한다. 적합하다고 간주되는 것은 상황에 따라 변화하게 될 것이다. 따라서 그것은 대상에 있어서 중간과 다른 것이다.

아리스토텔레스는 우리와의 관계에서의 중간은 품성의 탁월성들의 종차이며 또한 이것은 기예의 특출함에 의해서 확증된다고 생각한다. 왜냐하면 "사람들은 잘 만들어진 작품에 대해 더 이상 빼거나 보탤 수도 없다고 말하기 때문이다(1106b12)." 필자가 생각하기에 이것이 의미하는 바는 잘 만들어진 작품은 어떤 것의 첨가에 의해서도 또는 어떤 것의 제거에 의해서도 향상될 수 없다는 점이다. 장인은 '목표 이상으로' 나가는 것과 훨씬 못 미치는 것 사이에 균형을 '단지 정확하게' 맞춤으로써 작품을 완성한다. 아리스토텔레스는 중간에 관한 이 개념을 다음에 나오는 구절에서 품성 상태에 적용하고 있다.

> 내가 말하는 탁월성은 품성의 탁월성이다. 왜냐하면 이것이 감정들과 행위들에 관련하며, 이것들 안에 지나침과 모자람, 그리고 중간이 있기 때문이다. 예를 들면 두려워하는 일이나 대담해지는 일, 욕망하는 일이나 화를 내는 일, 또 연민을 갖는 일, 일반적으로 즐거워하거나 고통스러워하는 일은 너무 많이 할 수도 있고, 너무 적게 할 수도 있지만, 양자 모두에 있어서 잘하는 것은 아니다. 그러나 마땅히 그래야 할 때, 또 마땅히 그래야 할 일에, 마땅히 그래야 할 사람들에게, 마땅히 그래야 할 목적을 위해서, 또 마땅히 그래야 할 방식으로 감정을 갖는 것은 중간이자 최선이며, 바로 그런 것이 탁월성에 속하는 것이다(1106b16-23).

탁월성은 두 대립적인 극단 상태 사이에 놓인 품성의 중간 상태이다. 하나의 극단은 지나침이고 다른 하나의 극단은 모자람이다. 우리는 위에서 품성 상태가 사유, 감정, 욕구의 경향임을 지적했다. 이 구절에 나타난 아리스토텔레스의 통찰을 완전히 이해하기 위해서 우리는 그런 경향의 본성에 대해서 좀 더 자세하게 생각할 필요가 있다.

『니코마코스 윤리학』 제1권 제13장의 논의에서 우리는 영혼의 비이성적인 부분이 영혼의 이성적인 부분에 '복종한다' 고 아리스토텔레스가 생각했다는 사실을 파악했다. 예를 들어, 내가 아침에 집을 떠날 때 이웃 주민 한 사람이 내 차 타이어를 칼로 난도질하는 것을 목격했다고 생각해 보자. 나는 그를 패 주고 싶어 한다. 그를 패 주고 싶어 하는 나의 욕구는 그를 향한 나의 화난 감정의 일부이다. 그를 향한 나의 화난 감정은 그가 (나의 재산에 손해를 입힘으로써) 나에게 해를 입혔다는 나의 판단의 부분이다. 그래서 아리스토텔레스가 영혼의 비이성적인 부분 속에 위치시키는 나의 감정과 욕구는 아리스토텔레스가 영혼의 이성적인 부분에 위치시키는 판단에 복종한다.

아리스토텔레스는 매우 다양한 사유, 감정, 욕구의 경향들이 존재한다고 (확실히 매우 올바르게) 생각한다. 예들 들어, 어떤 사람은 재산과 자기 자신에게 그다지 가치를 부여하지 않기 때문에 이웃 사람이 자신의 차 타이어를 난도질하는 것을 볼 때도 화를 내지 않을 수 있다. 이 사람의 평가에 따르면 그는 해를 입지 않았기 때문에(아마도 그는 약간의 존경도 받을 필요가 없다고 생각할 수도 있다), 이웃 사람을 때려주고 싶은 욕구를 갖지 않을 것이다. 우리는 재산(과 자기 자신)에게 높은 가치를 부여하여 타이어를 난도질하는 이웃 사람을 보면 미칠 듯 분노하는 사람을 그런 사람과 비교할 수 있다. 이 사람의 평가에 따르면, 그는 심각하게 해를 입었기 때문에(차는 그가 가진 모든 것이었다), 그는 단지 그 이웃 사람을 패 주고 싶은 욕구뿐만 아니라 그 사람과 그 부인, 가족과 친구들을 가장 고통스러운 방식으로 살해하고 싶은 욕구를 갖게 될 것이다.

아리스토텔레스의 논점은 이 사유, 감정 욕구의 몇 가지 경향들은 다른 경향들보다 좋은 것이며 또한 가장 좋은 상태는 중간적인 상태라는 것이다. 품성의 중간 상태를 가진 사람은 에우다이몬적인 삶의 구성요소로서 어떤 좋은 것의 중요성을 올바르게 평가할 수 있다. 그런 사람은 "마땅히 그래야 할 때, 또 마땅히 그래야 할 일에, 마땅히 그래야 할 사람들에게 마땅한 감정을" 갖게 될 것이다. 왜냐하면 그는 삶 속에서 좋음의 가치와 중요성을 올바르게 판단할 수 있기 때문이다. 위의 예를 계속 따라가 보면, 탁월성을 갖춘 사람은 이웃 사람에게 화를 내게 될 것이다. 왜냐하면 그는 자신의 재산을 소중하게 생각하며 재산의 고의적인 파괴는 화를 불러일으킨다고 생각하기 때문이다. 그러나 그는 재산에 터무니없는 가치를 부여함으로써 그것을 타인의 생명보다 또한 올바른 일을 하는 것보다 더 가치 있는 것으로 생각해서 그 이웃 사람을 죽이려고 미쳐 날뛰지는 않을 것이다. 따라서 이것이 탁월성은 품성의 중간 상태라는 주장의 의미가 될 것이다.

아리스토텔레스는 1107a1-3에서 탁월성을 다음과 같이 정의하고 있다. "탁월성은 합리적 선택과 결부된 품성 상태로, 우리와의 관계에서 성립하는 중용에 의존한다. 이 중용은 이성에 의해, 실천적 지혜를 가진 사람이 규정할 그런 방식으로 규정된 것이다. 중용은 두 결함, 즉 지나침에 따른 결함과 모자람에 따른 결함 사이의 중용이다." 우리는 이미 이 정의의 여러 측면들을 살펴보았다. 이제 남은 것은 아리스토텔레스가 탁월성은 '합리적 선택과 결부된 품성 상태' 라고 주장할 때 의미한 바를 살펴보는 일이다. 여기서 '선택' 이라고 번역된 말은 '프로아이레시스' (*proairesis*)이며 아리스토텔레스는 이 말을 『니코마코스 윤리학』 제3권 제2-3장에서 자세하게 분석하고 있다. 여기서 우리는 이 개념을 자세하게 고찰하지는 않겠지만 어떤 방식으로 품성의 탁월성을 갖춘 상태가 결정을 내리게 되는지 살펴볼 것이다. 비록 탁월성은 습관화된 품성 상태이지만, 그것들 자체는 습관이 아니라는 『니코마코스 윤리학』 제2권 제1장의 논의를 다시 상기할 필요가 있다. 습관은 '분별없이' 또는 '사고하지 않고' 실행될 수 있다. 그러나 탁월성을 갖춘 행위가 '아무 생각이 없는 것' 은 아니다. 그것은 어떤 상황 속에서 행동하려는 가장 최선의 일에 관한 행위자의 판단의 표현이다(『니코마코스 윤리학』 제6권 제5장과 비교하라). 탁월성을 갖춘 사람은 자신의 상황에 민감하며 일련의 행동들을 선택하기 전에 그 상황의 두드러진 특성들에 대해 자신이 인식하고 있는 것에 관하여 반성한다. 따라서 탁월성은 행위로 나타나는 결정을 형성하는 품성의 중간 상태이다.

우리가 대략 살펴본 중용 이론에 관한 설명에 찬동하지 않는 한 가지 전거는 그 설명이 실천적으로 쓸모없다는 점이다. 그 염려 사항은 다음과 같다. 비록 아리스토텔레스는 탁월성과 결함이 삼각관계에서 드러난다고 말하고 있지만(중간은 두 극단의 결함의 측면에 놓여 있다), 그는 중간 상태와 지나침 또는 모자람의 상태를 결정하는 기준을 제시하고 있지 않다. 그런 기준들 없이는 우리가 자신에게 그리고 자녀들에게 가르치려고 목표하는 품성 상태를 결정할 수 없을 것이다. 따라서 중용 이론은 **실천적으로** 무용지물이라는 주장이 생겨났다. 이 이견은 아리스토텔레스의 목표는 탁월성의 획득과 관련된 실천적인 조언을 제공하는 일임을 가정하고 있다(1103b28-30; 1179b2-4). 그러나 이런 가정은 잘못된 것이다. 실제로 아리스토텔레스는 그의 청중이 잘 양육되었고 따라서 논의되고 있는 탁월성을 이미 획득했기를 가정하고 있다(1095a2-4; 1103b23-24). 따라서 이 비판은 근거 없는 것이라 할 수 있다.

더 심각한 이견은 탁월성과 결함이 삼각관계를 형성한다는 주장이 잘못됐다는 점이다. 예들 들어 정의와 정직과 같은 탁월성들은 이런 도식에 들어맞지 않는다. 어떤 사람은 분할할 수 있는 어떤 좋음을 공평하게 분배하지 못할 수 있고 그렇게 되면 그는 결함이 있는 사람처럼 간주되어 부정의한 자가 될 수 있다. 그러나 한 사람이 지나치게 정의로운 사람이 될 수 있다는 것은 무엇을 의미할까? 아리스토텔레스가 이를 인지하지 못했다고 주장하는 것은 공정하지 못하다(1134a1-2). 그럼에도 탁월성 일반의 독특한 특성에 대립하는 반대 사례가 존재하는 것처럼 보인다. 따라서 중용 이론은 '개념적으로 공허하다'는 주장이 존재한다. 그러나 비록 탁월성과 결함이 삼각관계라는 주장이 틀렸다고 할지라도, 필자가 탁월성에 대한 아리스토텔레스의 설명의 핵심이라고 파악한 것에 관해서는 누구도 의심을 품을 수 없다. "왜냐하면 고귀한 사람은 한 가지 방식으로 고귀하지만, 나쁜 사람은 여러 가지 방식으로 나쁜 법이기 때문이다(1106b35)." 다시 말하면 삶에서 좋음의 중요성에 관한 우리의 판단들은 다양한 이유들 때문에 오류가 될 수 있다. 그러나 탁월성을 갖춘 사람의 특성은 그의 판단이 언제나 올바르다는 점이다.

『니코마코스 윤리학』 제2권 제8장

필자는 아리스토텔레스가 중용 이론이 제공하고 있는 형식적인 틀 속에 다양한 탁월성과 결함을 명칭에 따라 끼워 맞추고 있는 제7장을 검토하지 않고 넘어갈 것이다. 나중에 우리는 특정한 품성의 탁월성들을 깊게 고찰하게 될 것이므로 그것들에 관한 아리스토텔레스의 설명을 재검토하는 일은 불필요한 반복이 될 것이다. 『니코마코스 윤리학』 제2권 제8장에서 아리스토텔레스는 탁월성과 그것에 반대되는 결함 사이의 관계를 논하고 있다.

아리스토텔레스는 하나의 탁월성마다 두 개의 대립적인 결함들이 존재한다고 주장한다. 따라서 그는 인색함이라는 단일 결함에 반대되는 단지 하나의 결함이 존재한다는 견해를 거부하고 있다. 따라서 관대함과 낭비는, 둘 모두다 타인에게 어떤 것을 제공하는 것을 포함하기 때문에, 그것들 사이에 어떤 차이점이 존재하지 않는 것처럼 보일 수 있다.

아리스토텔레스는 "어떤 극단들의 경우에는, 가령 무모함의 경우 용기에 대해, 또 낭비의 경우 관대함에 대해 그러하듯이 중간의 것에 대한 일종의 유사성이 보이기도 한다"라고 지적하고 있다(1108b32-34). 이런 유사성은 각각의 탁월성이 하나의 결함에 반대된다는 잘못된 인상을 줄 수 있다. 아리스토텔레스가 여기서 제시하고 있는 하나의 예를 살펴보자. 이 대립에 관한 설명에 따르면 관대함은 하나의 탁월성이고 인색함이라는 결함에 반대된다. 아리스토텔레스에 따르면 관대함과 낭비는 그것들의 명백한 유사성 때문에 함께 섞이게 된다.

아리스토텔레스는 이 대안적인 설명을 두 가지 이유에서 거부하고 있다. 첫 번째 이유는 양 극단 중 하나가 중간에 더 가깝고 더 비슷하므로, 우리가 이 가까운 극단이 아니라 그 반대 극단을 더 대립적인 것으로 놓기 때문이다(1109a7-9). 예를 들어, 용감함과 경솔함은 모두가 위험에 직면했을 때 공통적으로 어느 정도의 대담무쌍함과 확고함을 가지고 있다. 그것들은 용감한 사람이 오직 확고함을 가지는 것이 올바른 때에만 그렇게 하는 것인 반면, 경솔한 사람은 적합한 상황이든 그렇지 않은 상황이든 확고함을 갖는다는 점에서 차이가 있다. 그러나 이 품성 상태들은 용감함이 비겁함에 가까운 것보다 서로에게 더 가깝다. 비겁함은 위험에 직면해서 거의 확고하지 못하며 그들이 실제로 놀라지 않을 때조차도 어떤 것들을 무서워하는 경향이 있다. 용감함과 경솔함 사이의 이런 밀접함의 결과로 우리는 비겁함에 반대되는 하나의 품성 상태(위험에 직면해서 확고함)가 존재한다고 생각하고 싶은 유혹을 느낄 수 있다.

아리스토텔레스가 제시하는 두 번째 이유는 우리 자신의 시각이 이 문제들에 관한 우리의 인식을 결정한다는 점이다. 예를 들어, 만일 내가 겁쟁이라면, 나는 용감한 사람과 경솔한 사람을 모두 일종의 무모한 '죽음에 대한 동경' (death wish)으로 가득 찬 사람들로 간주할 것이다. 내 생각에는 그들 모두 불합리한 위험을 감수하는 자들이다. 그러나 만일 내가 경솔한 사람이라면 나는 용감한 자와 겁쟁이를 모두 연약하고 모든 것에 겁을 집어먹는 사람들로 간주할 것이다. 따라서 우리 자신의 품성 상태는 오직 하나의 결함이 하나의 탁월성에 반대된다는 판단이 만들어진다.

『니코마코스 윤리학』 제2권 제9장

『니코마코스 윤리학』 제2권 제9장에서 아리스토텔레스는 중간적인 품성 상태에 도달할 수 있는 몇 가지 실천적인 충고를 우리에게 제시하고 있다.[39] 그가 보여 준 첫 번째 논점은 탁월성을 갖춘 사람이 되는 것은 매우 어려운 일이라는 점이다(1109a25). 돈을 주거나 돈을 사용하는 것은 쉽지만 올바른 방식으로 돈을 사용하는 것, 올바른 때에 올바른 사람들에게 돈을 주는 것은 확실히 쉬운 일이 아니다. 그 결과로서 우리는 탁월성의 성취를 칭찬할 만한 것과 고귀한 것으로 간주하게 된다(1109a30). 또한 필자는 비록 탁월성의 희소성이 그것이 갖는 가치의 근원이 아니라는 사실에 주목하면서도 우리가 이 논점들과 관련해서 아리스토텔레스와 동의할 수 있을 것이라고 생각한다. 탁월성은 성취하기 어렵기 때문에, 아리스토텔레스는 그 중간을 성취하려고 애쓰는 우리에게 세 가지 실천적 충고를 제시하고 있다.

첫 번째 충고는 우리는 중간 즉 탁월성을 겨냥하는 사람은 먼저 그것에 더 대립적인 것으로부터 멀어져야 한다는 것이다(1109a30). 그다음 아리스토텔레스는 '두 결함들 가운데 가장 작은 것' (1109a35)을 그 자체로 적절한 탁월성을 성취한 후에 고려할 두 번째로 좋은 선택권으로 규정하고 있다. 논점은 내가 겁쟁이가 되는 것보다는 경솔함 쪽으로 그리고 인색함보다는 낭비하는 쪽으로 더 나아가야 함을 의미하는 것처럼 보인다. 왜냐하면 경솔함은 용감함에 더 가깝고 낭비는 관대함에

39 이 장에 관한 훌륭한 논의는 H. Curzer(1996)를 참조하라.

더 가깝기 때문이다. 그러나 경솔함, 용감함, 겁쟁이가 되는 것이 무엇인지에 관한 독립적인 설명 없이는 우리가 잘못 생각할 가능성이 있다. 왜냐하면 우리의 '자연적인 경향성들'이 각기 다르기 때문이다. 왜냐하면 만일 내가 더 용감하거나 덜 용감하다면, 경솔함 쪽으로 더 나아가라고 충고해 주는 일은 용감함의 품성 상태가 무엇인지 내가 깨닫는 데 전혀 도움이 되지 못할 것이기 때문이다. 물론 만일 내가 더 용감하거나 덜 용감하다는 사실을 알고 있다면 그런 것은 문제가 되지 않을 것이다. 그러나 바로 이 점이 논점이 될 수 있다. 아리스토텔레스는 용감함에 대한 기준을 만들어 놓지 않았다. 따라서 우리는 우리가 소유하고 있는 품성 상태의 본성을 결정하는 데 어떤 이론적인 근거도 제공받지 못한 꼴이 되었다.

게다가 이 논점은 아리스토텔레스의 두 번째 충고를 무력화하고 있다. 아리스토텔레스는 우리가 자신의 경향성들을 발견하고 우리 자신을 반대 방향으로 '끌고' 가야 한다고 생각한다(1109b3-5). 따라서 만일 내가 비겁함의 경향을 가지고 있다는 사실을 깨닫게 되었다면 나는 경솔함 쪽으로 나를 밀고 가야만 한다. 그러나 다시 한 번 나의 '출발점'을 결정하는 어떤 방식이 주어지지 않는다면, 그런 충고는 무용지물이다.

아리스토텔레스가 제공하고 있는 세 번째 충고는 우리가 모든 것에 있어서 즐거움을 경계해야 한다는 점이다(1109b8-11). 즐거움은 우리를 타락시키는 것이기 때문에 우리에게 즐거움을 주는 것들에 대해서 특별히 경계해야만 한다. 앞에서 주어진 충고들과 더불어 생각해 보면, 우리는 즐거움에 탐닉하는 것보다는 절제하는 방향으로 나아가야 한다고 아리스토텔레스가 생각한다는 결론을 도출할 수 있다. 물론 이렇게 주장할 때 아리스토텔레스는 우리가 절제의 관심이 되는 육체적 즐거움을 생각하고 있다고 상상했을 것이다. 왜냐하면 이런 경계는 탁월성이 가지고 있는 고유한 즐거움에는 적용되지 않기 때문이다.

연구를 위한 물음들

1. 품성 상태란 무엇을 의미하는가?
2. 왜 아리스토텔레스는 탁월성을 기술 또는 기예와 비교하는가?
3. 중용 이론은 그 목적을 충분히 달성했을까?
4. 아리스토텔레스가 제시하고 있는 품성의 탁월성을 갖춘 상태들을 기술한 목록은 우리가 훌륭하다고 생각하는 모든 품성 상태를 보여주고 있는가?
5. 그 목록에서 빠진 품성 상태로 기술될 수 있는 다른 것들이 존재하는가?

『니코마코스 윤리학』 제3권

서론

『니코마코스 윤리학』 제3권은 아리스토텔레스의 책임의 본성에 관한 논의와 용기와 절제에 관한 논의를 포함하고 있다. 품성의 다른 탁월성들에 관한 검토는 『니코마코스 윤리학』 제4-5권을 통해서 이어지고 있다. 책임에 관한 논의는 자발적 행위와 비자발적 행위의 본성을 포함하는 몇 가지 논제들을 다루고 있다. 여기에는 '의사결정' 의 본성과 역할 그리고 우리가 소유하고 있는 품성 특성들에 대해 책임을 져야 하는가라는 문제가 포함된다. 비록 여기서 우리는 이 쟁점들 중에 첫 번째 주제에 초점을 맞추고 있지만, 다른 쟁점들에 대해서도 간략하게 다루게 될 것이다.

'자발적인 것'(voluntary)과 '비자발적인 것'(unvoluntary)이라고 번역되는 그리스어는 '헤쿠시온'(*hekousion*)과 '아쿠시온'(*akousion*)이다. 대부분의 상황에서 이 번역어는 정확하지만 일반적인 그리스어 관용어법은 각각 '기꺼이 하는 마음'(willingness)과 '꺼리는 마음'(unwillingness)을 의미한다. 일반적인 의미에서 한 사람이 '헤콘'(*hekon*)하게 행동했다고 말하는 것은 그가 기꺼이 행동했다고 말하는 것이다. 어윈(Irwin)은 표준적인 번역어를 사용하고 있으며 필자도 그를 따르고 있다. 앞으로 살펴보겠지만, 번역 용어에 대한 우리의 선택은 어떤 사람이 자신의 행동들에 대해서 책임을 지게 될 경우에 관한 아리스토텔레스의 견해들의 해석과 관련해서 몇 가지 영향들을 포함하고 있다.

『니코마코스 윤리학』 제3권 제1장

아리스토텔레스는 자발적인 행동과 비자발적인 행동에 관한 논의의 필요성에 대해서 두 가지 이유들을 제시하고 있다. 첫 번째로, 탁월성을 갖춘 행동들은 칭찬할 만한 것이며 결함이 있는 행동들은 비난할 만한 것이다. 오직 자발적으로 행해진 것만이 칭찬이나 비난을 받을 수 있기 때문에, 아리스토텔레스는 자발적인 것과 비자발적인 것에 관한 정의가 탁월성과 결함에 관한 자신의 설명에 필요하다고 생각한다(1109b33-34; 『에우데모스 윤리학』 1223a23). 두 번째로 아리스토텔레스는 자신의 논의가 훈장수여와 형벌의 시행을 결정하는 법률가들에게 유용한 것이 될 것이라고 생각했다(1109b34-35).

아리스토텔레스는 자발적인 행동을 부정적으로 정의한다. 모든 행동은 만일 그것이 비자발적인 것이 아니라면 자발적인 행동이다. 그런 다음 그는 어떤 행동이 '강제에 의해서' 혹은 '무지로 말미암아' 일어날 때만 오직 그때에만 그 행동은 비자발적인 것이라고 규정한다(1110a1-2). 아리스토텔레스는 이런 각각의 조건들이 한 행위가 비자발적인 행동으로 규정되는 충분조건들이라고 생각한다. 우리는 이 조건들을 각각 검토하게 될 것이다.

아리스토텔레스는 "행위의 시작이 행위자 바깥에 있는 것으로, 행위를 하는 사람이나 행위를 당하는 사람이 이 시작에 전혀 관여하지 못하는 성질의 것"일 경우 오직 그때에만 그 행동은 '강제적인' 것이 된다고 주장한다(1110a3-4). 여기서 논점은 만일 행동의 원인이 행위자 밖에 존재한다면, 행위자는 비자발적으로 행동한다는 점이다. 아리스토텔레스는 이 주장을 바람이 불어 항로에서 벗어난 선원의 예를 들어 예시하고 있다(1110a4-5). 그가 항로에서 벗어난 이유는 선원의 힘 밖에 존재하는 바람이다. 따라서 선원은 항로에서 이탈한 것에 대해서 비난을 받지 않는다.

그러나 여기서 두 가지 논점을 지적할 필요가 있다. 첫 번째로, 시작이나 원인이 행위자의 내부에 있다고 해서 모든 것이 자발적인 것은 아닌 것처럼 보인다. 예를 들어, 심장박동이라든지 소화 과정이 그런 것에 속한다. 그러나 아리스토텔레스는 내적 시작을 갖는 모든 것은 자발적인 것이라고 주장하지 않았다. 단지 그는 시작이 **외적인** 것은 자발적인 것이 아니라고 주장했을 뿐이다. 그렇지만 아리스토텔레스는 행위자의 생각과 욕구에 근거해서 행위를 분석하고 있기 때문에(1139a33-35), 엄격하게 말하면, 선원은 전혀 행동한 것이 아니다.[40] 아리스토텔레스 자신은 행위자를 '행위를 당하는 사람'으로 묘사함으로써 이를

---

40 G. J. Hughes, 2001, 119쪽.

알리려고 한 것처럼 보인다. 이 용어는 행위를 했기보다는 행위를 당했음을 제안해 주는 표지이다.

두 번째로, 아리스토텔레스는 태만 때문에 벌어진 행위에 대해서는 그 행위자들을 용서하지 않는다는 점이다. 예를 들어, 만일 선원이 술에 취해 있어 다가올 태풍에 관한 기상 표지물들을 해석하지 못했다면, 그는 배가 항로를 이탈한 것에 대해 비난을 받게 될 것이다.[41] 그러나 물론 그 경우에도 그 선원은 술에 취해서 행동할 수 있는 자신의 능력을 방해하는 어떤 상태에 빠짐으로써 그런 행위를 하는 원인을 제공하게 된 것이다. 지적된 이 논점들을 통해서 '강제에 의한' 행동을 설명하는 일은 비교적 간단한 것처럼 보인다. 그러나 아리스토텔레스의 정의가 파악하는 것보다도 훨씬 더 많이 어떤 사람은 '행동하도록 강요되었다' 라고 말하고 싶은 사례들이 존재한다.

때때로 우리는 사람들이 어떤 나쁜 것에 대한 위협 때문에 어떤 방식으로 행동하도록 강요당했다고 주장하고 싶어 한다(1110a5-6). 예를 들어 어떤 사람은 칼을 휘두르는 강도한테 지갑을 넘겨주도록 '강요받았다' 고 말할 수 있다. 또한 이와 마찬가지로 선장은 선원들의 목숨을 구하기 위해서 선적한 화물을 바다에 버리도록 '강요받았다' 고 말할 수 있다(1110a10). 이 사례들은 행위자가 아무것도 원인을 제공하지 않는 사례들보다 훨씬 더 복잡한 것들이다(1110a7-8). 아리스토텔레스는 다음과 같이 논평한다.

> 그렇기 때문에 이런 종류의 행위들은 자발적인 것과 비자발적인 것이 혼합된 것이기는 하지만 자발적인 것에 더 가까운 것 같다. 왜냐하면 그런 행위

---

41 A. Kenny, 1979, 29쪽.

> 들은 행위를 하는 그 당시에는 선택할 만한 것이고, 행위의 목적은 때와 상황에 맞는 것이기 때문이다. 그렇다면 자발적인 것이든 비자발적인 것이든, 행해지는 때와 관련해서 이야기되어야 할 것이다. 사실 그는 자발적으로 행하고 있다. 이런 행위들에 있어서 자신의 도구적 부분인 사지를 움직이는 시작점 또한 자신 안에 있기 때문이다. 그 시작점이 자신 안에 있는 것들의 경우에는 행위를 할 것인지, 말 것인지 또한 자신에게 달려 있다. 그렇다면 이런 종류의 행위들은 자발적인 것이지만, 단적으로 보자면 아마도 비자발적인 것이다. 누구도 이런 행위들을 그 자체로 선택하지는 않으니까 말이다(1110a11-19).

여기에는 해결되어야 할 두 가지 쟁점들이 존재한다. 첫 번째로, 그런 행동들이 비자발적인 것이라고 말해지는 정확한 의미는 무엇인가? 두 번째로, 아리스토텔레스는 행위자들이 그런 '혼합된' 행동에 책임을 져야 한다고 생각하고 있는가?

필자는 '혼합된' 행동들이 아리스토텔레스의 설명에 따르면 **자발적인** 것이라는 의미는 상당히 명확하다고 생각한다. 어떤 사람이 지갑을 넘겨주는 행동의 원인은 그의 생각과 욕구를 통해서 설명될 수 있다는 점에서 '내적인' 것이다. 그러나 '혼합된' 행동들이 비자발적인 것이라는 의미는 훨씬 더 불명확하다. 한 가지 제안은 아리스토텔레스가 이 구절에서는 서론에서 언급되었던 아쿠시온(*akousion*, 비자발적인 것)의 의미를 좀 더 일반적으로 사용하고 있다는 것이다.[42] 이 설명에 따르면, 그 사람은 지갑을 자발적으로 넘겨주지만, **비자발적으로** 그렇게 하는 것이기 때문에 그의 행동은 한편으로 그가 지갑을 넘겨주고 싶어 하

---

42 예를 들어, D. Bostock, 2000, 105-106쪽을 참조하라.

면서도 다른 한편으로 넘겨주고 싶어 하지 않는다는 의미에서 '혼합된' 행동이다. 이런 식의 해석은 강제에 의한 행동에서 행위자는 고통을 당한다는 아리스토텔레스의 주장과 일치한다(1110b13-14).

그러나 왜 이 해석이 설득력이 없는지에 관한 두 가지 이유들이 존재한다. 첫 번째로, 그 사람은 자발적으로 지갑을 넘겨주며 또한 **그런 상황이 주어졌을 때** 그는 기꺼이 그렇게 할 것이라고 필자는 생각한다. 왜냐하면 그는 자신의 목숨을 구하기 위해서 지갑을 넘겨주기를 **원하기** 때문이다. 두 번째로, 비록 이 해석이 타당하고 그 사람은 지갑을 비자발적으로 넘겨준다고 할지라도, 그의 행동이 비자발적인 것이라는 결론이 단순하게 도출되지는 않는다. 어떤 행위자는 비자발적으로 행동하지만 그럼에도 자신의 행동에 대해서 책임을 져야 할 경우가 생긴다. 이 경우에 관한 명백한 사례는 엥크라테스(*enkratēs*), 즉 자제력이 강한 사람이다. 그는 올바른 일을 억지로 행한다. 그러나 그의 하기 싫어함은 그가 자신의 행위에 대해 책임을 지지 않는다는 것을 함의하지 않는다. 엥크라테스는 '올바른' 일을 했다는 것 때문에 칭찬을 받는 것처럼 보인다(1145b9-10). 따라서 비록 아리스토텔레스가 '혼합된' 경우들에서 행위자는 마지못해 행동한다는 점을 주장한다고 할지라도, 이 주장은 어떤 의미에서 그 행동이 비자발적인 것인가에 관한 만족할 만한 설명을 우리에게 제시하지 못하고 있다.

어떤 의미에서 그런 행동들은 비자발적인 것인가에 관한 아리스토텔레스 자신의 설명은 "누구도 이런 행위들을 그 자체로 선택하지는 않을 것이다"라는 난해한 주장 속에 포착되어 있다(1110a18-19). 이 말이 의미할 수 없는 한 가지는 행위자가 반응해야만 했던 상황들을 선택하지 않았다는 의미이다. 왜냐하면 그 주장은 거의 모든 행동들을 비자발적인 것으로 만들어 버릴 것이기 때문이다. 왜냐하면 우리는 삶에서 직면하고 있는 상황들을 거의 선택하지 않기 때문이다.[43] 그렇다면 이 주장은 어떻게 해석되어야만 할까? 필자는 문제의 행동들이 너무 불합리한 것들이기 때문에 무조건적으로 오직 미친 사람만이 그런 행동들을 강제적으로 할 것이라는 점을 아리스토텔레스가 의미한다고 생각한다. 모든 사람은 단순하게 자기 재산을 타인에게 넘겨주지 않을 것이다. 그는 그렇게 행위하도록 **강제되었을** 것이다. 이 주장은 예들 들어 어떤 사람은 단순히 무조건적인 행동을 하고 **싶어** 하지 않을 것이라는 케니의 주장보다 강한 것이다.[44] 케니의 주장은 그런 행동을 비자발적인 것으로 간주하는 아리스토텔레스의 명백한 분류방식을 입증하지 못한다. 왜냐하면 만일 한 행동이 무지에 의해서 일어난 것이 아니라고 가정한다면, 그 행위는 오직 강제되었을 때만 오직 그때에만 비자발적인 것이 되기 때문이다. 따라서 이런 방식으로 '혼합된' 경우들이 강제에 의한 행동의 사례들과 관련된다는 점이 이해될 수 있다.

이런 연결은 두 번째 물음으로 이어진다. 아리스토텔레스는 행위자들이 '혼합된' 행동들에 대해서 책임이 있다고 생각하는가? 흥미롭게도, 그 대답은 어떤 의미에서 그런 행동들이 비자발적인 것이 되는가에 달려 있지 않다. 왜냐하면 아리스토텔레스는 '혼합된' 행동들을 한 행위자가 칭찬을 받는지, 비난을 받는지 아니면 면책을 받는지에 관한 독립적인 설명을 제시하기 때문이다.

아리스토텔레스는 어떤 특정한 '혼합된' 행동이 칭찬이나 비난을 받는지에 대한 결정은 어려운 일이라고 올바르게 지적하고 있다(1110a30). 그러나 그는 자신의 입장을 명확하게 정리하는 데 도움이 되는

---

43 D. Bostock, 2000, 105쪽.

44 A. Kenny, 1979, 32쪽.

몇 가지 논평들을 제시하고 있다. 만일 사람들이 '위대하고 고귀한 결과들을 위해서'(1110a20-21) '혼합된' 행동들을 했다면 그들은 그 행동들에 대해서 칭찬받게 되지만 만일 그들이 '전혀 고귀하지 않은 것'을 얻기 위해서 수치스러운 것을 행한다면 그들은 비난받게 된다(1110a23). 또 어떤 경우에는, 즉 "인간적인 본성을 뛰어넘으며 누구도 견딜 수 없을 그런 것들 때문에 해서는 안 될 일을 한 경우"라면, 칭찬은 주어지지 않지만 용서를 받을 수는 있다(1110a26).

아리스토텔레스의 첫 번째 논점은 우리가 '혼합된' 행동과 관련해서 행위자를 칭찬해야 하는지 아니면 비난해야 하는지를 결정하는 일은 그 행위의 상황에 달려 있고 또한 특별히 그런 행동을 하려는 행위자의 생각에 달려 있다는 것처럼 보인다. 만일 그의 행동이 문제의 상황과 관련된 최상의 반응이었다면 그는 칭찬을 받을 수 있다. 선적 화물을 밖에 던지는 선장은 확실히 문제의 상황과 관련된 최상의 행동을 한 것처럼 보이며 따라서 칭찬을 받을 수 있다. 그러나 만일 행위자의 행동이 최상의 반응이 아니었다면 그는 비난을 받게 될 것이다. 또한 우리는 확실히 이런 구분을 직관적으로 이해할 수 있다. 만일 은행원이 총으로 위협을 받았다면, 우리는 강도에게 돈을 넘겨준 그를 비난하지 않을 것이다. 그러나 만일 그가 노래를 듣고 위협을 당했다면, 우리는 그를 비난하게 될 것이다(『에우데모스 윤리학』 1225a14-17). 그러나 비록 이런 주장이 참이라고 하더라도, 무엇이 문제의 상황과 관련된 '최상의 반응'이 되는가는 분명하지 않다. 일반적으로 아리스토텔레스는, 만일 어떤 유쾌한 것을 얻는 것보다 고통스러운 어떤 것을 회피할 수 있다면, 우리는 어떤 사람이 수치스러운 일을 행한 것에 대해서 그를 용서하기 더 쉬울 것 같다고 생각하는 것처럼 보인다(『에우데모스 윤리학』 1225a24). 그러나 그런 경우들에서 칭찬이나 비난은 행위자가 그 행동을 하고 **싶어** 했는가 또는 무조건적으로 그 행동을 하도록 **강제되었는가에** 달려 있지 않음이 명백하다. 오히려 그것은 그 행동이 일어나게 된 상황과 행위자가 그런 행동을 했을 때 왜 그런 행위를 했는지에 관한 행위자의 이유에 달려 있다.

아리스토텔레스는 또한 사람들은 "인간 본성을 뛰어넘으며 누구도 견딜 수 없는" 그런 경우들에는 용서를 받아야 된다고 생각하고 있다(1110a26). 아마도 아리스토텔레스는 행위자가 더 이상 정확하게 행동한다고 전혀 말할 수 없는 어떤 형태의 고문과 같은 매우 극단적인 경우들을 마음속에 그리고 있었을 것이다.[45] 만일 어떤 사람이 그렇게 계속된 고문의 가장 극단적인 말미에서 일종의 자백약을 투여받았다고 한다면, 우리는 더 이상 그 사람의 행동을 그의 생각이나 욕구를 통해서 설명할 수 없을 것이다. 아리스토텔레스의 설명에 따르면 그런 행동은 강요된 것이다. 그러나 필연적으로 우리가 그 행동을 행위자의 생각과 욕구를 통해서 설명할 수 있고 또한 우리가 여전히 그 행동들은 강요에 의한 것이었다고 주장하고 싶은 덜 극단적인 경우들이 존재할 것이다. 그런 경우들과 관련된 칭찬, 비난 또는 용서는 사람들이 저항할 것이라고 상당히 기대할 수 있다는 우리의 생각에 달려 있다(1150b1-19와 비교하라).

아리스토텔레스는 어떤 사람이 강요에 의해서 행동했다고 주장할 수 있는 다른 의미를 거부하면서 강요에 관한 논의의 결론을 맺고 있다. 어떤 사람들은 행동과 관련된 어떤 즐거운 것 때문에 나쁜 행동을 하도록 강요당했다고 주장한다(1110b10). 예를 들어서, 어떤 사람은 훔친 물건을 소유하는 즐거움에 압도되었다고 말하면서 도적질한 행위

45 G. J. Hughes, 120-123쪽.

를 용서해 달라고 간청할 것이다. 아리스토텔레스는 두 가지 이유에 근거해서 그런 변명을 거부하고 있다. 첫 번째로, 그런 변명을 받아들이는 일은 모든 행동들을 하찮은 비자발적인 것으로 만들게 될 것이다. 왜냐하면 그는 행위자는 항상 즐거운 것들과 고귀한 것들에 의해서 행동한다고 주장하기 때문이다(1094a1-3과 비교하라). 두 번째로, 사람들은 즐거운 것들과 고귀한 것들 때문에 역시 칭찬받을 만한 행동들을 한다. 그런 행동들이 칭찬을 받거나 비난을 받을 경향을 가지기 때문에, 행위자들이 용서받기를 바라는 이런 행동들도 역시 칭찬을 받거나 비난을 받을 경향을 가지고 있다.

비자발적인 행동을 일으키는 두 번째 충분조건은 무지이다. 만일 행위자가 "개별적인 것들에 대해서 무지하다면, 즉 행위가 성립하는 그곳과 행위에 관계하는 것들에 대해 무지하다면", 오직 그때에만 그는 비자발적으로 행동하는 것이다(1111a3). 아리스토텔레스에게서 '개별적인 것들' 이라는 말은 (확실히 모든 경우들에 해당하지는 않지만) 행동의 개별적인 상황들을 의미한다. "누가, 무엇을 무엇과 관련해서, 혹은 무엇 안에서 행하는지, 또 경우에 따라서는 무엇을 가지고 또 어떤 목적을 위해서 또 어떻게 행하는지"와 같은 것들을 모르면서 행할 수도 있다(1111a4-6). 따라서 만일 내가 자선단체에 기부를 하지만 사실상 신용 사기의 희생자라고 생각한다면 나는 무지에 의해서 행동한다고 말해질 수 있다. 만일 내가 태만의 비난을 피하기 위해서 적당한 조처를 취했다면, 나는 내 행동에 책임을 지지 않아도 된다. 아리스토텔레스는 무지에 의한 행동의 이런 의미를 비난을 함의하고 있는 두 가지 다른 의미들과 구분하고 있다.

첫 번째로, 어떤 사람들은 술 취해 있거나 화가 나 있었기 때문에 무지한 상태에서 행동했다고 주장한다(1110b26-28). 그러나 그 사람의 행동의 원인은 무지가 아니라 술 취함이다. 필자는 이 논점에서 아리스토텔레스의 견해가 우리 자신의 견해와 크게 다르지 않다고 생각한다. 두 번째로, 어떤 사람들은 아리스토텔레스에 따르면 일반적인 원리를 의미하는 '보편적인 것'(1111a1)을 모른 채 행동했다고 주장한다. 다시 한 번 아리스토텔레스는 이 견해를 거부한다. 이것은 자신의 행동에 대해 책임을 져야 할 사악한 사람이 보여 주고 있는 전형적인 무지이다(1110b28-30). 차를 훔치는 것이 잘못된 것이라는 사실을 몰랐기 때문에 그가 차를 훔친 것은 자신의 잘못이 아니라고 주장하는 사람을 상상해 보자.

아리스토텔레스는 역시 '비자발적인 행동'이라는 표식을 붙일 수 있는 행동의 범주를 도입하고 있다. 만일 행위자가 자신의 상황과 관련된 개별적인 사실들을 모르고서 행동한다면, 그는 비자발적으로 행동하고 있는 것이다. 그러나 단순하게 무지에 의해서 행동하는 사람과는 달리, 비자발적으로 행동하는 사람은 심지어 나중에 자신의 잘못을 깨닫게 될 때에도 자신이 행한 것에 대한 후회를 느끼지 않는다. 이제 만일 어떤 사람이 본의 아니게(involuntarily) 행동할 때만 오직 그때에만 그는 용서받는다는 아리스토텔레스의 주장으로부터 우리는 그가 비자발적으로(non-voluntarily) 행동하는 사람은 책임을 져야 하는 존재로 간주하고 있음을 추론할 수 있다. 예를 들어, 아버지가 약이라고 생각하는 것을 아들에게 주었지만 그 약은 아이에게 독약이 되었다고 생각해 보자. 아버지가 이 사실을 알았을 때, 그는 별일이 아니라고 치부해 버린다. 왜냐하면 진짜로 그는, 비록 잘 알지 못하면서도, 아들에게 고통을 주었다는 사실을 걱정하지 않기 때문이다. 아리스토텔레스는 그 아버지가 자발적으로(voluntarily) 행동한 것도 아니고 본의 아니게(involuntarily) 행동한 것도 아니라고 주장한다(1110b20-25). 본문에서 명확하지 않은 것은 우리가 그런 사람을 자신의 행동에 대해서 책임져야 할 존재로 간주해야 한다고 아리스토텔레스가 생각하는가 하지 않는가 하는 문제이다. 예를 들어, 휴즈(Hughes)는 여기서 아리스토텔레스는 법률적인 논점보다는 도덕적인 논점을 마련하고 있다고 생각한다. 아버지는 기소될 필요는 없지만 그럼에도 후회하지 않는 것에 대해서 도덕적인 정죄(定罪)를 받을 수 있다.[46] 보스톡(Bostock)은 아버지가 무지한 상태에서 행동했기 때문에 책임에 관한 논의는 의미가 없다고 생각한다.[47]

그러나 엄슨(Urmson)은 비자발적인 경우들에 대한 더 미세하고 그리고 더 정확한 설명을 제시하고 있다.[48] 우리는 단순히 관련된 개별 사항들 중에 적어도 하나를 몰랐다는 이유 때문에 우리가 한 잘못에 대해서 용서받을 수는 없다. 행동할 때마다 우리는 행동과 관련된 수많은 개별적인 사항들을 다 알 수 없다. 예를 들어서, 토스트에 버터를 바를 때, 나는 빵 껍질의 정확한 온도를 알지 못한다. 그러나 이 사실은 내가 빵에 버터를 '본의 아니게' 바르고 있다는 주장을 함의하지는 않는다. 따라서 아리스토텔레스는 개별 사항들에 대한 무지가 행동의 '본의 아니게' 행함의 충분조건이라고 주장할 수 없다. 개별 사항에 대한 무지는 오직 그것이 행위자의 행동에 어떤 차이를 가져오게 **할** 때에만 유의미하다. 엄슨은 나중에 나오는 후회가 개별 사항에 관한 인식이 행동의 어떤 차이를 만들었다는 표지가 되기 때문에 그 사람은 용서받을 수 있다고 주장한다. 이 주장은 필자에게 이런 이상한 행동들에 관한 좀 더 설득력 있는 해석처럼 보인다.

---

46 G. J. Hughes, 2001, 125쪽.

47 D. Bostock, 2000, 112쪽.

48 J. O. Urmson, 1988, 45-46쪽.

『니코마코스 윤리학』 제3권 제2장

『니코마코스 윤리학』 제3권 제2-3장에서 아리스토텔레스는 '합리적 선택' (*proairesis*)의 본성에 대해서 다루고 있다.[49] 이 개념을 도입하는 동기는 논쟁을 불러일으킨다. 몇몇 주석가들은 『니코마코스 윤리학』 제3권 제1장에서 아리스토텔레스는 단지 책임에 대한 충분조건이 아닌 필요조건만을 다루고 있다고 주장한다. 왜냐하면 아이들과 동물들은 자발적으로 행동하지만 그들의 행동에 대해서 책임을 지지 않기 때문이다.[50] 어윈은 계속해서 책임에 관한 아리스토텔레스의 완전한 설명은 행위자의 합리적 선택 능력에 의해서 보충되어야만 한다고 주장한다.[51] 다른 주석가들은 합리적 선택에 관한 아리스토텔레스의 개념은 지나치게 부풀려져 있다고 생각하면서 그 개념을 거부하고 있다.[52] 그러나 왜 아리스토텔레스가 이 개념을 도입하고 있는지 그 이유를 검토해 보자. 그는 다음과 같이 주장한다. "이제 자발적인 것과 비자발적인 것을 규정했으므로 이어서 합리적 선택에 관해 논의해야 할 것이다. 합리적 선택은 탁월성에 가장 고유한 것으로 보이며, 행위들보다 성격을 더 잘 분간해 내는 것으로 보이기 때문이다(1111b5-7)."

여기서 두 가지 논점에 주의해야 한다. 첫 번째로 탁월성은 합리적 선택을 도출하는 품성 상태로 정의된다(1106a4-5). 내가 관대하게 행동할 때, 그 행동은 내가 하려고 선택한 어떤 것이지 자동적으로 행해진 것이 아니다. 두 번째로, 아리스토텔레스는 합리적 선택은 행동보다

49 W. D. Ross는 프로아이레시스를 '선택'으로 번역하고 R. Crisp는 '합리적 선택'으로 번역한다.

50 T. H. Irwin, 1980, 125쪽; A. Kenny, 1979, 28쪽.

51 T. H. Irwin, 같은 책, 132쪽.

52 D. Bostock, 2000, 105쪽.

는 품성에 훌륭한 안내자가 된다고 주장한다. 예를 들어, 나는 딸의 생일 파티에 정시에 도착하기 위해서 직장을 일찍 떠날 것을 선택했지만 교통체증에 길이 막혀 버렸다. 그래서 나는 파티에 늦게 도착했다. 그러나 이 사건이 내가 나쁜 품성의 소유자라는 것을 의미하는 걸까? 틀림없이 그렇지 않을 것이다. 왜냐하면 나의 합리적 선택은 정시에 파티에 도착하는 것이었기 때문이다. 앞의 두 논점들은 서로 연결된다. 왜냐하면 앞으로 살펴보겠지만 합리적 선택은 탁월성을 갖춘 품성 또는 그렇지 못한 품성을 함의하므로 그것은 품성의 훌륭한 안내자가 될 것이기 때문이다.

아리스토텔레스가 제시하는 첫 번째 논점은 모든 합리적 선택들은 자발적인 것들이지만 모든 자발적인 행동들이 합리적 선택에 따른 것은 아니라는 점이다(1111b8). 그다음 그는 합리적 선택을 다른 정신 현상들과 구분하고 있다. 그는 합리적 선택을 욕구, 분노, 소망, 의견과 비교하면서 합리적 선택은 이것들과 전적으로 다른 것이라는 결론을 도출하고 있다(1111b12). 그는 합리적 선택이 욕구도 아니고 분노도 아니라고 주장한다. 왜냐하면 동물들도 욕구와 분노를 가지고 있지만 합리적으로 선택하지 않기 때문이다(1111b14). 아리스토텔레스는 합리적 선택이 소망도 아니라고 주장한다. 왜냐하면 비록 우리는 불가능한 것들을 소망할 수 있을지라도 그것들을 추구하려고 합리적으로 선택할 수는 없기 때문이다(1111b20-21). 사람들은 또한 자신에 의해 행해질 수 없는 것들을 소망할 수 있지만, 그러나 사람들은 오로지 자기 자신에 의해 이룰 수 있다고 생각한 것들만 합리적으로 선택한다(1111b23-25). 마지막으로 아리스토텔레스는 비록 합리적 선택이 신념을 함의하고 있을지라도, 그것은 의견이 아니라고 주장한다(1111b31-35). 그가 주장하는 신념은 영원한 것을 포함해서 모든 것들에 관계하지만,

합리적 선택은 오직 우리가 할 수 있는 것에만 관계한다. 게다가 신념은 참 또는 거짓이라고 말해질 수 있는 반면, 합리적 선택은 좋다 또는 나쁘다고 불린다(1111b31-35).

이 짧은 논평들로부터 우리는 합리적 선택의 몇 가지 특성들을 추론할 수 있다. 합리적 선택은 우리가 할 수 있는 것과 잘 행해질 수 있는 것 또는 잘못 행해질 수 있는 것에 의해서 발생된다. 아리스토텔레스는 "아마도 합리적으로 선택된 것은 앞서 심사숙고된 것일 것이다"라고 주장하면서 이번 장을 마무리하고 있다(1112a16-17). 따라서 아리스토텔레스는 제3장에서 심사숙고의 본성에 대해서 검토하고 있다.

『니코마코스 윤리학』 제3권 제3장

아리스토텔레스는 심사숙고가 무엇인가에 대해서 상술하면서 논의를 시작하지 않는다. 그 대신 그는 현저하게 심사숙고의 고유한 대상을 결정하는 일에 관심을 가지고 있다. 아리스토텔레스는 어느 누구도 삼각형의 변들의 수라든지 우연의 문제와 같은 영원한 것에 대해서 심사숙고하지 않는다고 주장한다. 왜냐하면 "이런 일들 중 어떤 것도 우리의 힘으로 이루어질 수 없기 때문이다(1112a30)." 오히려 "우리는 우리에게 달려 있는 것, 그리고 우리의 행위에 의해 성취 가능한 것에 관해서 숙고한다(1112a31-32)." 그렇다면 지금까지 심사숙고의 대상은 우리가 수행할 수 있는 행위들이다. 그러나 아리스토텔레스는 '우리에게 달린' 모든 것에 대해서 심사숙고한다고 생각하지 않는다. 우리는 확립된 절차가 존재하는 행동들에 대해서 심사숙고하지 않는 반면, "그 결과가 어떻게 나올지 불분명한 것들과 올바른 행위 방식이 규정되지 않은 문제들"에 대해서 심사숙고한다(1112b10-11). 따라서 우리는 빵을 구울 때 누룩을 사용해야 할지 말아야 할지를 심사숙고하지 않지만 치매에 걸린 아들을 가진 친구를 어떻게 돕는 것이 최선인지에 대해서는 심사숙고하게 될 것이다. 아리스토텔레스는 다음과 같이 주장하면서 심사숙고의 범위를 훨씬 더 제한하고 있다.

> 그런데 우리는 목적들이 아니라 목적들에 이바지하는 것들에 관해 숙고한다. 의사는 병을 치료해야 할지에 대해서 숙고하는 것이 아니며, 연설가는 설득을 해야 할지에 대해 숙고하는 것도 아니다. 정치가 역시 좋은 법질서를 세워야 할지에 대해 숙고하지 않고, 여타의 사람들 중 누구도 목적에 관해서는 숙고하지 않는다. 오히려 사람들은 목적을 설정한 다음 그 목적이 어떻게, 그리고 어떤 것들을 통해서 이루어질지를 고찰한다(1112b12-17).

여기서 우리는 아리스토텔레스가 문제를 잘못 다루고 있다는 생각이 들 것이다. 우리는 어떤 목적에 도달하기 위해서 필요한 수단들에 대해서 심사숙고한다고 말하는 것이 참이라고 하더라도, 우리가 목적 자체에 대해서 심사숙고하는 수많은 예들이 존재하는 것처럼 보인다. 예를 들어 나는 의사나 연설가나 또는 정치가가 될까 말까에 대해서 심사숙고할 수 있다. 이것들 모두가 목적들이기 때문에, 아리스토텔레스는 오직 수단들에 관해서만 심사숙고할 수 있다는 잘못된 주장을 펴고 있다고 문제제기할 수 있다. 여기에는 두 가지 반응들이 존재한다. 첫 번째로 여기서 '목적들에 이바지하는 것들'이라고 번역되는 표현은 '타 프로스 토 텔로스'(*ta pros to telos*)라는 표현으로 그것은 어떤 분명한 목적의 성취에 **도구**라고 고려되는 것들과 또한 그 목적의 **구성 요소들**이라 간주되는 것들에 모두 적용될 수 있다.[53] 따라서 나는 음악듣기와 음

---

53 D. Wiggins, 1975-76, 224쪽.

악에 따라 춤추기가 목적의 일부인 파티에서 음악을 사용할 것인지 아닌지 심사숙고할 수 있다. 즉 즐거운 파티를 개최하기 위해서 말이다. 두 번째 반응은 여기서 아리스토텔레스가 개념적 논점을 세우고 있다는 것이다.[54] 사람들이 심사숙고할 때마다, 어떤 '확고한' 목적을 '마음속에' 담고 있다. 따라서 아리스토텔레스는 의사가 될까 말까 또는 연설가가 될까 말까에 관해서 심사숙고할 수 있다는 점을 쉽게 용인할 수 있다. 그러나 논점은 우리가 그렇게 심사숙고할 때, 우리 마음속에 담겨 있는 바로 어떤 '확고한' 목적과 관련해서 심사숙고한다는 사실이다. 이 경우에 문제의 목적은 가장 돈을 많이 버는 직업 또는 가장 만족스러운 직업이 될 것이다.

그렇다면 심사숙고의 과정은 어떻게 되어 있을까? 그것은 '확고한' 목적들에 이바지하는 수단들을 찾아내려고 시도할 때 사용되는 과정이다. 동일한 목적에 이바지하는 다양한 수단들을 발견했을 때 우리는 가장 **쉽고** 가장 **고귀하게** 목적에 도달할 수 있을지에 따라 그것들을 평가하게 된다(1112b16-17). 그러나 이 기준들은, 적어도 몇몇 경우들에서, 서로 갈등하는 것처럼 보인다. 가장 쉽게 목적에 이바지하는 것은 가장 고귀하게 목적에 이바지하는 것이 아닐 수도 있다. 아리스토텔레스는 그런 갈등의 가능성에 대해서 논평하지 않고 있다. 그러나 다른 곳에서 주어진 주장들에 근거해서 필자는 그가 고귀함에 더 우선권을 둘 것이라고 생각한다. 왜냐하면 탁월성을 갖춘 사람은 고귀함을 위해서 행동하기 때문이다(예, 1115b21). 그의 특성은 비록 지속적인 고난을 초래한다고 하더라도 어떤 목적에 고귀하게 이바지하는 것을 선택하는 것처럼 보인다.

54 A. MacIntyre, 1967, 68쪽; J. M. Cooper, 1986, 15-16쪽.

그렇다면 합리적 선택은 올바른 것이라고 판단되는 목적에 이바지하는 수단들의 선택이다(1113a4–6). 이 주장을 좀 더 현대적인 표현으로 나타내면, 합리적 선택은 어떤 방식으로 행동하겠다는 결심 또는 의도이다. 아리스토텔레스는 합리적으로 선택할 수 있는 것은 우리에게 달려 있는 것들에 대한 숙고와 욕구의 대상이므로, 합리적 선택을 또한 우리에게 달려 있는 것들에 대한 '숙고적 욕구'라고 부르고 있다(1113a12). 필자는 여기서 합리적 선택에 관한 아리스토텔레스의 설명의 타당성을 위협적으로 침식하고 있는 그의 반대 입장을 살펴볼 것이다.

아리스토텔레스는 "갑작스러운 행위를 자발적인 것이라고는 해도 합리적 선택에 따른 것이라고는 하지 않는다"라고 주장한다(1111b10). 게다가 그는 나중에 심사숙고는 오랫동안 하는 것이며 '빠르게 생각함'(*anchinoia*)은 잘 숙고하는 것과 다르고 사실상 '잘 짐작해 내는 것의 일종'이라고 주장한다(1142b4–7). 문제는 이 점이다. 만일 각각의 합리적 선택이 가치평가적인 심사숙고의 행위 다음에 나온다면, 심사숙고 다음에 나오지 않는 행동은 합리적 선택을 나타내지 못할 것이다. 그러나 합리적 선택은 탁월성의 필요조건인 것처럼 보인다. 따라서 합리적 선택을 나타내지 않는 모든 행동들은 탁월성을 나타낸다고 말할 수 없다. 문제는 즉흥적으로 하는 행동들도 탁월성을 나타낸다고 말해질 수 있다고 우리가 **생각한다는** 점이다(1117a17–22와 비교하라). 예를 들어, 학교 선생님인 리자 포츠(Lisa Potts)의 경우를 생각해 보자. 어떤 사람이 칼을 휘두르면서 교실에 들어와서 그녀가 담임하고 있는 초등학생들을 위협하고 있다. 아이들을 다치지 않게 보호하기 위해서 그녀는 곧바로 아이들과 폭력범 사이에 들어가게 된다(비록 그녀 자신은 심각하게 상처를 입었음에도 말이다). 이제 우리는 확실히 그녀의 행동이 탁월성과 합리적 선택을 나타냈다고 말하고 싶어 할 것이다. 그러나 아리스토텔레스의 본문으로부터 추출한 논증은 그런 해석을 배제하는 것처럼 보인다. 리자 포츠는 행동하기에 앞서 심사숙고할 여유가 없었기 때문에 그녀의 행동은 합리적 선택을 나타낼 수 없다. 그녀의 행동은 합리적 선택을 나타내지 않기 때문에, 탁월성도 나타낼 수 없다. 만일 아리스토텔레스가 이런 주장을 한다면, 그는 우리의 직관적 통찰과 갈등을 빚는 것을 주장하는 셈이다. 그러나 필자는 그가 이런 주장을 하고 있다고 생각하지 않는다.

우리는 "그 결과가 어떻게 나올지 불분명한 것들과 올바른 행위 방식이 규정되지 않은 문제들"에 대해서 심사숙고한다는 아리스토텔레스의 주장을 상기하면서 시작해 보자(1112b10-11). 이 주장은 그 결과가 어떻게 나올지 분명한 것들과 올바른 행위 방식이 규정된 문제들에 대해서 우리는 심사숙고하지 않는다는 주장을 함의하는 것처럼 보인다. 따라서 아리스토텔레스는 리자 포츠에게서 올바른 행동 방식은 명백했고 따라서 그녀의 행동은 심사숙고를 거치지 않았다고 주장할 수 있다. 또한 다른 한편으로 그는 그녀의 행동이 합리적 선택을 나타냈다고 주장할 수 있다. 그러나 어쨌든 이런 형식으로 이 주장을 받아들이는 것은 합리적 선택은 심사숙고를 거쳐 나온다는 아리스토텔레스의 명백한 주장을 부정하는 일이다(1112a16). 하나의 대안적 설명은 아리스토텔레스가 심리적인 과정에 관한 묘사를 제공하기보다는 합리적 선택의 구조에 대해서 논평하고 있다고 해석하는 일이다. 이 설명 방식에 따라 쿠퍼(Cooper)는 심사숙고는 나중에 자신의 행동을 설명할 수 있는 행위자의 능력을 통해서 제시될 것이라고 주장한다.[55] 자신의 행동들에 관한 이유들을 제시할 수 있는 행위자의 능력은 선택된 행동 과정

55 J. M. Cooper, 1975, 9쪽.

에 대한 '심사숙고적인 논증'의 존재를 암시하는 것이다.

필자는 행위를 설명할 수 있는 능력은 품성 속에 심사숙고적인 요소가 존재한다는 점을 증명한다는 점에서 쿠퍼가 옳았다고 생각한다. 그러나 필자는 역시 우리가 '재빠른 선택'에서도 심사숙고를 발견할 수 있다고 생각한다. 그러나 우리는 아리스토텔레스가 말하고 있는 심사숙고와 합리적 선택에 관한 설명을 재검토해 보아야만 한다. 필자는 이 과정이 필연적으로 지속적인, 너무 집중적인, 너무 사색적인 과정으로 잘못 해석되었다고 생각한다. 만일 행위자가 모든 단계들을 거쳐 생각하고 고귀함과 쉬움에 근거해서 대안들을 평가할 만한 충분한 시간이 없었던 것처럼 보인다면, 우리는 그가 심사숙고를 거쳤다고 말하는 일에 주저할 것이다. 그러나 이로부터 매우 급하게 이루어진 행동들은 전혀 심사숙고가 이루어지지 않았다는 결론이 도출되지는 않는다. 필자의 생각에 우리는, 예를 들어, 리자 포츠의 행동에서도 심사숙고와 합리적 선택을 발견할 수 있다. 그녀는 확실히 '확고한' 목적, 즉 그녀 자신이 돌보는 아이들을 보호해야 한다는 목적을 가지고 있었고 또한 그녀는 확실히 그 목적을 성취하는 한 가지 방식을 선택했고 사용했다. 예를 들어, 그녀는 아이들을 보호하는 최상의 길은 창문으로 몰래 빠져나가 도움을 요청하는 것이라고 생각하지는 않았다. 그녀는 재빨리 뭔가를 선택해야 했다는 것이 사실이며 또한 그 목적을 성취하기 위해서 다양한 방식의 고귀함과 쉬움에 대해서 완벽하게 심사숙고할 충분한 시간을 갖지 못했다는 것도 사실이다. 그러나 이 사실들로부터 그녀의 행동은 전혀 심사숙고를 포함하지 않았다는 결론이 도출되지 않는다. 따라서 이 사례들에는 어떤 연속체가 존재하는 것처럼 보인다.

『니코마코스 윤리학』 제3권 제4장

아리스토텔레스는 "소망은 목적에 관한 것"이라고 주장했다. 소망은 목적들을 결정하는 것이며 우리가 소망하는 것에 이바지하는 것들이 심사숙고의 대상이다(1113a15). 『니코마코스 윤리학』 제3권 제4장에서 그는 소망의 본성과 관련된 어떤 난제를 다루고 있다. 우리는 **실제로** 좋은 것을 소망하는가 아니면 **외견상으로** 좋은 것을 소망하는가(1113a15 -16)? 아리스토텔레스는 이 해석을 수용할 때 발생하는 함의들을 먼저 도출하고 그 후에 이 난제를 해결하려고 시도한다.

한편으로 만일 실제로 좋은 것을 겨냥하는 것이 소망의 구성 요소라고 우리가 주장한다면, 모두가 나쁜 것을 소망하지 않을 것이라는 결론이 도출된다(1113a17-19). 왜냐하면 가정에 따라서 어떤 것이 소망이 되기 위해서 그것은 실제적으로 좋은 것이 되어야만 하기 때문이다. 만일 다른 한편 외견상으로 좋은 것을 겨냥하는 것이 소망의 구성 요소라면, 소망이 올바른 것 또는 올바르지 않은 것이 될 수 있다는 말은 의미가 없다는 결론이 도출된다. 왜냐하면 이런 설명에 따르면 어떤 것이 소망이 되기 위한 모든 필요조건은 그것이 어떤 사람에게 좋은 것처럼 보이는 것이다. 만일 이렇다고 한다면 서로 반대되는 것도 좋은 것으로 보이게 될 것이다(1113a22).

아리스토텔레스는 "소망하는 것은 무조건적으로 좋은 것이지만 각 사람들에게 좋은 것은 외견적인 좋음"이라고 주장하면서 이 난제를 해결하고 있다(1113a24-25). 논점은 우리 모두가 좋은 것을 소망하지만 잘못해서 실제적으로는 나쁜 것을 소망할 수 있다는 것이다.[56] 탁월성

56 엄슨(Urmson)은 이 논점을 내재적(intensional) 대상과 외재적(extensional) 대상이라는 현대적 용어로 규정하고 있다. 내재적 대상은 좋음이고 외재적 대상은 외견적인 좋음이다. J. O. Urmson, 1988, 57-59쪽.

을 갖춘 사람은 좋음을 소망하고 그것을 성취할 것이다. 결함이 있는 사람은 좋음을 소망하지만 그것을 성취하지 못할 것이다.

『니코마코스 윤리학』 제3권 제5장

아리스토텔레스는 우리가 계발하는 탁월성을 갖춘 품성 또는 결함이 있는 품성에 대해서 책임 있다고 생각한다(1113b7). 이 주장과 관련된 논증은 자유의지 문제와 관련되어 종종 논의된다.[57] 필자는 현대에 논의되는 물음들과 관련해서 아리스토텔레스의 입장을 직접적으로 분류하지 않을 것이지만, 그의 논증의 함의들을 살펴볼 것이다.

아리스토텔레스의 첫 번째 논점은 탁월하게 행동하는 일이 '우리에게 달려' 있는 것처럼 결함 있는 행동도 우리에게 달려 있다는 점이다(1113b7-8). 이 입장은 "모든 현명한 사람은 어떤 사람이 자발적으로 죄를 짓거나 자발적으로 어떤 사악한 행위나 비열한 행위를 범한다고 생각하지 않는다"는 소크라테스의 입장과 명백하게 반대된다(『프로타고라스』 345e). 우리의 품성이 '우리에게 달려 있다'는 주장과 관련된 아리스토텔레스의 중요 논증은 다음처럼 기술된다.

(i) 주어진 형태의 활동은 그에 상응하는 품성 상태의 근원이다(1114a11 ; 1103b21-22와 비교하라).
(ii) 만일 품성 상태를 만들어 내는 행동들이 '우리에게 달려' 있다면, 그 품성 상태들도 역시 '우리에게 달려' 있는 것이다.
(iii) 만일 어떤 것이 '우리에게 달려' 있는 것이라면 우리는 그것에 책

57 예를 들어, 이 논의와 관련해서 J. O. Urmson, 1988, 59-61쪽과 G. J. Hughes, 137-143쪽을 참조하라.

임을 져야 한다.

따라서

(iv) 우리는 품성 상태에 대해서 책임을 져야 한다.

이 논증의 핵심은 품성 상태들이 어떤 종류의 행동들의 반복에 의해서 만들어진다는 점이다. 이 행동들이 행위자에 달려 있다고 가정한다면, 그는 자신이 획득하는 품성 상태에 대해서 책임을 져야 한다. 따라서 과거의 어떤 시점에서 행위자는 품성 상태의 근원이 되는 그 행동을 하지 않을 자유를 가지고 있었다. 그런 뒤 아리스토텔레스는 "지금 부정의하거나 무절제한 사람은 처음에는 이런 품성을 획득하지 않을 자유가 있었다. 따라서 그는 그런 행동을 자발적으로 한 것이다. 그런 품성이 한 번 획득되면, 더 이상 그 품성을 갖지 않을 자유가 이제 그에게 주어지지 않는다"라고 주장한다(1114a4-5).

아리스토텔레스는 전제 (ii)에 대한 하나의 반론을 검토하고 거부한다. 그 반론은 모든 사람들이 외견적인 좋음을 겨냥하지만 모두가 그 좋음이 자신들에게 나타나는 방식을 통제할 수 없다고 주장한다. 따라서 행위자의 행동은 행위자에게 달려 있는 것이 아니다. 왜냐하면 그 행동은 행위자의 통제 밖에 존재하는 좋음의 현상에 의존하기 때문이다(1114b1-3). 반론 뒤에 가려진 가정은 탁월성 또는 결함이 좋음의 현상에 의존하고 있다는 점이다. 아리스토텔레스는 문제가 정반대로 설정되며 좋음의 현상은 행위자의 품성 상태에 의존하고 있다고 주장한다. 길거리에 쓰러진 어떤 사람 옆을 우리가 지나간다고 생각해 보자. 친절한 사람은 그를 발견하고 고통을 덜어 주고 싶어 할 것이다. 무감각한 사람은 그를 발견하지도 못하고 그를 도와주려는 동기도 부여받지 못할 것이다. 이처럼 좋음은 서로 다른 품성 상태 때문에 두 품성에게 서로 다르게 나타난다.

아리스토텔레스의 견해와 관련된 한 가지 문제점은 결함은 치료불가능하다는 명백한 주장이다(1114a23; 1121b14와 비교하라). 이런 입장의 고수는 결함을 가진 행위자는, 다음번 결함을 가진 행동을 하게 될 때, 이와 다르게 행동할 자유를 갖지 못한다는 주장을 함의하는 것처럼 보인다. 그러나 '다르게 행동할 수 있음'은 행위의 자유로움의 필요조건이며 또한 칭찬과 비난은 행위의 자유로움에 의존하고 있다고 주장하는 철학자들이 존재한다.[58]

『니코마코스 윤리학』 제3권 제6-9장

책임에 관한 논의 다음에 아리스토텔레스는 품성의 개별적인 탁월성들에 관한 설명을 시작한다. 그의 접근 방식은 상당히 획일적이다. 각각의 경우에 그는 탁월성의 범위를 한계 짓고 중용 이론에 따라 그것을 검토하는 일에 관심을 갖고 있다. 앞에서 언급했듯이 품성의 탁월성은 감정, 사유와 욕구의 경향들이다. 만일 어떤 사람이 삶의 어떤 좋음의 가치를 올바르게 판단하고 그것을 삶과 적당하게 일치시킨다면 그는 탁월성을 가진 자이다. 여기서 독자들은 또한 아리스토텔레스가 검토하고 있는 탁월성이 최종적인 장치인지에 관해서 또한 아리스토텔레스가 참으로 그것들이 그런 장치라고 생각하는지에 관해서 물음을 갖게 될 것이다.

아리스토텔레스는 용맹 또는 용기(*andreia*)에 대해서 첫 번째로 논의하고 있다.[59] 용기는 두려움과 대담함에 관련된 중간 품성 상태이다

58 아리스토텔레스의 평가와 같은 간접증명의 타당한 평가에 관해서 P. Goldie(2004)를 참조하라.

(1115a7). 비록 수많은 두려운 것들이 존재할지라도, 용감한 사람은 오직 두려워할 만한 상황에서만 두려움을 느낀다. 게다가 자신을 위험에 노출할 만한 가치가 있는 것에 관한 용감한 사람의 평가는 항상 확실하며 그는 어떤 위험에 맞서서 그렇게 행하는 것이 올바르고 정당하고 판단할 때 전혀 흔들리지 않는다. 아리스토텔레스는 용기의 범위를 누군가 전쟁터에서 죽을 위험에 놓인 상황들에 제한하고 있다(1115a30-35). 이 사례는 우리가 고려하는 사례보다 훨씬 좁은 것이다. 우리는 용기와 용맹을 좀 더 넓은 범위에 놓인 사람들에게 적용하는 경향이 있다. 예를 들어, 어떤 사람은 직장에서 자신이 옳다고 생각하기 때문에 자신의 상사들에게는 불쾌하게 보이는 견해를 옹호해야 한다고 느낄 때도 용기를 보여 줄 수 있다. 아리스토텔레스는 이런 사례도 받아들이지만 그런 사례들은 핵심적인 사례와 단지 유사하기 때문에 용기의 사례가 된다고 생각한다(1115a15).

용기와 관련해서 지적할 수 있는 첫 번째 사항은 용기가 『니코마코스 윤리학』 제2권 제6장에 상술된 탁월성의 패턴과 일치하지 않는다는 점이다.[60] 왜냐하면 거기서 아리스토텔레스는 우리가 어떤 감정을 너무 지나치게 또는 너무 부족하게 느낄 수 있다고 주장하는 것처럼 보이지만(1106b19-20), 여기서 용기는 아래와 같이 표시할 수 있는 두 감정들과 관련된 중간적인 것이라고 말해지기 때문이다.[61]

---

59 대부분의 번역용어들은 이 두 가지 용어들 중의 하나를 사용하고 있다. Schopenhauer는 courage의 범위가 bravery의 범위보다 넓다고 주장한다. bravery는 전쟁터에서 보여 주는 courage에 해당한다. 1970, 135쪽. Urmson은 'valour' 가 아리스토텔레스가 염두에 두고 있는 것을 좀 더 잘 반영하고 있다고 생각한다. 비록 그 역시 'bravery' 를 사용하고 있을지라도 말이다. 1988, 63쪽.

60 D. Pears, 1980, 171쪽.

61 J. O. Urmson, 1988, 64쪽.

감정	지나침	중간	부족함
두려움	소심함	용기	이름없음
대담함	경솔함	용기	소심함

『니코마코스 윤리학』 제1권 제13장에서 '이성에 귀 기울이는' 영혼의 부분을 어떻게 처음으로 제시했는지 회상해 보자. 우리는 거기서 어떤 상황에 대한 평가에 근거해서 일어나는 감정들을 통해 그 상황에 대응한다는 점을 살펴보았다. 이 감정들은 행위로 나타날 수 있는 어떤 욕구들을 불러일으킨다. 따라서 아리스토텔레스는 용기가 그 틀을 깬다는 점을 승인할 필요가 없다. 대담함은 어떤 사람의 상황 판단으로부터 발생되는 그 사람의 태도와는 다르지만 부분적으로는 그것에 의존하고 있는 그 사람의 능력들에 대한 태도이다. 자신의 능력들에 관한 대범한 사람의 평가는 그가 어떤 것을 미래에 성공적으로 수행할 수 있을 것이라고 생각하는 것이다. 따라서 용감한 사람은 올바른 정도로 두려워하고 그 감정에 근거해서 현재의 위험에 대처하는 자신의 능력을 올바르게 평가하는 사람이다.

여기서 한 가지 걱정은 용기가 **항상** 탁월성은 아니라는 점이다. 칸트는 용기가 잘못 사용될 수 있기 때문에 항상 좋은 것은 아니라고 주장한다.[62] 『니코마코스 윤리학』 제3권 제8장에서 아리스토텔레스는 용기와 유사하지만 실제로 그것을 전혀 보여 주지 못하는 다섯 가지 품성 상태들을 지적하고 있다. 예를 들어, 어떤 병사들은 외견상으로는 대담무쌍함을 보여 주면서 위험한 전투에 참여할 수 있다. 그러나 그들은

---

62 I. Kant, 1948, 393쪽.

실제로 전투에 참가하지 않았을 때 자신의 상관들이 자신들을 어떻게 대할지에 관해 더 큰 두려움을 가지고 있다(1116a30-32). 다른 병사들은 이유 없이 위험 경고가 울렸을 때 침착하게 대응하면서 용감하게 보일 수 있다. 그러나 아리스토텔레스는 그런 병사들은 용감하지 않다고 주장한다. 그들은 단순히 실제 공습과 가짜 공습의 차이를 알고 있기 때문이다(1116b6-8).

아리스토텔레스는 용기가 고귀함을 위해서 존재한다는 것에 근거해서 용기를 차별화하고 있다(1115b21). 따라서 그는 '고귀한 것'을 위해서 수행되지 않는 행위는 탁월성을 전혀 나타내지 않는다는 사실에 근거해서 칸트의 반론을 거부할 것이다. 용기는 단지 두려움을 통제하게 만들어 주는 품성 상태가 아니다. 용기는 고귀한 것을 위해서 두려움을 통제하게 만들어 주는 품성 상태이다.

『니코마코스 윤리학』 제3권 제10-12장

다음으로 아리스토텔레스는 절제(*sōphrosynē*)에 관해서 논의한다. 절제는 즐거움과 관련된 중간적인 품성 상태이다. 탁월성 일반에 관해서 우리가 알고 있는 지식에 근거하면 절제는 올바른 방식으로 그리고 올바른 이유에 근거해서 등등으로 즐거움을 취하는 일에 관련된 것임에 틀림없다. 그러나 절제는 모든 즐거움에 관련된 것이 아니며 아리스토텔레스의 첫 번째 논의는 정확하게 절제의 대상이 되는 즐거움이 어떤 것인지를 규정하고 있다.

아리스토텔레스는 절제가 삶에서 우리가 **육체적인 즐거움**의 향유에 부여하는 지위와 관련되어 있다고 주장한다. 그의 생각에 따르면, 우리는 이야기하기와 같은 지성적인 즐거움과 관련해서 절제 있는 사람이 될 수는 없다(1117b35). 절제는 특별히 오직 먹고 마시고 성관계를 가질 때(1118a33-34) 느끼는 즐거움인 접촉과 미각의 즐거움과 관련되어 있다(1118a27). 그러나 절제의 범위를 이같이 제한하는 일은 부당한 것처럼 보일 수 있다. 예를 들어, 확실히 어떤 사람은 고전음악을 감상하는 데 일생의 많은 시간을 투자할 수도 있다. 그러나 아리스토텔레스는 이 특별한 종류의 즐거움들은 매우 독특한 것들이기 때문에 제한을 두고 있다. 그것들은 우리가 다른 동물들과 함께 공유하는 즐거움들이다(1118a25-27). 이제 동물들은 이성적인 것들이 아니라는 사실과 아리스토텔레스가 1117b24-25에서 지적하듯이 절제는 영혼의 비이성적인 부분의 탁월성이라는 사실이 중요해졌다. 또한 1147b26 이하에서 그는 이 육체적인 즐거움들을 그 자체로 선택할 만한 것에 '필연적으로' 반대되는 것으로 언급하고 있다. 접촉과 미각의 즐거움들에 대한 우리의 욕구는 이성의 활용과는 독립적으로 우리 안에서 발생한다. 따라서 우리는 그 즐거움들에 대한 욕구를 오직 억제해야만 한다. 왜냐하면 그것들은 다른 욕구들과 같이 이성에 반응하는 욕구들이 아니기 때문이다.

두 가지 결함 있는 품성 상태들이 절제에 대응하고 있다. 그것들은 무절제와 해당하는 이름이 없는 매우 보기 드문 품성 상태이다. 무절제한 사람은 육체적 즐거움에 과도하게 집착한다. 아리스토텔레스에게 이 무절제는 저급한 경향성들을 포함하고 있다. 무절제한 사람은 어떤 활동들로부터 적당한 즐거움보다는 더 많은 즐거움을 얻으려고 한다(1118b22). 그는 필요한 양만큼보다 더 많이 먹고 마실 것이다(1118b16-18). 게다가 그는 실제로는 싫어하는 것에서 즐거움을 추구하기 때문에 잘못된 즐거움을 누리는 것이다(1118b26). 예를 들어, 성적인 즐거움의 만족감이 너무 크기 때문에 항상 더욱 자극적이고 변태적인 즐거움의 획득을 위해서 엄청난 노력을 다하고 있는 사람을 생각해 보

자. 일반적으로 무절제한 사람은 육체적 즐거움에 상상 이상의 큰 의미를 부여하기 때문에 결과적으로 그는 자신이 그런 즐거움을 얻기 위해서 어떤 행동도 서슴지 않고 행할 것이다. 아리스토텔레스가 생각할 때 마땅한 이름이 없는 즐거움이 결핍된 품성 상태는 일종의 '무감각' (insensibility, 1119a7)이다. 무감각한 사람은 어떤 활동으로부터 올바른 양보다 훨씬 적은 즐거움을 누린다. 그래서 그가 행동하는 것에서 거의 즐거움을 취하지 않는 것처럼 보인다. 그는 삶에서 육체적 즐거움의 적합한 사례를 인식하지 못한다. 또한 그 사례를 인식한다고 하더라도, 그는 그 즐거움들을 욕망하지 않는다.

연구를 위한 물음들

1. 아리스토텔레스는 행위의 자발성의 충분조건과 필요조건을 성공적으로 제시하고 있는가?
2. 왜 아리스토텔레스는 어떤 사람이 '혼합된 활동' 때문에 칭찬을 듣거나 또는 비난을 받을 수 있다고 생각하는가?
3. 아리스토텔레스는 합리적 선택에 관한 일관된 설명을 제시하고 있는가?
4. 아리스토텔레스는 사람들이 자신들의 품성 상태들에 대해서 책임을 져야 한다는 주장을 정당화하고 있는가?
5. 아리스토텔레스는 용기가 전쟁터에서 발휘되는 행동에 제한된다고 생각하는 일에 관해서 설득력 있는 이유들을 제시하고 있는가?

『니코마코스 윤리학』 제4권

서론

『니코마코스 윤리학』 제4권에서 아리스토텔레스는 계속해서 개별적인 품성의 탁월성들을 검토하고 있다. 우리는 이 책에 기술된 아리스토텔레스가 말한 모든 탁월성들에 관해서 논의하지 않을 것이며 단지 관대함과 포부가 큼 그리고 분노와 수치에 관련된 이름 없는 탁월성에 대해서만 논의할 것이다.[63] 이 특성들에 관한 아리스토텔레스의 기술은 예리한 통찰력을 보여 주며 매우 교훈적이고 게다가 그가 살던 당시 추앙받던 특성들의 역사적 가치에 관한 관심을 보여 주고 있다.[64]

『니코마코스 윤리학』 제4권 제1장

아리스토텔레스는 관대함(*eleutheriotēs*)에 관해서 논의하면서 제4장을 시작하고 있다. 관대함은 재물을 주고받는 일에 관련된 중간적인 품성 상태이다(1119b26). 아리스토텔레스는 '재물'을 화폐뿐만 아니라 소유물과 시간을 포함하는 "그 가치가 돈으로 측정될 수 있는 모든 것"이라고 주장한다(1119b28). 관대한 사람은 재물의 가치에 관한 정당하고 참된 평가를 내릴 줄 아는 사람이며 그 가치에 상응하는 방식으로 다른 사람에게 베풀 줄 아는 사람이다.

모든 품성의 탁월성들이 그러한 것처럼 관대한 사람은 행동하는 데 고귀한 것을 목표로 한다(1120a25).[65] 따라서 관대한 사람은 재물을 올

---

63 아리스토텔레스가 논의하고 있는 모든 탁월성들에 대한 간략한 설명은 S. Broadie, 2002, 23-37쪽을 살펴볼 것.

64 이 관심과 관련하여서 필자는 테오프라스토스의 『품성론』(*Characters*)을 추천하고 싶다.

바르게 베푼다. 이 말은 그가 마땅히 주어야 할 사람에게, 마땅히 주어야 할 만큼을, 마땅히 주어야 할 때, 또 올바르게 주는 것과 연관된 그 밖의 모든 관점에서 마땅하게 베풂을 의미한다(1120a26; 1106b21 이하와 비교하라). 그렇다면 주지 말아야 할 사람에게 주는 사람은, 혹은 고귀한 것을 위해서 주는 것이 아니라 다른 어떤 이유 때문에 주는 사람은 관대한 사람이 아니라는 결론이 도출된다(1120a28).[66] 그런 사람은 관대한 사람처럼 보이지만 실제로는, 예를 들어, 다른 사람의 비위를 맞추는 데 관심을 갖거나 베풀게 된 동기에만 신경을 쓰고 있을 뿐이다. 또한 재물을 베푸는 일을 고통스럽게 생각하는 사람도 관대한 사람이 아니다. 그런 사람은 자신의 재물이 다른 좋은 곳에 사용될 수 있다고 생각하고 그것을 받아 마땅한 사람에게 어쩔 수 없이 주는 것처럼 보인다.

또한 아리스토텔레스는 관대한 사람의 또 다른 두 가지 특성들을 제시하고 있다. 첫 번째, 관대한 사람은 잘못된 곳으로부터 재물을 받지 않는다. 왜냐하면 그는 재물의 가치를 잘 알고 있으면서도, 고귀한 것보다 재물을 더 숭상하지 않기 때문이다(1120a32-33). 두 번째, 관대함의 발현은 베푼 양에 달려 있는 것이 아니라 베푼 사람의 품성 상태에 달려 있다(1120b7). 여기서 매우 교훈적인 사례는 성전에 바친 과부의 헌금을 들 수 있다(『누가복음』 21장 1-4절). 예수는 비록 부자들이 가난한 과부가 바친 것보다 더 많은 양의 돈을 헌금으로 바쳤다고 할지라도, 그녀가 그들보다 더 많은 것을 바쳤다고 말씀하셨다. 왜냐하면 부자들은 가진 재물의 일부를 헌금했지만 과부는 가진 재물 전부를

65 '고귀함'에 관한 논의는 『니코마코스 윤리학』 제2권 제3장에 나온 필자의 논평을 살펴보라.

66 『니코마코스 윤리학』 제3권 제6-9장에서 용기와 유사한 품성 상태와 비교하라.

바쳤기 때문이다.

관대함은 지나침을 의미하는 낭비라는 결함적인 품성 상태와 또한 부족함을 나타내는 인색함이라는 결함적인 품성 상태에 반대된다. 낭비하는 사람은 재물을 분별없이 베푸는 자이다. 그는 받을 가치가 전혀 없는 사람에게 돈을 베풀지만 정말 필요한 사람에게는 베풀지 못할 수도 있다. 그는 마땅한 양보다 더 많은 돈을 베풀 수도 있다. 따라서 아리스토텔레스는 그런 사람은 고귀함보다 베푸는 행동 그 자체를 귀하게 여긴다고 주장한다(1121b5-6). 이런 행동은 두 가지 결과들을 초래한다. 첫 번째, 낭비하는 사람은 베푸는 일을 좋아하기 때문에 그런 행동이 적절하지 않을 때에조차도 베푸는 일을 계속한다. 두 번째, 낭비하는 사람은 단지 더 많이 베풀기 위해서 잘못된 곳으로부터 나오는 재물도 받아들이게 된다. 아리스토텔레스는 그들이 무절제하기 때문에 아첨하는 사람들에게 쉽게 넘어갈 수 있음을 지적하고 있다. 이 모든 점에서 낭비하는 사람은 고귀한 것을 지향하지 않으며 이 특성이 바로 그의 결함이 된다. 그러나 아리스토텔레스는 그런 사람은 나이가 들어 곤궁(困窮)에 처하게 되면 적어도 교정될 수 있다고 주장한다(1121a22). 그가 가진 돈을 모두 쓰게 되면, 그는 재물의 가치를 비로소 알게 될 것이다.

반대로 인색한 사람은 베푸는 일에는 모자라고 받는 일에는 지나친 사람이다(1121b19). 아리스토텔레스는 이 조건들을 구분하고 있다. 왜냐하면 구두쇠(misers)나 쩨쩨한 인간(cheeseparers)이라고 알려진 사람들은 베푸는 일에는 모자라지만 그렇다고 다른 사람들의 재물을 탐하지는 않기 때문이다. 그런 사람은 베푸는 것에도 만족하지 않고 받는 일에도 만족하지 않는다(1121b32). 그러나 다른 인색한 사람들은 받는 일에 지나치면서 다른 곳으로부터 재물을 받아들이는 일에도 익숙하다. 아리스토텔레스는 고리대금업이나 포주업을 포함하는 이런 결함이 드러나는 불명예스러운 거래들 중에 몇 가지를 지적하고 있다. 그런 사람들은 이익을 수치스럽게 갈구하는 자들로서 재물의 소유를 고귀한 것을 위해서 사용하는 것보다 훨씬 좋은 것으로 평가하는 자들이다.

「니코마코스 윤리학」 제4권 제3장

『니코마코스 윤리학』 제4권 제3장은 포부가 큼(*megalopsychia*)에 관해서 논의하고 있다. 포부가 큰 사람은 자신이 큰일을 할 만한 사람이라고 생각하며 실제로도 그럴 만한 사람이다(1123b2-3). 아리스토텔레스는 포부가 큼은 두 가지 결함들에 반대된다고 생각한다. 지나친 품성 상태는 허영심이며 모자란 품성 상태는 무기력이다. 허영심이 강한 사람은 자신이 본바탕보다 훨씬 더 훌륭하다고 생각하는 반면 무기력한 사람은 자신을 그보다 못하다고 생각한다.

필자는 현대 주석가들이 이 탁월성을 상당한 비판의 대상으로 간주하고 있다고 생각한다. 포부가 큼은 '탁월성을 갖춘 삶 중에서 가장 **혐오스러운** 것'이라고 기술되었다.[67] 로스(Ross)는 아리스토텔레스의 묘사를 '무례한 것'이라고 규정하고 있으며,[68] 하디(Hardie)는 어느 옥스퍼드 대학 연구원의 말을 인용해서 포부가 큰 사람은 '자만심만 있고 전혀 교양 없는 군자인 척하는 사람'이라고 주장한다.[69] 또한 『니코마코스 윤리학』에서 이 탁월성에 대한 이런 평가들을 뒷받침해 주는 여러 가지 주장들이 존재한다.

포부가 큰 사람은 명예와 불명예와 관련되어 있다. 왜냐하면 이 특

67 A. MacIntyre, 1967, 76쪽.

68 A. MacIntyre, 같은 책, 215쪽.

69 A. MacIntyre, 같은 책, 119쪽.

성들의 그의 가치를 드러내기 때문이다. 아리스토텔레스는 포부가 큰 사람은 많은 사람들이 자신을 존경할 때 적절한 정도로 즐거워한다고 말한다(1124a6-7). 그러나 그는 아무에게나 수여되는 명예나 작은 일에 대해 주어지는 명예는 전적으로 폄하할 것이다(1124a10-11). 포부가 큰 사람은 자신들이 잘 베풀어 준 일들은 기억하지만, 자신들이 받은 것들은 기억하지 못한다(1124b13-14; 『니코마코스 윤리학』 제8권 제8장과 비교하라). 그리고 그는 또한 이득이 되는 유용한 것들보다 차라리 고귀하되 이득이 없는 것들을 소유하려는 사람이다. 이렇게 하는 것이 자족적인 사람에게 더욱 고유하기 때문이다(1125a12).[70] 여기서 필자는 아리스토텔레스의 입장에 대한 전면적인 방어를 수행할 수는 없지만, 이 비판들 중의 몇 가지 사항들은 잘못됐다는 점을 지적하고 싶다.[71]

첫 번째 논점은 우리는 탁월성을 소유하지 않고서는 포부가 큰 사람이 될 수 없다는 점이다(1124a1-2). 다시 말해, 포부가 큰 사람은 필연적으로 용감하고, 절제가 있으며, 관대한 기타 등등의 사람이다. 우리가 고귀한 것을 위해서 행동하는 오직 그때에만 그런 탁월성들을 소유할 수 있기 때문에, 포부가 큰 사람은 고귀한 것을 위해 행동하는 사람이라는 결론이 도출된다. 따라서 포부가 큰 사람은 자존감을 향유하기 위해 행동하지 **않는다**. 따라서 그런 모습은 건방짐이라는 비난을 불식시킬 수 있다. 그는 고귀한 것 즉 절대적으로 좋음을 위해 행동한다.

두 번째로 아리스토텔레스는 포부가 큰 사람은 자신의 가치를 **정확**

---

70 이런 특성의 본성은 T. Veblen(1899)의 책에서, 특별히 제3장과 제4장에서 탐구되고 있다.

71 이 문제와 관련된 명민하고 또한 균형 잡힌 연구는 H. Curzer(1991)에서 찾아볼 수 있다.

하게 평가하는 사람이라고 주장한다(1123b1-2). 그는 자신이 큰일을 할 만한 사람이라고 생각하며, **실제로도** 그럴 만한 사람이다. 아마도 포부가 큼을 탁월성이라고 생각하지 않는 철학자들은 자신을 위대하다고 평가하는 일을 무례한 일이라고 생각한다. 그들은 다른 사람들이 자신에 대해서 그런 평가를 하는 것이 올바르다고 생각한다. 그러나 우리는 일반적으로 사람들에게 자신들을 평가해 보도록 요구하며 그런 평가를 정확하게 내리는 능력 때문에 그들을 존경하게 된다. 그렇다면 아마도 걱정거리는 포부가 큰 사람은 자신의 위대함 때문에 항상 자신이 얼마나 훌륭한 사람인지 자랑하고 다니는 '나팔 부는 사람'으로 전락할 것이라는 점이다. 그러나 아리스토텔레스는 명확하게 이 점도 또한 부정하고 있다. 포부가 큰 사람은 자신보다 낮은 사람들과 겸손하게 지낸다. 왜냐하면 그런 사람들 앞에서 잘난 체하는 것은 저속한 짓이기 때문이다(1124b23-24). 게다가 그는 자신을 자랑하지도 않는다. 왜냐하면 그는 칭찬에 무관심하기 때문이다(1125a6-7).[72] 그러나 비록 아리스토텔레스는 여기서 몇 가지 개별적인 논점들과 관련해서 방어될 수 있을지라도, 현대사회에서는 이 포부가 큼이라는 탁월성을 거의 강조하지 않음을 알 수 있다.

『니코마코스 윤리학』 제4권 제5장

분노와 관련된 탁월성(*praotēs*)은 딱히 명칭이 없다(1125b27). 어윈(T. E. Irwin)은 '온화함'(mildness)이라는 이름을 제시하지만 이 명칭이 갖는 한계는 이 탁월성을 지닌 사람은 정당한 때가 되면 엄청나게 분노하게 된다는 점이다. 따라서 '온화하다'는 이름이 함의하지 않는 요소

72 이 논점에 관한 더 자세한 주석은 H. Curzer(1991)를 참조하라.

를 가지고 있다. 따라서 비록 귀찮지만, 필자는 '프라오테스'를 '분노와 관련된 탁월성'이라고 계속 부를 것이다. 이 탁월성은 지나친 품성 상태로서 '화를 잘 냄'과 모자란 품성 상태로서 '화를 낼 줄 모름'에 반대된다. 탁월성을 갖춘 사람은 마땅한 화를 낼 만한 사람에게 마땅한 방식으로 마땅한 때에 화를 내는 사람이다(1125b32-33). 그는 적당한 범위를 넘어서 오랫동안 화내지 않으며 화를 불러낸 사람을 쉽게 용서해 주는 사람이다(1126a1). 화를 잘 내는 사람은 잘못한 사람에게 잘못된 이유 때문에 쉽사리 화를 내를 사람이다(1126a14-17). 그런 사람은 실제로 화를 불러일으킨 것에 대해서 정확한 평가를 내리지 못하며 그 결과로서 마땅하지 않은 행동에 대해서 화를 내는 경향이 있다. 그는 또한 화를 불러일으키는 정당한 이유 이상으로 화를 내려 한다. 예를 들어, 이웃집 사람이 한밤중까지 손님들과 이야기를 나누고 있다는 이유로 그 집 앞에서 도끼를 들고 서 있는 사람을 생각해 보자. 아리스토텔레스는 화를 잘 내는 사람과 화를 잘 풀지 않는 사람을 대조하고 있다. 화를 잘 풀지 않는 사람은 결코 자신이 경멸당한 것을 잊어버리지 않는다. 그는 자질구레한 것들을 다 기억하고 다른 사람들이 자신에게 서운하게 했던 것들 때문에 고통을 받는다. 그런 사람은 틀림없이 그들의 본성에 전혀 어울리지 않는 이런 명백하게 경멸적인 것들에 큰 가치를 부여함으로써 결과적으로 가장 불안정한 방식으로 그것들에 매달리게 된다. 한 친구가 최근에 필자에게 그가 참석했던 학교 동창회에 대해서 말해 주었다. 거기서 어떤 동창생은 화학 리포트 때문에 받았던 낮은 점수에 대해서 매우 심각하게 (이제는 나이 많은) 선생님을 짜증나게 했다는 것이다. 그 동창생은 열두 살 때에(약 38년 전에) 이 리포트를 제출했지만 학교의 졸업 자격에는 아무런 지장을 주지 않았다. 우리는 그런 사람은 이 낮은 점수에 어울리지 않은 가치를 부여했다고 생각할 수 있다. 왜냐하면 인생 전체를 놓고 볼 때 그런 것은 비교적 덜 중요한 것이기 때문이다.

아리스토텔레스는 분노와 관련된 탁월성에 대응하는 결함적인 품성 상태는 이름이 없는 것이라고 주장한다. 그러나 우리는 그런 사람을 화를 낼 줄 모르는 사람이라고 생각할 수 있다. 화를 낼 줄 모르는 사람은 다른 사람들이 '자신들을 짓밟도록' 내버려 두는 경향이 있다. 왜냐하면 그들은 전혀 모욕감이나 경멸감을 느끼지 않기 때문이다. 아리스토텔레스는 그런 사람들은 무감각한 사람들처럼 보인다고 주장한다. 필자는 아리스토텔레스가 그런 사람들은 모욕당했다는 사실조차 깨닫지 못하는 사람임을 지적했다고 생각한다. 그러나 우리는 어떻게든 갈등을 피해 보려 노력하기 때문에 모욕에 직접적으로 대응하기보다는 다른 대안들을 선택하는 사람들도 존재한다는 점을 상상해 볼 수 있다. 그런 사람들은 줏대가 없는 사람들이라고 할 수 있다.

『니코마코스 윤리학』 제4권 제9장

우리는 아리스토텔레스가 우정, 진실함, 재치와 같은 '사회적 탁월성들'에 대해서 논의하고 있는 『니코마코스 윤리학』 제4권 제6–8장을 건너뛸 것이다. 그 대신, 수치심(*aidōs*)에 관한 아리스토텔레스의 분석에 관심을 돌려 보자. 아리스토텔레스는 수치심이 탁월성이라고 생각하지 않는다. 왜냐하면 수치심을 경험하는 일은 우리가 잘못됐다고 판단하는 일을 행한 것이지만 탁월성을 갖춘 사람은 올바른 것을 행하기 때문이다. 수치심은 감정이며(1128b10) 도덕의 발전과 관련해서 우리에게 중요한 요소이다.[73]

---

73 도덕의 발전과 관련해서 R. Wollheim, 1985, section VII을 살펴보라.

아리스토텔레스는 수치심을 일종의 나쁜 평판에 대한 두려움으로 정의하고 있다(문자적으로 명성을 잃어버림, 1128b13). 수치심과 관련해서 독특한 것은 수치심이 우리로 하여금 세계를 그것이 다른 사람에게 나타나는 방식으로 생각하도록 요구하며 또한 자신을 그런 관점으로 판단하도록 요구한다는 점이다. 사르트르(Sartre)의 유명한 예를 인용하자면, 열쇠 구멍을 통해서 방 안을 들여다보다가 누군가에 의해서 발각된 사람은 수치심을 느끼게 될 것이다. 따라서 그는 타인의 눈을 통해서 격하된 자신을 경험하게 된다. 물론 다른 사람이 실제로 거기 있을 필요가 없으며 또한 거기 있다고 믿을 필요도 없다.

여기서 흥미로운 점은 두려움 때문에 어떤 행동을 하려 하거나 아니면 하지 않으려는 사람이 가진 동기와, 수치심 때문에 어떤 행동을 하려 하거나 아니면 하지 않으려는 사람이 가진 동기의 차이다. 두려움 때문에 어떤 행동을 하려는 사람은 자신의 행동에서 육체적 상황, 경제적 상황과 경험적인 상황을 고려하게 되며 오직 그 상황들을 위협하는 요소들만을 승인하게 된다. 예를 들어 오직 속도측정 카메라가 작동하고 있다는 사실을 알기 때문에 자동차 속도제한을 충실하게 따르는 사람을 생각해 보자. 그는 만일 사진에 찍히게 되면 벌금을 물어야만 하고 또한 그 벌금이 어떤 방식으로든 자신에게 해가 된다는 사실을 알고 있기 때문에 그는 법에 따라 행동한다는 점을 인정하고 있다(『국가』, 359d-360d). 아리스토텔레스는 두려움에 의해서 동기부여된 사람들은 탁월성을 갖춘 사람들이 아니라고 생각한다. "그들이 수치심 때문이 아니라 공포 때문에 이렇게 행위하고, 또 수치스러운 것을 피하는 것이 아니라 고통스러운 것을 피하기 위해 그렇게 행동하는 만큼 확실히 그들은 결함 있는 자들이다"(1116a31-32). 그렇다면 수치심 때문에 행동하는 사람의 특징은 무엇일까? 수치심 때문에 행동하는 사람은 고귀한 것의 진가를 인정하며 얼마만큼 그 고귀한 것을 위해서 행동할 수 있는지를 깨닫는 사람이다. 게다가 수치심 때문에 잘못된 일을 삼가는 사람은 필연적으로 다른 사람들이 어떻게 생각하고 있는지를 고려하고 있다. '공통적인 관점'을 수용할 수 있는 능력은 도덕의 발전의 한 단계를 구성하고 있다. 왜냐하면 그 능력은 나에 관한 타인의 인식을 포함하고 있으며 단지 자신의 신체적 상태, 경제적 상태와 경험적 상태만을 고려하는 것이 아니기 때문이다.

이런 인식은 아리스토텔레스의 다른 논점으로 우리를 안내해 준다. 수치심은 오직 젊은이들에게만 적합한 감정이다. 왜냐하면 그것은 젊은이들이 잘못된 일을 하지 못하도록 막아 주기 때문이다. 따라서 수치심은 나이 많은 사람들에게는 적합한 감정이 아니다. 왜냐하면 그들은 수치심의 근원이 될 수 있는 행동을 처음부터 해서는 안 되기 때문이다. 그래서 이런 설명에 따르면 수치심을 느낄 수 있는 능력은 도덕감의 발전에 중요한 역할을 감당하게 된다.

연구를 위한 물음들

1. 아리스토텔레스는 관대함의 좋음에 대해서 잘 설명하고 있는가?
2. 우리는 포부가 큰 사람을 칭찬해야 하는가?
3. 언제 사납게 화를 내는 것이 적합한가?
4. 왜 수치심은 탁월성이 아닌가?
5. 중용 이론은 품성의 개별적인 탁월성들에 잘 적용되고 있는가?

『니코마코스 윤리학』 제5권

서론

『니코마코스 윤리학』 제3-4권에 나오는 개별적인 품성의 탁월성들에 관한 논의 다음에 『니코마코스 윤리학』 제5권에서 '정의' (*dikaiosynē*)에 관한 심도 깊은 연구가 등장한다. 제5권의 구조는 어떤 측면에서 보면 다소 모호하다. 이런 측면은 아마도 이 책이 나중에 어떤 편집자에 의해서 만들어진 정의에 관한 여러 짧은 논문들의 모음집이었음을 보여 준다. 그러나 그 구조가 모호할지라도 적어도 『니코마코스 윤리학』 제5권에서 다음과 같은 주제들이 꽤 명확하게 논의되고 있다. '개별적' 정의와 '보편적' 정의의 차이, 개별적인 정의의 다양한 유형들, 정치적 정의, 품위의 문제, 우리가 우리 자신에게 부정의한 일을 할 수 있는가 하는 문제. 이 모든 주제들에 관한 검토는 이 책의 범위를 벗어나는 것이 되기 때문에 우리의 논의는 첫 두 가지 물음들에 국한될 것이다.

『니코마코스 윤리학』 제5권 제1-2장

아리스토텔레스는 제5권의 첫 두 장을 정의를 의미하는 정의(*dikaiosynē*)라는 그리스어의 두 가지 의미를 구별하는 데 할애하고 있다. 이 그리스어가 애매모호하다는 점은 매우 분명하다. 소크라테스도 『국가』 331c-332a에서 폴레마르코스의 정의(正義)에 관한 정의(定義)에 의문을 제기하면서 이 말의 의미를 탐구하고 있다. 폴레마르코스는 어떤 사람에게 빚진 것을 돌려주는 것이 정의라고 제시하지만 소크라테스는 이를 거부한다. 소크라테스는 X가 Y로부터 무기를 되돌려 받기로 되어 있지만 만일 X가 정신이 나가 미치광이가 되었다면 Y가 X에게 그 무기를 되돌려 주는 것은 정의로운 일이 아니라고 주장한다.[74] 그래서 아리스토텔레스의 첫 번째 기획은 '정의' 라고 불리는 특수한 품성의 탁월성을 규정하는 일이다. 그는 이 작업을 "한쪽이 하나 이상의 방식으로 이야기되는 경우, 짝이 되는 다른 한쪽 역시 하나 이상의 방식으로 이야기된다는 결론이 나온다"(1129a25-26)라는 사실에 기초해서 수행하고 있다. 이 생각은 만일 '부정의' 라는 용어가 하나 이상의 의미를 가지고 있다면, 그 반대어인 '정의' 란 용어도 역시 하나 이상의 의미를 가져야 한다는 것을 의미한다.

아리스토텔레스는 '부정의한 사람' 이 말해지는 두 가지 방식이 존재한다고 주장한다. "법을 어기는 사람은 부정의한 사람으로 보이며, 더 많이 가지려 하고 공정하지 않은 사람(*anisos*)도 부정의한 사람으로 보인다. 따라서 법을 지키는 사람과 공정한 사람(*isos*)이 정의로운 사람일 것이라는 점은 명백하다"(1129a33-b1). 아리스토텔레스는 '법을 지키는 일' 을 타인들과 관련된 완벽한 탁월성이라고 규정하고 있다. 이런 의미에서 만일 어떤 사람이 모든 품성의 탁월성들을 단지 자기 자신과 친구들뿐만 아니라 자신이 모르는 사람들에게까지도 발휘한다면 그는 정의로운 사람이라 할 수 있다. 바로 이것이 아리스토텔레스가 '보편적 정의' 라고 규정하는 것이다. 비록 몇몇 주석가들은 아리스토텔레스가 정의를 법을 지키는 일이라고 규정하는 시도에 관해 못마땅하게 생각할지라도, 우리는 이 정의의 옳고 그름에 연연할 필요가 없을 것이다. 논쟁점은 다양한 정의 관념들의 차이를 구분하는 것이지 아리스토텔레스가 '법을 지킨다' 는 개념이 완벽한 탁월성에 일치하는 행동을 함의한다거나 또는 함의해야만 한다고 주장했느냐 하는 문제가 아니다. 아리스토텔레스는 매우 명확하게 "우리는 탁월성의 부분으로서의

---

74 필자는 이 설명을 J. O. Urmson, 1988, 71쪽에서 빌려 왔다.

정의를 탐구하고 있다"라고 주장하고 있다(1130a15).

개별적 정의는 여러 품성의 탁월성들 중에 하나로 간주되며 공정성(fairness)과 관련되어 있다. 개별적 정의는 공정한 것을 추구하고 불공정한 것을 회피하게 만드는 품성 상태이다. 아리스토텔레스는 개별적인 부정의를 '더 많이 가짐' 즉 탐욕(*pleonexia*)에 의해서 촉발된 것으로 규정한다. 그러나 이 주장은 잘못됐다. 탐욕에 의해서 촉발됨은(어떤 좋은 것을 마땅한 양보다 더 많이 가지려 한다든지 또는 어떤 나쁜 것을 마땅한 양보다 덜 가지려 하는 것은) 부정의한 행동의 필요조건도 아니며 충분조건도 될 수 없다. 왜냐하면 『니코마코스 윤리학』 제5권 제3-4장에서 아리스토텔레스가 고찰하고 있는 다양한 정의들인 분배적 정의 또는 형사적 정의는 분배 또는 처벌에 영향을 미치는 사람의 동기 또는 감정과는 무관하게 결정되기 때문이다.

아리스토텔레스는 공정으로서의 정의와 준법으로서의 정의 간의 차이를 구분하려고 애쓰고 있다. 이를 위해 그는 그것들의 반대개념들을 제시하면서 정의의 다양한 의미들을 드러내고 있다. 예를 들어, 적들과 전투 중에 자신의 전우를 버린 사람은 부정의하다(법을 준수하지 않은 자이다). 왜냐하면 그는 완벽한 탁월성에 따라 행동하지 않았기 때문이다. 그러나 그는 이 사건에서 마땅한 정도 이상으로 어떤 좋음을 획득하려고 시도한 것이 아니기 때문에 부정의한(불공정한) 사람이라고 말할 수는 없다. 여기서 중요한 점은 아리스토텔레스의 전략이 부정의한 행동의 동기가 탐욕이라는 주장에 의해서 전혀 영향을 받을 필요가 없다는 점이다. 개별적인 정의의 탁월성은 "명예나 돈 혹은 공동체를 함께하는 사람들 사이에서 나눌 수 있는 것들"의 분배와 범죄의 처벌과 관련되어 있다(1130b31). 따라서 자신의 전우를 버린 사람은 그런 것들의 분배 또는 범죄의 처벌에 어떤 영향을 가하지 않기 때문에 아리스토텔레스에 따르면 그는 자신의 동기와 무관하게 부정의한(불공정한) 사람이 될 수 없음이 분명하다.

『니코마코스 윤리학』 제5권 제3-5장

아리스토텔레스는 정의를 개별적인 품성의 탁월성으로 정립한 후에 이 탁월성을 다음과 같이 2종류로 구분하고 있다. 그것은 분배적 정의와 형사적 정의이다. 앞에서 지적한 것처럼, 분배적 정의는 사람들에게 분할 가능한 재화들의 분배와 관련되어 있다. 예를 들어, 수적으로 불리하고 적들에게 완전 포위되어 있는 싸움터에 놓인 2명의 군인들을 생각해 보자. 그 군인들 중에 한 병사는 달아나자고 우기는 반면 다른 병사는 자신들에게 유리한 위치의 이점을 알아내고 어떻게 하면 진지를 방어할 수 있을까를 설명해 준다. 그 군인들은 적들을 섬멸하고 그 용맹 때문에 훈장을 받았다. 도망가자는 유혹을 물리치고 성공적인 전략을 세워서 승리로 이끌었던 군인은 도망가기를 원했지만 어쩔 수 없이 남아서 싸웠던 군인보다 더 높은 훈장을 받아야 함이 마땅한 것처럼 보인다. 그리고 바로 이 점을 아리스토텔레스가 적극적으로 제안하고 있다. 정의로운 분배는 사람들이 자신들의 공적에 비례해서 재화를 받는 것이다. 어떤 사람에게 받아야 할 분량보다 재화를 덜 할당하는 분배가 부정의한 것처럼, 어떤 사람에게 마땅히 받아야 할 분량보다 더 할당하는 분배는 부정의한 것이다. 그렇다면 정의로운 분배는 최소한 네 개의 항에서 성립하며 그 비율은 서로 동일하다: 사람 A와 사람 B 그리고 가치 C와 가치 D. 만일 A항이 B항에 대해 가지는 관계를 C항이 D항에 대해 가진다면, 정의로운 분배는 A항이 C항에 대해 가지는 관계를 B항이 D항에 대해 가지게 된다(1131b5-9).

여기서 중심적인 쟁점은 가치(worth)의 결정이다(1131a25-29). 비록 많은 사람들이 정의로운 분배는 가치와 일치하고 있다는 사실에 동의할 수 있더라도 가치가 어떻게 구성되어 있느냐 하는 문제와 관련해서는 다양한 의견들이 존재한다. 아리스토텔레스가 지적하듯, "민주주의자들은 자유를 가치라고 말하고, 과두정치의 지지자들은 부나 좋은 혈통을 가치라 하고, 또 귀족정을 지지하는 사람들은 탁월성을 가치라고 말한다." 아리스토텔레스는 한 사람의 가치를 확립하기 위한 근거를 선택할 수 있는 토대를 제공하지 않고 정의로운 것은 '일종의 비례적인 것' (*analogon*)이라고 진술하는 데 만족하고 있다(1131a31).

『니코마코스 윤리학』 제5권 제4장에서 아리스토텔레스는 자발적인 거래와 비자발적인 거래 둘 다에서 발생하는 형사적 정의를 고찰하고 있다(1131b25). 자발적인 거래는 판매, 구매, 대부, 보증, 대여, 공탁, 임대와 같은 것이며 비자발적인 거래는 절도, 간통, 독살, 뚜쟁이질, 노예 사기, 모반 살인 위증과 같은 은밀한 것들이고, 다른 일부는 폭행, 감금, 살인, 강탈, 신체 절단, 명예훼손, 모욕처럼 강제적인 것들이다(1131a4-9). 만일 아리스토텔레스의 논증이 어떤 사람은 자신을 부정의하게 대우할 수 없다는 주장을 포함하고 있다면(『니코마코스 윤리학』 제5권 제10장), **비자발적** 거래에 나타난 부정의의 개념은 자기모순적인 것으로 보일 것이다. 그러나 만일 어떤 사람이 자신을 부정의하게 대우할 수 없다면, 어떻게 한 사람이 자발적으로 부정의하게 대우받았다고 말할 수 있을까? 그러나 아리스토텔레스는 최초의 원인이 자발적이었던 거래를 염두에 두고 있다. 예를 들어, 어떤 사람이 요금을 지불하고 잔디 깎는 기계를 임대하기로 동의했다. 그런데 집으로 돌아오는 길에 그 기계에 모터가 달려 있지 않았다는 사실을 깨닫게 되었다. 그 사람은 자발적으로 계약을 맺었지만 오직 그 잔디 깎는 기계가 작동할 것이라는 조건하에서 계약을 수락한 것이다. 그렇다면 그는 잔디 깎는 기계를 제공하는 사람에 의해서 부정의하게 대우받은 것이다.

형사적 정의의 독특한 특성은 사건에 연루된 사람들의 가치에 대해서 아무런 고려가 없다는 점이다. "오히려 법은, 한 사람은 부정의를 행하고 다른 사람은 부정의하게 대우받은 경우, 또 어떤 사람은 손해를 입히고 다른 사람은 손해를 입은 경우, 그 손해의 차이에만 주목하며 당사자들을 모두 동등한 사람으로 간주한다"(1132a4-6). 그런 경우에 재판관은 부정의하게 이익을 취한 사람으로부터 부당 이익을 빼앗아서 해를 입은 사람에게 그가 입은 손실을 원상 복구시켜 준다. 따라서 앞의 예의 경우, 잔디 깎는 기계를 빌려 줬던 사람은 그것을 임대하기 위해서 지불한 돈을 그 주인에게 돌려주게 될 것이다. 아리스토텔레스는 특별히 희생자가 비자발적으로 상해를 입기나 살해당하는 거래들에서 '손실'이라는 용어와 '이익'이라는 용어가 항상 전적으로 적절한 용어들이 아니라는 점을 시인하고 있다. 우리는 이 경우에다가 어떤 경우에는 원상회복 자체가 어렵다는 사실을 덧붙일 수 있다. 만일 어떤 사람이 살해당했다면, 그 상황은 원상회복될 수 없다. 그러나 몇몇 주석가들은 영국 민법과 형사적 정의의 유사성을 제시하고 있다. 그 법에 따르면 만일 어떤 사람이 유죄 확정을 받으면, 피의자의 가족에게 배상금을 지불하도록 그에게 요구할 수 있다.[75] 그런 사례도 여전히 가치가 있지만 여기서 아리스토텔레스의 중요 관심사는 형사적 정의란 무엇인가에 관한 규정이지, 실제적으로 그런 정의가 어떻게 현실화될 수 있느냐에 관한 설명을 제공하는 것이 아님을 알 수 있다. 또한 똑같은 입장이 형사적 정의에 관한 아리스토텔레스의 설명은 범죄예방 효과가 전혀 없다는 반론에 대해서도 적용될 수 있다.[76] 결국 도둑에게 일어날 수 있

---

75 J. O. Urmson, 1988, 72-73쪽.

는 가장 최악의 시나리오란 단지 훔친 장물을 다시 되돌려 놓는 일일 뿐이라면, 아무도 그의 상습적 범행을 막을 수 없을 것이다. 요약하면, 손실의 원상회복의 효과와 처벌 및 범죄 억지력이 갖는 효과는 각기 다른 개별적인 작용들이다(1132b27-31과 비교하라).

개별적인 정의에는 두 종류가 존재한다고 주장되었기 때문에(1130b30-1131a1), 『니코마코스 윤리학』 제5권 제5장에서 교환적 정의가 도입되는 것에 깜짝 놀라게 될 것이다. 아리스토텔레스는 피타고라스학파 사람들이 되갚음(*antipeponthos*), 즉 자신이 겪은 대로 되갚는 일은 무조건적으로 정의로운 것이라고 생각했다고 주장한다(1132b23). 그러나 그는 이 개념이 분배적 정의에도 맞지 않고, 형사적 정의에도 들어맞지 않는다고 명백하게 주장하고 있다. 그러나 이 개념은 교환적 정의를 잘 설명해 준다. 왜냐하면 "사람들은 나쁜 것을 나쁜 것으로 갚으려 하고(만일 그렇게 하지 않으면 노예 신세처럼 보일 것이다) 좋은 것은 좋은 것으로 갚으려 하기 때문이다. 만약 이렇지 않다면 서로 주고받는 일은 일어나지 않을 것이다"(1133a1-2). 예를 들어, 신발 만드는 사람은 자신의 어떤 비례적인 좋음에 따라 집 한 채를 건축해 주는 건축가에게 사례를 한다. 화폐는 교환에서 좋음들의 비교를 용이하게 해주는 공통 척도이다. 필자는 여기서 더 이상 이 문제에 관해서 논의하지 않을 것이지만 하디(Hardie)는 이 문제를 '경제 이론으로 이끌어 주는 매우 선구적인 담론'으로 간주하고 있다는 점을 지적해 두고 싶다.[77]

아리스토텔레스는 제5장에서 정의와 중용 이론에 관한 다음과 같은 주장으로 결론을 맺고 있다.

---

76 예를 들어, D. Bostock, 2000, 61쪽을 참조하라.

77 W. F. R. Hardie, 1968, 183쪽. Finley와 비교하라.

> 정의란 그것에 따라 정의로운 사람이 정의로운 것을 합리적으로 선택해서 실행하게 된다고 이야기되는 탁월성이며, 그것에 따라 정의로운 사람이 자기 자신과 다른 사람들에게, 혹은 다른 사람들 사이에서 분배할 때, 선택할 만한 것을 자신에게는 더 많이 분배하고, 이웃에게는 더 적게 분배하며, 해로운 것은 그 반대로 하는 것이 아니라, 비례에 따라 동등한 것을 분배하며, 다른 사람들 사이에서 분배할 때도 마찬가지로 하게 하는 탁월성이다(1134a1-4).

그렇다면 아리스토텔레스는, 적어도 그 중용 이론이 다른 개별적인 품성의 탁월성에 적용되듯이, 정의가 그 개념의 한 예가 된다는 주장을 부정하거나 또는 그런 주장을 하지 않았다는 점이 명백하다. 품성의 탁월성들은 중간적인 품성 상태라고 말해진다는 주장을 상기해 볼 필요가 있다. 다시 말하면 품성 상태들은 품성의 2가지 반대되는 극단적인 상태들 사이에 위치하고 있다는 점이다. 그러나 정의는 이런 의미에서 중간적인 품성 상태가 아니다. 정의는 두 가지 반대되는 극단적인 품성들 사이에 위치하지 않는다. 오히려 정의로운 사람이 실행하는 분배와 교정은 너무 많이 분배하거나 교정하는 것과 너무 적게 분배하거나 교정하는 것 사이에 위치한 중간 상태이다. "그는 선택할 만한 것을 자신에게는 더 많이 분배하고, 이웃에게는 더 적게 분배하며, 해로운 것은 그 반대로 하는 것이 아니라, 비례에 따라 동등한 것을 분배한다" (1134a4-6).

그러나 우리는 정의는 중용이지만 다른 탁월성들과는 다른 방식의 중용이라는 주장이 정확하게 무엇을 의미하는지 의아하게 된다. 몇몇 주석가들은 중용으로서의 정의에 관한 아리스토텔레스의 설명은 '실패' 했다고 간주한다.[78] 다른 주석가들은 이 명백한 반대 사례를 적어도 아리스토텔레스의 탁월성 이론이 갖는 '매우 심각한' 함의라고 평가한다.[79] 만일 정의가 개별적인 품성의 탁월성이라면 그러나 만일 정의가 품성의 탁월성이 갖는 양식을 보여 주지 못한다면, 우리는 다른 품성의 탁월성들에서 예시된 양식으로부터 이탈한 특이한 종류의 탁월성을 갖게 될 것이다. 그러나 이 주장은 다른 품성의 탁월성들에 관한 설명의 **반박**이라고 생각할 수는 없다. 왜냐하면 다른 품성의 탁월성들에 관해서 기술된 모든 설명은 아리스토텔레스가 정의에 관해서 제시한 설명과 일치하기 때문이다. 그러나 우리는 이 차이에 관한 특별한 설명을 요구할 수 있다. 왜냐하면 정의는 다른 품성의 탁월성들과는 구조적으로 다른 것처럼 보이기 때문이다. 왜냐하면 『니코마코스 윤리학』 제2권 제6장에서 탁월성은 어떤 사람이 마땅한 상황에서 마땅한 이유를 가지고 마땅한 감정 또는 욕구를 갖는 중간적인 품성 상태라고 기술되었기 때문이다. 그러나 개별적인 정의의 탁월성은 어떤 특수한 감정 또는 욕구를 갖는 것처럼 보이지 않으며 따라서 이런 관점에서 보면 『니코마코스 윤리학』 제2권에서 기술된 탁월성에 관한 표준적인 설명과 분명 차이를 보여 주고 있다. 정의는 다른 품성의 탁월성들의 특징들을 포함할 수는 있지만 정의가 마땅하게 조절할 수 있는 어떤 특수한 감정이나 욕구란 존재하지 않는다.

연구를 위한 물음들

1. 왜 아리스토텔레스는 개별적인 정의와 보편적인 정의를 구별하고 있는가?
2. 왜 우리는 개별적인 정의를 관대함과 같은 탁월성으로 간주해야만

---

78 J. O. Urmson, 1980, 165쪽.

79 예를 들어, D. Bostock, 70쪽을 보라.

하는가?
3. 아리스토텔레스는 정의로운 분배에 관해서 설득력 있는 근거를 제시하고 있는가?
4. 정의에 중용 이론이 적용될 수 없다는 사실은 중용 이론의 실패를 함의하는가?
5. 우정과 정의는 어떤 관계를 가지고 있는가?

『니코마코스 윤리학』 제6권

서론

정의에 관한 논의를 끝으로 개별적인 품성의 탁월성들에 관한 아리스토텔레스의 논의가 마무리된다. 이제 『니코마코스 윤리학』 제6권에서 그는 사유의 탁월성을 고찰하고 있으며 두 가지 이유에서 이 논의는 필요하다고 할 수 있다. 첫 번째로, 아리스토텔레스는 『니코마코스 윤리학』 제2권에서 품성의 탁월성은 중간적인 품성 상태이고 이 중간적인 품성 상태는 올바른 이성에 의해서 결정된다고 주장했다(1107a1-3). 지금까지 아리스토텔레스가 올바른 이성에 관해서 기술한 유일한 주장은 올바른 이성이란 그것을 소유하고 활용하는 실천적으로 지혜로운 사람(*phronimos*)의 품성이라는 점이다. 이제 그는 올바른 이성이 무엇인지를 설명하고 그것이 말하는 바를 진술하려 한다. 『니코마코스 윤리학』 제6권의 서두에서 아리스토텔레스는 이 공백을 인정하고 그런 설명을 제시하겠다고 약속하고 있다. 두 번째로, 완벽한 탁월성은 품성의 탁월성과 사유의 탁월성을 모두 포함하고 있다(1138b35-1139a1). 따라서 탁월성에 관한 설명의 완결은 자연스럽게 사유의 탁월성에 관한 검토를 요구하게 된다(1139a4).

비록 아리스토텔레스가 『니코마코스 윤리학』 제6권에서 사유의 탁월성 전체를 검토하고 있지만, 그의 우선적인 관심은 실천적 지혜(*phronēsis*)에 집중되어 있다. 실천적 지혜는 어떤 특수한 상황에서 가장 최선의 행동을 결정하는 인간 영혼의 능력이다. 때때로 우리는 거의 반사적으로 행동하는 것처럼 보이기 때문에 행동할 가장 최선의 행동에 대해서 의식적으로 반성하지 않는 것처럼 보인다. 예를 들어, 이런 행동은 뒤에 오는 다른 사람들을 위해서 문을 붙잡고 있는 행동에서 엿볼 수 있다. 그러나 때때로 성찰을 요구하는 새롭고 도전적인 상황들이 우리에게 주어진다. 예를 들어, 어떤 심각한 범죄를 저질렀다고 당신에게 고백하고 비밀을 지켜 달라고 맹세를 요구하는 한 친구가 있다고 생각해 보자. 이제 공교롭게도 아리스토텔레스는 우리가 양쪽 모두의 사례들에서 실천적 이성을 활용하고 있다고 생각한다. 그러나 아마도 첫 번째 사례에는 그것의 활용이 좀 불분명한 것처럼 보일 것이다.[80] 『니코마코스 윤리학』의 이번 장을 검토하는 우리의 목표는 최상의 선택을 도출하는 훌륭한 심사숙고를 통해서 분석되고 있는 실천적 지혜의 본성을 이해하는 일이다.

그러나 만일 아리스토텔레스의 일차적인 관심이 실천적 지혜의 본성이라면, 왜 그는 학문적 인식(*epistēmē*)과 철학적 지혜(*sophia*)에 관해서 논의하고 있을까? 그런 목적이라면 아리스토텔레스가 책 전체를 실천적 지혜에 관한 명확한 주석에 할애하는 것이 좀 더 이치에 맞지 않

---

80 비록 필자가 본문 속에서 이 문제를 자세하게 다루고 있지 않았지만, 다른 사람들을 위해서 열린 문을 잡아 주는 행동은 매우 복잡한 과정을 포함하고 있다. 예를 들어, 다음에 들어오는 사람이 얼마만큼 떨어져 있을 때 열린 문을 잡고 있어야 하는가에 관한 매우 미묘한 판단을 포함하고 있다.

을까? 여기서 우리는 두 가지 논점을 지적할 필요가 있다. 첫 번째로 아리스토텔레스의 탁월성에 대한 설명은 사유의 탁월성들에 대한 검토가 없었다면 불완전한 설명이 될 것이라는 점이다. 왜냐하면 사유의 탁월성들은 앞에서 살펴봤던 것처럼 탁월성의 한 부분이기 때문이다(1103a15). 두 번째로, 인간 영혼이 가지고 있는 지적 능력들 사이에 유사성들이 존재하기 때문에 아리스토텔레스는 실천적 지혜와 다른 능력들의 차이를 구별할 필요성을 (매우 타당하게) 인식하고 있었다.

본문을 탐색하기 전에 『니코마코스 윤리학』 제6권의 구성은 언뜻 보기에 좀 엉성하다는 점을 지적할 필요가 있다. 분명한 독립적 구조가 존재하지 않으며, 주제들 간의 연결(때때로 단락들 간의 연결)이 항상 명확하지 않고, 때로는 설명이 너무 추상적이며, 실천적 지혜의 특성들에 관한 기술은 제6권의 여기저기에 산만하게 널려 있다. 이런 이유들 때문에, 특별히 『니코마코스 윤리학』에 낯선 독자들을 위해서 제6권을 간략하게 기술하는 일이 가치 있다고 생각된다.

- 제6권 제1장: 아리스토텔레스는 영혼의 비이성적인 부분의 구분에 상응하는 영혼의 이성적인 부분의 구분을 설명하면서 논의를 시작하고 있다(1139a5–7).
- 제6권 제2장: 그다음에 그는 영혼의 이성적인 부분들의 기능(*ergon*)은 진리의 획득(1139b11)이라고 진술하며 또한 이 부분들의 탁월성들은 진리를 결정하는 품성 상태들이라고 주장하고 있다.
- 제6권 제3–8장: 그런 다음 아리스토텔레스는 실천적 지혜를 부각시키기 위해서 영혼의 이성적인 부분들의 다음과 같은 5가지 탁월성들을 각각 구별하고 있다. 학문적 인식(*epistēmē*), 기예(*technē*), 실천적 지혜(*phronēsis*), 직관적 이성(*nous*), 철학적 지혜(*sophia*).

- 제6권 제9장: 실천적 지혜는 훌륭한 심사숙고를 함의하기 때문에 (1140a26-27), 아리스토텔레스는 훌륭한 심사숙고의 본성을 검토하고 있다.
- 제6권 제10-12장: 행위와 관련된 지성의 다른 특성들이 간략하게 규정되고 있으며 사유의 탁월성들의 가치가 고찰된다.
- 제6권 제13장: 아리스토텔레스는 탁월성의 구조 안에서 실천적 지혜의 역할을 고찰하고 있으며 탁월성들의 조화에 관한 소크라테스의 논제를 검토하고 있다.

『니코마코스 윤리학』 제6권 제1-2장

아리스토텔레스는 영혼의 비이성적인 부분들의 구분에 상응하는 영혼의 이성적인 부분들의 구분이 존재한다고 생각한다(1139a5-7). 그중 하나는 우리가 그것을 가짐으로써 '그 원리가 다르게 있을 수 없는 존재자들'을 성찰하는 것이고, 다른 하나는 그것을 가짐으로써 '그 원리가 다르게도 있을 수 있는 존재자들'을 성찰하는 것이다(1139a7-11). 아리스토텔레스는 전자를 '학문적 인식의 부분'(*epistēmonikon*)이라고 부르고 후자를 '이성적으로 계산하는 부분'(*logistikon*) 또는 '계산하는 부분'이라고 부르고 있다(1139a12). 좀 더 현대적인 의미로 풀어쓰면, 학문적 인식의 부분은 **필연적** 사건과 관계하며 계산하는 부분은 **우연적** 사건과 관계한다고 말할 수 있다. 아리스토텔레스는 영혼의 부분들이 다양한 존재들과 관련되어 있다는 사실과 이 다양한 존재들은 영혼의 다양한 부분들과 일치되어 있다는 사실에 근거해서 영혼의 다양한 부분들을 이렇게 구분하고 있다. 여기에 이 원리들을 정당화하려는 논증이 제시되었지만 이런 주장은 명백하게 옳다고 할 수 없다. 먼저 '모든 신체는 일정한 형태를 갖는다'는 명제의 의미를 우리가 파악하고 있다고 가정해 보자. 그다음에 이 명제는 모든 가능한 상황에서 무조건적으로 참인 명제라는 사실을 우리가 인식하게 됐다고 가정해 보자. 그렇다면 그 명제가 우연적 진리를 진술하고 있다는 사실을 알게 될 때와 반대로 그 명제가 필연적 진리를 진술하고 있다는 사실을 알게 될 때, 우리는 어떤 다른 **심리적** 작용을 하고 있다고 볼 수 있을까?

앞에 제기된 물음은 어떤 혼란에 기초하고 있으며 그 혼란은 영혼의 학문적 인식의 부분의 기능과 계산적 부분의 기능에 관한 아리스토텔레스의 주장을 검토함으로써 제거될 수 있다. 영혼의 이성적인 부분의 기능은 진리를 파악하는 일이며, 학문적 인식의 부분은 단지 참과 거짓을 입증하는 일을 목표로 하는 반면(1139a29), 계산하는 부분은 '실천적 진리' 를 목표로 한다(1139a26). 따라서 영혼의 학문적 인식의 부분과 계산하는 부분 사이의 차이는 단순하게 전자가 필연적 진리와 관계하고 후자가 우연적 진리와 관계하고 있다는 주장에 의해서 설명될 수 없다. 그것들은 서로 다른 과제들을 수행하고 있다. 학문적 인식의 부분은 우주에 관한 필연적인 진리를 파악하고 있으며 계산적인 부분은 실천적 진리를 목표로 한다. 그러나 '실천적 진리' 란 정확하게 무엇을 의미하는 것일까? 아리스토텔레스는 그것이 '올바른 욕구와 올바른 이성의 일치' 라고 주장한다(1139a30). 이런 설명을 하고 있지만 '실천적 진리' 라는 개념은 아직도 명확하지 않다. 그러나 우리는 아리스토텔레스가 실천적 진리를 탁월성을 갖춘 선택을 통해서 규정하고 있다고 해석할 수 있다. 그러나 진리란 세계 내에 사물들이 어떻게 존재하는지 정확하게 진술하는 명제의 속성으로 생각하고 있는 우리들에게는 이런 개념은 매우 낯선 것일지라도, 브로디(Broadie)는 '진리' 라는 용어의 용례가 이 문맥에서는 적합하다고 제안한다. 왜냐하면 그것은 추론의 **성공**을 함의하기 때문이다.[81] 따라서 실천적 지혜는 주어진 일련의 상황들에서 실행해야 될 최상의 행동을 정확하게 판단하는 영혼의 능력이다. 그렇다면 실천적 지혜는 행위와 관련된 추론의 성공적인 활용이라고 할 수 있다.

실천적 진리의 개념을 이런 방식으로 규정한 후에 아리스토텔레스는 행동의 원리 또는 원인이 되는 합리적 선택은 욕구와 어떤 목적을 지향하는 이성의 결과물이라고 주장한다. "사유 그 자체는 아무것도 움직일 수 없기" 때문에(1139a35), 합리적 선택은 '욕구와 결합된 이성'(*orektikos nous*)이거나 또는 '사유와 결합된 욕구'(*dianoētikē orexis*)라고 할 수 있다(1139b5–6). 여기서 우리는 아마도 흄의 철학적 사유 방식으로 이 주장들을 해석하고 싶은 유혹을 받게 될 것이다. 흄도 역시 행동이 이성과 욕구의 결합이라고 생각했다. 그러나 그는 이성은 단지 감정의 단순한 노예라는 견해를 가지고 있었다.[82] 이성은 계산하고 사실을 확증하지만, 그 자체로 행동을 유발할 수는 없다. 비록 흄의 방식으로 아리스토텔레스를 해석하고 싶은 유혹이 있을지라도, 그런 해석은 아리스토텔레스가 의미한 내용이 될 수 없다. 그는 다만 욕구와 다른 행동의 원인들이 이성에 영향을 미치고 있다고 생각할 뿐이다(예를 들어, 『니코마코스 윤리학』 제1권 제13장을 보라).[83]

『니코마코스 윤리학』 제6권 제3장

우리는 아리스토텔레스가 실천적 지혜를 다른 사유의 탁월성들로부터 차별화하는 일에 관심을 가지고 있다고 말했다. 그는 『니코마코스 윤

---

81 S. Broadie, 1991, 224쪽.

82 D. Hume, 『인간 본성에 관한 논고』, II. iii. 3.

83 그러나 어떤 욕구들은 동일한 정도로 영향을 주지 못한다. 예를 들어, 신체적 욕구들을 지적할 수 있다(1118a25 이하).

리학』 제6권 제3-7장에서 사유의 탁월성들을 소개하면서 그것들이 가진 종차들을 상술하고 있다. 그는 두 가지 이유에서 실천적 지혜를 학문적 인식과 구별하고 있다. 첫 번째 이유는 그 주제와 관련되어 있으며 두 번째 이유는 그것이 교육되는 방식과 연관되어 있다.

아리스토텔레스는 다음과 같이 주장한다. "'학문적으로 인식' 하는 것은 다르게 있을 수 없는 것이라고 우리 모두는 생각한다. '다르게 있을 수 있는 것들' 은 우리의 관찰 바깥에서 일어나는 경우, 언제나 그것이 그러한지, 혹은 그렇지 않은지를 알지 못한다. 그러므로 학문적으로 인식될 수 있는 것은 필연적으로 그러하다. 따라서 영원하다. 무조건적으로 필연적인 것들은 모두 영원하며, 영원한 것들은 생성되지도 않고 파괴되지도 않는다"(1139b20-24). 그렇다면 학문적 인식의 주제는 필연적 진리라고 우리가 언급하는 것이 될 것이다. 아리스토텔레스에게서 그런 명제들은 수학, 신학과 자연학에서 발견된다(『형이상학』, 1026a18-19). 어윈(Irwin)의 '에피스테메(*epistēmē*)' 번역어는 여기서 조금 오해를 불러일으킬 수 있다. 왜냐하면 우리는 학문이 필연적 진리와 관련되어 있다고 생각하지 않기 때문이다. 그러나 우리는 이런 용어에 관한 논쟁 때문에 고민할 필요는 없을 것이다. 만일 우리가 대상의 차이는 관련된 영혼의 부분의 차이를 함의하고 있다는 원리를 받아들인다면, 또한 에피스테메의 대상은 필연적 진리이고 실천적 지혜의 대상은 우연적 진리라는 사실을 받아들인다면, 에피스테메와 실천적 지혜가 분명히 다른 것임을 깨닫게 될 것이다(1140b3과 비교하라).

아리스토텔레스의 두 번째 논점은 '학문' 이란 학습될 수 있다는 것이다(1139b25). **모든** 사유의 탁월성들은 학습될 수 있다고 아리스토텔레스가 주장했기 때문에(1103a16), 에피스테메와 실천적 지혜와의 대조는 '학문' 이 학습될 수 있다는 점을 강조하려는 것이 아니라 실천적 지혜가 학습될 수 없다는 점을 강조하려는 것이다. 그의 논점은 학문적으로 알려질 수 있는 것은 증명(귀납 또는 연역)을 통해서 학습될 수 있다는 사실이다(1139b29-31). 이 점이 실천적 지혜와 에피스테메의 차이라고 할 수 있다. 왜냐하면 아리스토텔레스는 실천적 지혜가 파악하는 진리는 증명될 수 없다고 주장하기 때문이다. 왜냐하면 "그 원리들이 다르게 있을 수 있는 것들에 관해서는 증명이 성립하지 않기 때문이다"(1140a34-35). 그러나 이 주장은 실천적 지혜가 에피스테메처럼 동일한 방식으로 학습될 수 없기 때문에, 그것은 **어떤** 방식으로든 전혀 학습될 수 없다는 점을 함의하지는 않는다. 실천적 지혜를 발전시키는 것과 관련된 학습이란 요소는 우화들을 통해서 제시될 수 있다. 아마도 솔로몬 왕의 우화가 가장 유명할 것이다. 실천적 지혜의 사례를 보여주는 것은, 비록 증명을 통한 학습은 아니지만, 학습과 유사한 효과를 가질 수 있다. 따라서 실천적 지혜는 필연적인 것에 관한 진리와 연관되지 않기 때문에 또한 논증적인 증명을 통해서 학습될 수 없기 때문에 학문에 속하지 않는다.

『니코마코스 윤리학』 제6권 제4장

실천적 지혜는 다르게 있을 수 있는 것들과 관계하기 때문에, 영혼의 계산하는 부분에 속한다(1139a5-15). 그러나 영혼의 계산하는 부분에 속하는 또 다른 탁월성이 존재한다. 즉 그것은 기예(*technē*, 기술 또는 공예)를 의미한다. 아리스토텔레스는 『니코마코스 윤리학』 제6권 제4장에서 기예와 실천적 지혜를 구분하고 있다. 그러나 이런 구분은 본문에 명확하게 드러나 있지 않다. 왜냐하면 거기에서 아리스토텔레스는 실천적 지혜와 기예의 구분보다는 행위(*praxis*)와 제작(*poiēsis*)의 구분을 제시하기 때문이다(1140a1-2). 그러나 실천적 지혜는 행동과 관련되어 있고 기예는 제작과 관련되어 있기 때문에, 아리스토텔레스는 결과적으로 그 둘 사이의 차이를 지적하고 있다고 생각할 수 있다.

아리스토텔레스는 기예와 탁월성 사이의 유사성에 의해서 영향을 받았다는 점을 상기할 필요가 있다. 둘 모두 우리가 행하는 것에 대한 지식을 포함하고 있으며(1105a32-b3) 또한 둘 모두 유사한 방식으로 획득된다(1103a32-b2). 게다가 숙련된 기술을 가진 사람들은 어떤 특정한 상황에서도 가장 최상의 일을 할 수 있는 자들이다. 예를 들어, 훌륭한 배관공은 배수 문제를 정확하게 진단하고 그 문제를 해결할 수 있는 사람이다. 따라서 실천적 지혜는 이성과 관련되어 발생되는 다른 어떤 기예처럼 생각할 수 있다. 그럼에도 아리스토텔레스는 "행동과 관련된 이성을 동반하는 품성 상태와 제작과 관련된 이성을 동반하는 품성 상태는 다르다"라고 주장한다(1140a3-4). 이 주장의 의미는 기예의 정의를 검토함으로써 밝혀질 수 있다. 만일 S가 제작과 관련된 올바른 이성을 동반하는 품성 상태일 때, 또는 제작의 원리가 제작물 안에 있는 것이 아니라 제작자 '안에' 들어 있을 때만 오직 그때에만, 어떤 사람들은 S가 기예라고 주장한다(1140a6-15).

이 정의를 통해 곧바로 기예와 실천적 지혜를 구분할 수 있을 것 같지 않다. 왜냐하면 둘 모두 어떤 주어진 경우에 행할 수 있는 최선의 일은 어떤 것을 산출하는 일이 되기 때문이다. 예를 들어, 한 친구가 화가 났을 때 당신이 할 수 있는 최선의 행동으로서 그를 달래는 방법을 선택했다고 가정해 보자. 그때 당신은 친구의 마음속에 위로받는 품성 상태를 만들어 내려고 목표하지 않을까? 그러나 이 주장은 아리스토텔레스가 '행동'이라는 말을 사용하면서 의미하고 있는 뜻을 곡해하고 있다. 이 문맥에서 그는 '행동'이라는 용어를 그 자체를 위해서 또는 고귀함을 위해서 수행되는 활동들을 언급하는 데 사용하고 있다(1139

b3-4; 1140b7-8). 만일 당신의 활동의 목적이 그 활동 그 자체와 다른 어떤 것이라면(예를 들어, 만일 당신의 목표가 친구를 위로해 줌으로써 그의 차를 빌려 볼 심산이라면), 엄격하게 말해서 당신은 실제로 **행동하고** 있지 않은 것이다. 당신은 단지 그 친구의 마음에 들기 위해서 노력하고 있는 것이다. 다른 한편 만일 당신의 목적이 단순히 주어진 상황에서 최선의 행동을 하는 것이라면(그래서 당신의 목표는 친구를 위로하는 일이고 그리고 그것이 가장 최선의 행동이라고 생각하고 있다면), 엄격하게 말해서 당신은 실제로 **행동하고** 있는 것이다. 따라서 기예와 실천적 지혜의 차이는 '그 자체와는 다른 어떤 것을 위해서' 수행된 것들과 '그 자체를 위해서' 수행된 것들 사이의 차이라고 할 수 있다. 이런 방식으로 해석하면, 아리스토텔레스는 사물들이 아무런 '활동 없이도' 제작될 수 있다는 터무니없는 주장을 하고 있는 것이 아니다. 그는 단지 제작에 포함된 활동은 그 자체로 행동을 잘하는 일을 목표로 삼는 것이 아니라 제작물들을 만드는 일을 목표로 하고 있다는 점을 주장하고 있는 것이다.[84]

아리스토텔레스는 『니코마코스 윤리학』 제6권 제5장에서 이 차이에 관한 2가지 부가적인 논점들을 제시하고 있다. 그는 다음과 같이 주장하고 있다. "기예에는 탁월성(또는 결함)이 있지만, 실천적 지혜에는 그런 것이 없다. 기예에 있어서는 일부러 잘못한 사람이 더 나은 사람일 수 있지만, 실천적 지혜와 관련해서는 다른 탁월성들의 경우에서와 마찬가지로 그 반대이다. 따라서 실천적 지혜는 분명 일종의 탁월성이지, 기예가 아니다"(1140b23-25).

여기서 첫 번째 논점은 어떤 사람이 자신이 가진 기술을 비열하게

84 그럼에도 1097b2-5를 살펴보라.

사용한다고 할지라도 그가 그 특정한 기술을 가지고 있다는 사실을 우리는 부인할 수 없다는 점이다. 한 가지 생생한 예는 영화 「마라톤 맨」에 등장하는 크리스티안 스젤(Christian Szell)이라는 인물의 예이다. 스젤은 치과의사이면서 나치 당원으로 자신의 기술을 이용해서 무기력하고 충치에 시달리는 더스틴 호프만(Dustin Hoffman)에게서 첩보를 얻어 내려고 고문한다. 그러나 만일 어떤 사람이 자신의 영민함을 이용해서 어떤 비열한 일을 성취하려 노력한다면, 우리는 그가 실천적으로 현명하다는 점을 부정하게 될 것이다. 인간의 감정과 열망에 관한 지식을 이용해서 다른 사람들을 속이고 돈을 뜯어내는 사람이 있다고 생각해 보자. 그런데 아리스토텔레스의 논점은 기예는 우리가 지향하고 있는 목적이 고귀한 것이라는 가정을 반드시 함의할 필요가 없다는 점이다. 반면 실천적 지혜는 우리가 고귀한 것을 지향하고 있다는 가정을 반드시 함의해야 한다. 왜냐하면 실천적 지혜는 **탁월성이기** 때문이다.

여기서 두 번째 논점은 기예에서 자발적으로 실수를 범하는 사람들은 비자발적으로 실수하는 사람보다 우월하다는 점이다(1140b23-24; *HMi* 375c). 비록 두 사람 다 실수를 범하고 있지만, 의도적으로 실수를 범하는 사람은 의도하지 않고 실수를 범하는 사람보다 더 좋은 기술을 가진 사람이다. 왜냐하면 전자는 그렇게 하지 않기로 마음만 먹으면 그 실수를 피할 수 있었기 때문이다. 그러나 아리스토텔레스는 실천적 지혜와 같은 탁월성에서는 그 "반대가 옳다"고 주장한다(1140b25). 실천적 지혜가 규정하는 바와 갈등을 빚는 일을 자발적으로 하는 사람은 그 일을 비자발적으로 하는 사람보다 훨씬 못한 사람이다. 왜냐하면 그 일을 비자발적으로 하는 사람은 실천적 지혜에 위배되는 행동을 하지 않았을 수도 있었기 때문이다.[85]

『니코마코스 윤리학』 제6권 제5장

이 논점에 관한 아리스토텔레스의 논의의 결과를 요약해 보자. 실천적 지혜는 학문적 인식과 기예와는 다른 이성의 능력이다. 학문적 인식은 필연적인 진리와 관련되어 있는 반면 실천적 지혜와 기예는 모두 우연적 진리와 연관되어 있다. 그러나 실천적 지혜와 기예는 전자의 목적이 행동인 데 반해 후자의 목적은 제작이라는 점에서 서로 구별된다.

비록 아리스토텔레스는 제6권 전반에 걸쳐 계속해서 실천적 지혜의 조건들과 부가설명들을 첨가하고 있기는 하지만, 『니코마코스 윤리학』 제6권 제5장에 가서야 실천적 지혜의 본성에 관해 좀 더 적극적인 논의가 시작된다. 그의 첫 번째 제안은 실천적 지혜를 소유하고 있으면서 또한 활용하고 있는 사람(*phronimos*)의 기능(*ergon*)을 검토함으로써 실천적 지혜(*phronēsis*)의 본성을 밝힐 수 있다는 점이다(1140a25; 1141b11-12). 그는 다음과 같이 주장한다. "자신에게 좋은 것, 유익한 것들과 관련해서 잘 숙고할 수 있다는 것이 실천적 지혜를 가진 사람의 특징으로 보인다. 그런데 이때 잘 숙고한다는 것은 건강이나 체력과 같은 부분적인 것에서 무엇이 좋은지를 생각하는 것이 아니라, 전체적으로 잘 살아가는 것과 관련해서 무엇이 좋고 유익한지를 잘 숙고한다는 뜻이다"(1140a26-28). 실천적 지혜는 행동과 관계하며(1140b5) 또한 행동의 원리는 합리적 선택(1139a34)이기 때문에, 합리적 선택을 내리는 일이 실천적 지혜의 특성이라는 사실을 자연스럽게 추론할 수 있다. 아리스토텔레스는 또한 실천적 지혜가 탁월성(1140b25)이라고 주장한다. 이는 실천적으로 지혜로운 사람은 훌륭한 합리적 선택을 내리는 사람이라는 사실을 함의하고 있다(1144a20). 그러나 이 합리적 선택들은

---

85 『니코마코스 윤리학』 제3권 제1장에 나오는 여러 곳과 비교하라.

무엇을 위해 존재하며 어떤 근거를 통해 실천적으로 지혜로운 사람은 이런 합리적 선택들을 도출하게 되는 될까? 아리스토텔레스는 실천적으로 지혜로운 사람은 인간 일반을 위해 좋은 것 또는 가장 훌륭한 것과 관련되어 있다고 주장한다.

그러나 우리는 실천적으로 지혜로운 사람은 '**자신을 위해** 좋은 것과 유익한 것'에 관해서 심사숙고한다는 주장에 대해서 조금은 염려가 된다. 이 주장은 윤리적 이기주의(ethical egoism)에 관한 아리스토텔레스적인 표현이라고 해석될 수 있다. 이 개념은 사람들이 (좁게는) 자신들의 사리(私利, self-interest)를 추구해야만 한다는 생각이다. 그러나 사실상 아리스토텔레스는 이런 해석을 피하기 위해서 매우 조심하고 있다. 『니코마코스 윤리학』 제6권 제8장에서 그는 윤리적 이기주의가 의미하는 좁은 의미의 이기심은 "〔모든 형태에〕 공통적으로 〔적절하게〕 적용되는 '실천적 지혜'라는 명칭을 〔종종〕 독점하고 있다"고 주장한다(1141b31-32). 게다가 아리스토텔레스는 적절하다고 생각하는 '자신을 사랑함'(self-love)을 '이기심'(selfishness)과 구분하고 있다(『니코마코스 윤리학』 제9권 제8장). 물론 여기서 올바른 해석은 실천적으로 지혜로운 사람은 주어진 상황에서 그 **자신이** 감당할 수 있는 것에 관해서 합리적 선택을 도출한다는 점이다(1112a31-32).

그러므로 실천적으로 지혜로운 사람은 그의 특성상 주어진 일련의 상황에서 해야 할 최상의 행동들에 관해서 최상의 합리적 선택들을 도출한다. 그는 심사숙고를 통해서 이런 합리적 선택들에 도달한다. 우리는 『니코마코스 윤리학』 제3권에서 심사숙고의 본성을 이미 고찰했기 때문에 아리스토텔레스는 이제 훌륭한 심사숙고의 본성을 『니코마코스 윤리학』 제6권 제9장에서 다루게 될 것이다. 따라서 필자는 이에 관한 자세한 분석은 그때까지 유보할 것이다. 그러나 지금은 아리스토텔레스가 언급하고 있는 개념에 관한 간략한 개요를 제시하는 것이 유익할 것이다. 심사숙고는 실천적으로 지혜로운 사람이 처해 있는 상황의 여러 중요한 측면들을 고찰하고 평가하는 과정이다. 이 심사숙고의 결과는 그 평가에 따라서 해야 할 가장 훌륭한 행동을 결정하는 일이다. 다음과 같은 예를 생각해 보자.

당신의 동료 중의 한 사람인 철수는 개인위생이 정말 형편없는 사람이다. 너무나 형편없어서 그는 사무실에서 항상 조롱의 대상이 되곤 한다. 철수의 일은 주로 고객과의 면담이기 때문에, 회사 사장은 철수가 때때로 '회사의 얼굴'이 된다는 점을 잘 알고 있다. 그렇다면 사장은 어떻게 문제를 해결해야 할까? 다음과 같은 사장의 반응들을 살펴보자. (a) 어느 날 사장이 사무실에 들어와 얼굴을 찌푸리며 당신의 동료를 지적하면서 "철수씨, 당신한테 고약한 냄새가 나요"라고 말한다. (b) 사장은 문제의 심각성을 깨닫고 최근 신문에 실린 기사를 인용하면서 사원 복지 프로그램을 가동할 것을 결정한다. 신문의 내용은 금융가에 근무하는 직원들은 시간이 너무 없어 자신들의 건강을 제대로 돌보지 못한다는 기사였다. 반응 (a)에서 사장은 어떠한 감수성도 보여주지 못했다. 그는 다른 동료들의 면전에서 철수의 문제를 지적함으로써 그가 받을 충격을 전혀 고려하지 못했다. 그러나 반응 (b)에서 사장은 문제가 있다는 사실을 인지했고 이 예민한 문제를 다루는 일이 매우 어렵다는 사실을 반영하고 있는 일련의 행동들을 선택하고 있다. 반응 (b)는 실천적 지혜의 활용을 잘 보여 주고 있다. 즉 그것은 주어진 상황에 대한 이해가 이루어졌을 때 수행되어야 할 행동의 가장 훌륭한 방식에 관한 심사숙고를 잘 나타내 주고 있다.

우리는 이제 1140b5-7에 나오는 실천적 지혜에 관한 아리스토텔레스의 명확한 개념 정의를 이해할 수 있는 위치에 다가서게 되었다. "실천적 지혜는 이성을 동반한 참된 실천적 품성 상태로서 인간에게 좋은 것과 나쁜 것에 관계한다는 것이다." 여기서 『니코마코스 윤리학』 제6권 제2장에서 발전된 실천적 진리의 개념에 관한 언급이 나타난다. 아리스토텔레스는 실천적 진리의 개념을 올바른 이성과 욕구의 결합으로 분석하고 있다(1139a24-26). 앞에서 살펴본 것처럼 이 결합은 만일 X의 욕구가 그의 이성과 '일치'하지 않는다면, X는 실천적으로 지혜롭지 못하다는 사실을 함의한다(1140b22). 실천적으로 지혜로운 사람이 되려면 우리는 수행해야 될 가장 훌륭한 행동에 관한 올바른 판단과 그 행동을 실행하려는 적극적인 욕구가 결합된 합리적인 선택을 탁월하게 도출해야만 한다.

『니코마코스 윤리학』 제6권 제6장

이 짧은 절은 '직관적 이성' (*nous*)이라는 탁월성을 소개하고 있다. 직관성 이성은 '직관' (intuition), '지성' (intellect), '오성' (understanding), '이해력' (comprehension)과 같은 번역어들로 해석된다. 그러나 이 용어의 정확한 용법이 제시될 것이기 때문에 필자는 이 용어를 번역하지 않을 것이며 독자들이 이 용법의 용례들로부터 그 의미를 이해할 수 있을 것으로 기대한다.

아리스토텔레스는 학문적 지식이 제일원리들로부터 연역되어 도출되는 세계에 관한 필연적 진리들을 파악한다고 주장했다(1139b25-31). 아리스토텔레스는 어떤 생각에서 이런 주장을 하게 되었을까? 우리의 연구 목적을 위해서, 우리는 제일원리들을 연구 영역에서 가장 기초가 되는 진리들이라고 간주할 수 있다. 예를 들어, "선은 두 점들 사이에 놓인 최단거리이다"와 같은 유클리드 기하학의 공리들을 생각해 보자. 이와 같은 공리들로부터 기하학의 정리들이 도출된다. 그러나 우리가 이 공리들의 진위를 파악하기 위해서 반드시 어떤 방법이 필요하다. 왜냐하면 그것들의 진위는 어떤 증명을 통해서 도출될 수 없기 때문이다. 만일 공리들의 진위가 증명을 통해 도출될 수 있다면, 우리는 그런 증명이 사용될 수 있는 심지어 더 기초적인 공리들이 존재한다는 사실을 함의할 수밖에 없다. 아리스토텔레스는 이 제일원리들을 누스(직관적 이성)가 파악한다고 주장한다(1141a9).

『니코마코스 윤리학』 제6권 제7장에서 살펴보겠지만, 누스는 철학적 지혜(*sophia*)의 품성 상태를 보조하는 기능으로 제6권 제11장에서 다시 한 번 언급되고 있다. 거기서 아리스토텔레스는 실천적 지혜에서 발휘되고 있는 누스와 유사한 능력에 대해서 논의하고 있다. 우리는 제6권 제11장에서 이 능력에 관해서 더 자세하게 살펴볼 것이다.

『니코마코스 윤리학』 제6권 제7장

아리스토텔레스는 철학적 지혜(*sophia*)를 '누스(직관적 이성)와 학문적 인식의 결합'이라고 분석하고 있다(1141a18). 따라서 그는 철학적 지혜를 제일원리들의 진리를 파악하면서 그것들로부터 올바른 추론을 이끌어 가는 능력으로 규정한다(1141a16–17). 그래서 그는 철학적 지혜가 '가장 훌륭한 인식'이라고 주장하며(1141a19) 또한 분명히 그것은 인간이 소유하고 활용할 수 있는 가장 고귀한 품성 상태라고 생각한다(『니코마코스 윤리학』 제10권 제7장과 비교하라). 그는 이런 평가에 대해 2가지 이유들을 제시하고 있다.

첫 번째로 아리스토텔레스는 이런 각각의 품성 상태의 가치는 그것들의 대상들의 가치에 의해서 결정된다고 생각하고 있다. 인간의 가치는 우주를 구성하고 있는 다른 존재들의 가치보다 열등하기 때문에, 인간의 좋음과 관계된 품성 상태는 우주의 본성과 관계된 품성 상태보다 열등해야 한다(1141a20-22). 아리스토텔레스의 이런 가정은 우리의 직관적 인식에 의해서 어느 정도 지지를 받고 있는 것처럼 보인다. 우리가 여러 사물들에 다른 가치를 부여하고 있다는 점은 옳지만, 우주를 구성하고 있는 다른 존재들이 인간보다 더 우월한 중요성을 가지고 있다는 주장의 진위에 대해서는 당연히 의문을 제기할 수 있다. 한 가지 자연스러운 생각은 우주의 현상은 그것의 모든 징후를 살펴볼 때 언제나 놀랍고 기이하다는 점이다. 행성들의 기원으로부터 시작해서 생명의 존재 자체까지 모두 놀라운 것들이다.

두 번째로 아리스토텔레스는 "철학적 지혜의 내용은 항상 모든 경우에 동일한 것이지만, 실천적 지혜의 내용은 동일한 것이 아니다"라고 주장한다(1141a25-26). 그의 논점은 다음과 같다. 철학적 지혜는 필연적 진리, 즉 거짓이 될 수 없는 명제들과 관련되어 있다. 그러나 실천적 지혜는 특정한 개인의 상황과 연관된 우연적인 진리들과 관련되어 있다. 이 주장의 배경에는 '영원하고 불변하는 것은 순간적이고 계속 변하는 것보다 우월하다'는 플라톤적 사유가 도사리고 있다. 아마도 이 사유는 왜 아리스토텔레스가 우주를 구성하고 있는 존재들에 우월한 가치를 부여하고 있는지에 관한 이유를 설명해 줄 수 있을 것이다.

철학적 지혜의 품성 상태의 가치와 실천적 지혜의 품성 상태의 가치를 각각 비교한 후에 아리스토텔레스는 실천적 지혜의 본성에 대해서 몇 가지 의견을 제시하고 있다. 첫 번째 주장은("무조건적으로 잘 숙고하는 사람은 인간적 행위에 의해 성취될 수 있는 것들 중 최선의 것을 지향하는 사람이다", 1141b14) 『니코마코스 윤리학』 제6권 제9장에 기술된 훌륭한 심사숙고에 관한 검토를 예시하고 있다. 이 주제는 잠시 후에 다뤄질 것이다. 두 번째 주장은 다음 인용구에 포함되어 있다.

> 실천적 지혜는 보편적인 것에만 관계하는 것이 아니라 개별적인 것들까지도 알아야만 하는 것이다. 실천적 지혜는 실천적인 것인데, 실천 혹은 행위는 개별적인 것들에 관련하기 때문이다. 이런 이유로 보편적인 것을 알지 못하는 사람들이 간혹 보편적인 것을 아는 사람보다 더 실천적인데, 특히 다른 분야에서 경험을 많이 쌓은 사람들이 그러하다. 만약 누군가가 연한 고기가 소화도 잘 되고 건강에도 도움이 된다는 것은 알지만 어떤 것들이 연한 고기인지를 알지 못한다면, 그는 건강을 얻을 수 없을 것이다. 그러나 조류 고기가 건강에 도움이 된다는 것을 아는 사람은 오히려 건강해질 것이다. 실천적 지혜는 실천적이다. 따라서 양자를 모두 알아야만 한다(1141b15-23).

이 구절은 『니코마코스 윤리학』 제6권에 제시된 보편적인 것과 개별적인 것에 대한 최초의 언급이다. 그러나 아리스토텔레스가 이 용어들을 어떤 의미로 사용했는지는 명백하게 드러나지 않으며 하필 논의의 이 부분에서 이 용어들을 언급하는 것이 필요했는지 그 이유도 명백하게 제시되지 않았다. 우선 이 문맥 속에서 '보편적인 것'과 '개별적인 것'이란 용어가 무엇을 의미하는지 살펴보자. 아리스토텔레스는 이 용어들을 1142a25-31과 1143a27-b10에서 다시 언급하고 있다는 점도 유의해 두자.

'보편적인 것'은 인간에게 좋은 것에 관한 일반적 진리들을 언급한다. 실천적 지혜를 발휘하기 위해서 X는 인간에게 좋은 것과 나쁜 것에 관한 어떤 (강한) 관념을 가져야만 한다(『니코마코스 윤리학』 제6권 제5장과 비교하라). 이 구절에서 아리스토텔레스는 그 관념만으로는 부족하다고 주장한다. 우리는 단지 인간에 관한 그런 일반적인 진리를 소유하는 것만으로 훌륭하게 행동하는 일에 성공할 수 없다.[86] 행동은 우리가 아는 대로 '개별적인 것'과 관련되어 있으며 '개별적인 것'을 파악하지 못하면 우리는 실천적 지혜를 발휘할 수 없다. 이 주장의 진위는 '개별적인 것' 이 무엇을 의미하는지에 달려 있다. 아리스토텔레스는 '개별적인 것' 으로 번역되는 '카테카스톤' (*kath' ekaston*)이란 용어를 여러 방식으로 사용하고 있다. 그것은 개별적인 사례들(instances), 개별적인 대상들, 개별적인 형태들(types), 개별적인 상황들(situations)을 언급하고 있다. 앞에 인용된 구절에서 사용된 용례는 만일 내가 연한 고기가 어떤 형태의 고기인지 알지 못한다면, 그것을 구해서 먹고 소화시킬 수 없을 것이라는 점에서 아리스토텔레스는 특정한 형태를 마음에 두고 있다는 점을 제시하고 있다. 그러나 일반적으로 아리스토텔레스가 마음에 두고 있는 것처럼 보이는 개별적인 것은 개별적인 사례들(instances)이다. 그것들은 우리가 목격하고 그럼으로써 학습하게 되는 행동들의 구체적인 용례들이다. 이런 개별적인 사례들로부터 이뤄지는 학습을 통해서 우리는, 비록 언어적으로 표현하기에는 매우 어렵지만, 주어진 상황에 반응하는 마땅한 방식에 관한 '감각' 을 개발하게 된다. 어떤 사람들은 개별적인 사례들에 노출됨으로써, 비록 인간에게 가장 훌륭한 것이 무엇인지에 관해서 일반적인 진리를 또렷하게 설명할 수 없다고 할지라도, 주어진 상황에 반응하는 마땅한 방식에 관한 매우 훌륭한 감각을 가지게 될 수 있다.

두 번째 문제와 관련해서, 우리는 왜 아리스토텔레스가 여기서 실천적 지혜의 이런 특성을 도입하고 있는지 의아해할 수 있다. 그가 실천적 지혜와 철학적 지혜를 비교 대조하면서 이 특성을 드러내고 있다는 사실이 강조되어야만 한다. 철학적 지혜는 '보편적' 또는 필연적 진리

---

86 이 해석은 '올바른 행동을 우연적으로 함' 은, 적어도 『니코마코스 윤리학』 제6권 제2장에서 상술된 의미에 따르면, 엄격하게 말해서 전혀 행동한 것이 아니라는 사실을 함의한다.

들과 관련되어 있기 때문에 실천적 지혜가 비록 자신의 영역에 존재하는 보편자들을 공유하고 있을지라도 개별자들과 관계한다는 특징을 갖고 있다는 점에서 철학적 지혜와 실천적 지혜는 서로 대조를 이룬다.

『니코마코스 윤리학』 제6권 제9장

필자가 위에서 지적한 것처럼 제9장에서 아리스토텔레스는 '훌륭한 심사숙고'의 개념을 분석하고 있다. 훌륭한 심사숙고라는 개념을 통해서 분석되고 있는 실천적 지혜에 관한 아리스토텔레스의 분석을 좀 더 명확하게 설명하기 위해서 이 작업은 매우 필수적이다. 일련의 짧은 논증을 통해서 아리스토텔레스는 훌륭한 심사숙고는 (i) 학문적 인식(1142b1-3)도 아니고, (ii) '잘 짐작함' (1142b3-7)도 아니고, (iii) 의견(1142b7-9)도 아니라고 주장한다. 필자는 이에 관한 논증들을 여기서 검토하지 않을 것이다. 이 논증들은 특별한 문제들을 불러일으키지 않는다. 그 대신, 훌륭한 심사숙고에 관해서 아리스토텔레스가 제시하고 있는 적극적인 설명을 검토해 보자.

위에서 지적한 대로, 심사숙고는 우리가 처한 상황들에서 해야 될 가장 최선의 행동을 찾기 위해서 그런 상황들의 가치 또는 상대적인 중요성에 관한 고찰이다. 아리스토텔레스가 여기서 지적하듯이, 이 과정은 그 자체로 실천적으로 지혜로운 사람에게만 독특하게 일어나는 것은 아니다(1142b18-19). 결함이 있는 사람도 자신이 처한 상황의 다양한 측면들의 상대적인 중요성을 평가할 것이며 그 자신이 감당할 수 있는 여러 가지 대안적인 행동들의 중요성을 평가하게 될 것이다. 그러나 그는 그것들의 **실제적인** 중요성에 관한 평가를 잘못 내리게 된다. 예를 들어, 화를 잘 내는 사람을 생각해 보자. 이 사람이 열차표를 사기 위해서 줄을 서서 기다리고 있는데 앞에 선 여자가 연간 열차 정기권을 구입하기 위해서 절차를 밟고 있다고 가정해 보자. 그녀는 여러 장의 신청서를 작성해야만 한다. 화를 잘 내는 사람이 기다리고 있던 기차가 서서히 플랫폼에 들어오고 있지만 그 여자는 여전히 열차 정기권을 구입하려는 절차를 밟고 있다. 그 순간, 그 화를 잘 내는 사람은 그녀가 다른 사람을 좀 더 배려해야만 하며 또한 그녀 때문에 자신은 '매우 중요한 회의'를 위해 타야 할 기차를 놓치게 되었다고 말하면서 그 여자를 꾸짖게 된다. 우리는 여기서 일련의 심사숙고의 과정을 엿볼 수 있다. 화를 잘 내는 사람은 자신의 평가에 따르면 무엇이 그 상황에서 매우 중요한 측면들인지에 관해서 주의를 기울이고 있었다. 열차를 타야 할 필요성, 회의의 중요성, 그 여자의 열차 정기권의 구입의 중요성에 관해서 말이다. 게다가 그는 그 상황에 관한 어떤 판단을 내리게 된다. 그것은 그 여자가 의도적으로 또한 아무런 근거도 없이 그에게 해를 입혔다는 것이다. 이 판단을 통해서 그는 의도적으로 이뤄진 피해에 대한 '적절한' 반응을 선택하게 되었다. 그 반응은 크고 호된 꾸지람을 퍼붓는 것이었다.

실천적으로 지혜로운 사람에게 나타나는 독특한 특성은 훌륭한 심사숙고이다(1141b11; 1142b33). 훌륭한 심사숙고는 어떤 좋음의 '도달' 또는 획득과 관련되어 있다(1142b22). 다시 말하면, 심사숙고를 잘하는 사람은, 모든 조건들이 고려되었을 때, 그 상황에서 **실제로** 무엇을 행하는 것이 가장 최상의 행동인지 찾아내는 사람이다. 화를 잘 내는 사람은 무엇이 최상의 행동인지 올바르게 찾아내지 못한다. 왜냐하면, 비록 어떤 경우에 꾸짖음이 실행할 수 있는 최상의 행동이 될 수 있을지라도, 그 사람의 결함 있는 품성 상태 때문에 그 행동은 단지 최상의 행동인 것처럼 **보여질** 뿐이다. 그러나 우리가 실행해야 할 최상의 행동에 관해서 올바른 판단에 도달했다는 사실만으로는 심사숙고를 잘하는 일에 충분하지 않다. X가 심사숙고를 잘하려면, X는 참된 추론을 통해서 이 판단에 도달해야만 한다(1142b23-26). 아리스토텔레스의 논점은 단지 어떤 잘못된 의견 때문에 결과적으로 최상의 행동을 하게 된 사람을 우리는 실천적으로 지혜로운 사람이라고 간주하지 않을 것이라는 점이다.

여기서 우리가 고찰할 필요가 있는 마지막 논점은 다음과 같은 논쟁을 불러일으키는 구절 속에 담겨 있다.

> 우리의 심사숙고는 무조건적으로 잘 숙고했을 수도 있고, 특정한 목적과 관련해서 잘 숙고했을 수도 있다. 그렇다면 무조건적으로 잘 숙고했다는 것은 일반적인 목적을 제대로 성취하는 것이며, 어떤 의미에서 잘 숙고했다는 것은 특정한 목적을 성취하는 것이다. 따라서 만일 잘 숙고했다는 것이 실천적 지혜가 있는 사람의 특징이라면, 심사숙고를 잘한다는 것은 목적을 성취하는 데 유용한 것을 따르는 올바름일 것이고, 이에 대한 참된 파악이 바로 실천적 지혜이다(1142b29-34).

에우다이몬적인(행복한) 사람은 무조건적으로 좋은 것과 관련된 심사숙고를 잘하는 사람이다. 이 주장의 진위는 어떤 '특정한 목적'과 관련된 심사숙고를 검토함으로써 밝혀질 수 있다. 우리가 휘어져 보기 흉해진 출입문을 고칠 수 있는 연장을 선택한다고 생각해 보자. 만일 우리가 이 임무를 성공적으로 수행하기 원한다면, '그 일을 위한 최상의 연장'에 관한 개념을 우리가 가지고 있어야 한다. 우리는 부풀어 올라 문제가 생긴 나무 조각을 재빨리 그리고 효과적으로 제거할 수 있는 어떤 연장을 필요로 하지만, 그 연장이 출입문의 다른 부분을 크게 상하게 할 정도로 매우 뾰쪽한 것이어서는 안 될 것이다. 이런 점을 염두에 두고 우리는 앞에 놓인 다양한 연장들을 평가하고 어떤 연장이 그 기준에 가장 적합한 것인지에 관한 판단을 도출하게 된다. 만일 마음속에 최상의 도구에 관한 개념을 가지고 있지 않다면, 어떤 근거에서 **훌륭하고 합리적인 선택**을 도출할 수 있을 것인가? 아리스토텔레스는 실천적으로 지혜로운 사람의 심사숙고의 특성에도 동일한 원리가 적용될 수 있다고 생각한다. 만일 그가 에우다이모니아(행복)의 개념을 가지고 있지 않다면, 그는 어떻게 가장 최상의 방식으로 행동할 수 있는가에 관한 훌륭하고 합리적인 선택사항들을 도출할 수 없을 것이다.

이 주장은 몇 가지 이유에서 수많은 논쟁들을 불러일으키고 있으며 이것들 대부분은 이 책의 범위를 넘어서고 있다. 그러나 필자는 아래에서 가장 두드러진 몇 가지 문제들을 살펴볼 것이다. 첫 번째로, 우리는 그런 개념을 소유하고 있는가? 두 번째로, 우리는 어떻게 그런 개념을 획득할 수 있는가? 세 번째로, 그런 개념의 내용은 무엇인가?

첫 번째 물음과 관련해서, 우리는 합리적 선택을 내릴 때 우리가 살고 싶어 하는 종류의 삶에 관한 몇 가지 개념을 가지고 있다는 사실을 필자는 인정한다. 그러나 어떤 사람이 최고 좋음에 관한 개념을 갖기 위해서는 목적들의 가치와 중요성에 대해서 생각하고 반성하는 일은 필수적이다. 브로디(Broadie)는 우리가 언제나 "최상의 삶에 관한 개념을 완벽하게 설정하는 것은 아니다"라고 주장한다.[87] 이 주장은 참으로 간주될 수 있다. 앞에서 살펴본 것처럼, 어떤 사람은 무의식적으로 자신의 삶에서 일어난 어떤 좋음들에 우선권을 인정할 수 있기 때문에 최고 좋음이라는 개념을 가지고 있지 않을 수 있다. 그럼에도 어떤 사람은 삶의 궁극적인 목적에 관해서 반성할 수 있으며 바로 그 개념이

---

87 S. Broadie, 1991, 198쪽 이하.

'완벽하게 수립되지' 않았을지라도 훌륭한 삶에 관한 **몇 가지** 개념을 발전시킬 수 있는 것처럼 보인다.

두 번째 질문과 관련해서, 가장 훌륭한 삶에 관한 우리의 개념은 삶을 통해서 발전한다. 어떤 사람은 10대 후반에 다른 사람들의 갈채가 훌륭한 삶의 매우 중요한 구성 요소가 된다는 사실을 깨닫고 그런 갈채를 획득하기 위해서 자신의 활동들을 결정할 수 있다. 그러나 경험상 그런 방식으로 연예인이 되는 일은 훌륭한 삶의 '전부가 될 수' 없음을 깨닫게 될 수 있다(연예인들이 종종 인터뷰에서 지적하듯이 말이다). 그런 다음 훌륭한 삶에 관한 우리의 개념은 그 자체로 심사숙고의 대상이 된다. 이것이 바로 어윈(Irwin)의 번역어가 훌륭한 심사숙고는 "올바르게 무조건적으로 존재하는 목적을 **증진시킨다**"라는 표현을 통해서 멋지게 포착하고 있는 논점이다. 『니코마코스 윤리학』 제3권의 검토에서 살펴본 것처럼, '목적을 향해' (*pros to telos*)라는 표현은 일반적으로 '도구적인 요소'와 '목적에 본질적인 요소'를 모두 함의하고 있다. 그러나 여기에 어떤 문제가 도사리고 있는 것처럼 보인다. 아리스토텔레스는 심사숙고가 어떤 목적과 관련되어 있어야만 한다고 주장한다. 만일 우리가 에우다이모니아의 개념에 관해서 심사숙고할 수 있다면, 이런 숙고는 어떤 목적에 관련해서도 이루어질 수 있어야만 한다. 그러나 문제는 에우다이모니아가 궁극적인 목적이기 때문에 우리가 언급할 수 있는 다른 목적은 존재하지 않는 것처럼 보인다. 이 문제는 에우다이모니아란 개념의 실질적인 내용에 관한 세 번째 물음과 직접적으로 연관된다.

아리스토텔레스는 『니코마코스 윤리학』 제6권에서 에우다이몬적인 삶이라는 개념의 내용을 구체적으로 서술하지 않았다. 몇몇 주석가들은 제10권 제6-7장에 제시된 설명이 이런 역할을 수행하고 있다고 생각한다. 아리스토텔레스는 세계의 본성에 관한 필연적 진리들을 관조하는 활동이 우리가 참여할 수 있는 가장 훌륭한 활동이라고 주장한다. 그러나 필자는 이 제안을 자세하게 검토하기보다는 다음과 같이 몇 가지 맺음말들을 서술할 것이다.

첫 번째로, 매우 실제적인 문제가 존재한다는 점을 지적할 필요가 있다. 몇몇 사람들은 인간의 훌륭한 삶이 무엇인가에 관해 매우 확신하고 있지만, 다른 많은 사람들은 몇몇 그런 개념들의 진위에 관해서 판단을 유보하는 경향이 증가하고 있다. 아마도 극단적인 삶을 살아가는 경우를 제외하고선 오늘날 우리는 그런 판단을 내리는 일이 쉽다고 생각하지 않는다. 두 번째로, 때때로 우리가 느끼는 '어찌할 바를 모름'(being lost)이라는 감정이 문제시되는 것처럼 보인다. 우리 생각에 단지 우리가 하고 있다고 **가정된** 일이 무엇인지를(훌륭한 삶이 무엇을 포함하고 있는지) 알고 있다고 한다면 삶 자체는 훨씬 쉬운 것이 될 것이다. 그러나 우리가 삶의 개념을 투여하는 심사숙고는, 우리가 그렇게 투여하는 만큼, 우리가 살아온 경험에 의존하고 있다고 생각할 수밖에 없다(1143b6-14). 말하자면, 어떤 십대 소년은 훌륭한 삶이란 타인들의 박수갈채를 받는 것이라는 관념을 실제로 삶 속에서 실험해 보았다. 박수갈채를 받는 삶을 자신의 목적으로 설정함으로써 그는 그 삶이 가장 만족스러운 방식의 삶이고 가장 가치 있는 방식의 삶인지를 관찰할 수 있었다. 아마도 그런 삶의 특징으로써 자신이 타인들의 판단에 예속되었다는 인식은 그가 그런 조건들에 종속될 때마다 자신은 자율성과 같은 삶의 다른 측면들을 제대로 표현할 수 없었다는 사실을 깨닫게 해줄 것이다. 그러나 이 인식 요소는 『니코마코스 윤리학』과 우리 각각의 삶에서 모두 심각한 문제로 남게 될 것이다.

『니코마코스 윤리학』 제6권 제11장[88]

『니코마코스 윤리학』 제6권 제7장에 기술된 논의에서 지적한 것처럼, 이 제7장에서 아리스토텔레스는 실천적 지혜의 발휘와 관련된 누스(직관적 인식)의 역할 또는 아마도 누스와 유사한 어떤 능력의 역할에 대해서 좀 더 자세한 설명을 하고 있다. 기억해 보면, 누스는 학문적 인식의 제일원리들을 파악할 수 있게 만들어 주는 탁월성으로써 처음에 도입되었다. 『니코마코스 윤리학』 제6권 제11장에 기술된 관련된 구절은 1143a36-b6이다.

> 누스 또한 양쪽 방향에서 최종적인 것들에 관련한다. 왜냐하면 제일 명제에도 관련하고 최종적인 명제에도 관련하는 것은 누스이지 추론이 아니기 때문이다. 또 누스는 한편으로 증명에서는 불변하는 제일 명제들에 관련되어 있다. 다른 한편으로 그것은 행위와 관련된 전제들에서 최종적이며 다르게 있을 수 있는 것들(소전제)에 관련되어 있다. … 왜냐하면 누스가 관련하고 있는 바로 최종적인 것들이 행위가 목적에 도달하기 위한 출발점이기 때문이다. 왜냐하면 보편적인 것들은 개별적인 것들로부터 출발하기 때문이다. 따라서 이런 개별적인 것들에 대한 지각을 가져야만 하며, 이 지각이 바로 누스이다.

이 구절은 논쟁의 여지가 있으며 또한 이 문제에 관한 깊은 논의는 여기서 다룰 수가 없다.[89] 독자들은 각주에 제시된 참고서적들을 살펴보

---

88 필자는 독자들이 『니코마코스 윤리학』 제10권 제7장을 살펴보기 전에 이 논점들을 유념해 주기를 바란다.

89 예를 들어, J. M. Cooper, 1975, 40-46쪽, A. Kenny, 1978, 170-172쪽과 최근에 나온 D. Bostock, 2000, 89-93쪽을 참조하라.

는 것이 좋을 것이다. 그러나 필자의 생각에 우리는 아리스토텔레스의 다소 신비스러운 주장들을 명료하게 해명해 줄 수 있는 몇 가지 견해들을 제시해 볼 수 있다.

아리스토텔레스는 실천적으로 지혜로운 사람은 개별적인 상황에서 어떤 것이 문제가 되는지 파악하기 위해서 누스를 발휘한다고 주장한다. 실천적으로 지혜로운 사람은 그가 처한 개별적인 상황을 반드시 파악해야 한다는 점은 우리가 이미 앞에서 인정했던 사실이다. 여기서 아리스토텔레스는 누스가 그런 파악 활동을 담당하고 있다고 주장하고 있다. 실천적으로 지혜로운 사람은 그 상황은 이러이러하며 어떤 개별적인 행동이 최상의 행동이라는 점을 알게 된다. 여기서 제시된 논점은 우리가 앞서 다뤘던 논의를 다시 상기시키고 있다. 거기서 우리는 실천적으로 지혜로운 사람은 어떻게 반응하는 것이 올바른 방식인지에 관한 판단력을 발전시켜 나가며 바로 누스의 활동을 통해서 그 사람은 그런 판단력을 소유하게 된다는 점을 지적했다. 왜냐하면 아리스토텔레스는 실천적 심사숙고를 통해서 도달하게 된 합리적 선택은 증명될 수 없다고 생각하기 때문이다(1140a33-35).

『니코마코스 윤리학』 제6권 제12장

여기서 첫 번째로 지적해야 될 사항은 사유의 탁월성들의 가치에 관한 아리스토텔레스의 고찰이다. 이 쟁점에 관한 논평은 탐구할 만한 가치가 있다. 왜냐하면 이 탁월성들의 사례 속에 어떤 '퍼즐'이 존재하는 것처럼 보이기 때문이다(1143b19). 철학적 지혜는 우주에 관한 필연적 진리들과 관련되어 있기 때문에 인간의 에우다이모니아와는 거의 관련이 없는 것처럼 보인다. 다른 한편 실천적 지혜는 인간의 에우다이모니아에 관한 것이지만 이미 좋은 사람들과 좋음을 갈망하는 사람들에게 모두 쓸모없는 것처럼 보인다. 이미 좋은 사람들이 된 자들은 원래적으로 좋은 사람이어서 올바른 일을 할 것이기 때문에 그들에게 실천적 지혜는 쓸모없는 것이 된다. 또한 우리 스스로 완벽한 의학적 지식을 획득하지 않고서도 질병들과 관련해서 의사에게 자문을 구하는 것처럼, 좋음을 갈망하는 사람들은 실천적 지혜를 소유한 사람에게 쉽게 자문을 구할 수 있기 때문에 실천적 지혜는 그들에게 쓸모없는 것이 된다(1143b28-33). 아리스토텔레스는 이 견해들을 거부한다. 첫 번째로 그는 오직 영혼의 상태가 뭔가를 만들어 낼 때에만 귀중한 것이라는 관념에 반대한다(1144a1-2). 두 번째로 그는 영혼의 탁월성들은 어쨌든 그것들의 소유와 발휘가 부분적으로 에우다이모니아의 구성 요소들이라는 의미에서 무언가를 만들어 내고 있다고 주장한다(1144a4-20).

두 번째로 지적해야 될 사항은 탁월성 안에서 실천적 이성의 역할이다. 아리스토텔레스는 품성의 탁월성들은 실천적 지혜를 함의하고 있고 실천적 지혜는 품성의 탁월성들의 소유를 함의하고 있다는 유명한 주장을 남겼다. 그의 생각은 다음과 같이 표현할 수 있다. 앞에서 말한 것처럼, 품성의 탁월성들은 어떤 사람이 어떤 것을 자신에게 가치 있는 것으로 인식함으로써 발생하는 결과로 감정적이며 욕망을 나타내는 일정한 형태의 반응들을 산출하는 품성 상태이다. 이 품성 상태들은 탁월성을 갖춘 사람으로 하여금 해야 될 일의 결정에 관련된 상황들의 여러 측면들에 민감하게 반응하도록 만들어 준다. 용감한 사람은 위험에 민감하게 반응하며 또한 자신의 삶의 가치에 민감하게 반응한다. 관대한 사람은 재물과 시간 등의 가치에 민감하게 반응한다. 그다음 탁월성들은 (우리가 누스를 통해서 파악하는) 어떤 상황과 연관된 개별자들을 우리에게 알려 주며 또한 필요하다면, 최상의 삶인 에우다이모니아에 관한 개념에 비추어 심사숙고를 하게 된다. 품성의 탁월성들과 실천적 이성의 이와 같은 밀접한 관계는 다음 장에 나오는 아리스토텔레스의 설명 속에 좀 더 자세하게 전개되고 있다.

『니코마코스 윤리학』 제6권 제13장

아리스토텔레스는 '자연적인 탁월성'이라는 개념을 도입하면서 『니코마코스 윤리학』 제6권 제13장의 논의를 시작하고 있다(1144b4-7). "품성들 각각은 어떤 방식으로든 모든 사람이 자연적으로 가지고 있는 것처럼 보인다. 우리는 태어나면서부터 곧바로 정의로운 품성, 절제 있는 품성, 용감한 품성, 또 그 밖의 것들에서 훌륭한 품성들을 가지고 있기 때문이다." 우선적으로 이 주장은 우리는 태어나면서부터 품성의 탁월성들을 획득하지 않는다는 1103a25에 기술된 아리스토텔레스의 진술과 갈등을 빚는 것처럼 보인다. 그러나 여기서 고찰되고 있는 것은 이성적인 부분, 즉 실천적 지혜가 빠져 있는 품성 상태들을 의미한다는 점이 명백하다. 이 주장은 경험을 통해서 확실하게 입증될 수 있다. 아이들은 어린 성장 시기에 독특한 기질들을 보여 준다. 한 아이는 공유하는 경향을 보이는 반면 어떤 아이는 이를 완강하게 거부한다. 그러나 이 자연적 탁월성을 진정한 의미의 탁월성과 혼동하지 않는 일이 중요하다. 왜냐하면 아리스토텔레스는 실천적 지혜가 지배하지 않으면 이 자연적인 탁월성들은 그 소유자에게 치명적인 피해를 입힐 수 있다고 주장하기 때문이다. 예를 들어, 자연적으로 공유하려는 경향이 있는 한 아이는 자신을 유혹해서 마땅히 가져야 하는 것보다 더 많은 것을 가져가려는 다른 사람들에게 그가 가진 것을 제공할 수 있다. 그렇다면 그 아이는 진정한 의미의 탁월성의 특성이 되는 주어진 상황에 대한 민감성을 갖지 못한 채 자신의 품성 상태를 발휘하고 있는 것이다. 아리스토텔레스는 완전한 탁월성은 품성의 탁월성과 사유의 탁월성을 모두 포함하고 있기 때문에 실천적 지혜를 요구한다고 주장하면서 이 논의의 결론을 맺고 있다(1144b17).

아리스토텔레스는 소크라테스가 주장한 탁월성들의 조화 이론에 관해서 부분적 동의를 표명하면서 『니코마코스 윤리학』 제6권의 결론을 맺고 있다. 탁월성들의 조화 이론은 실제로는 오직 하나의 탁월성 즉 실천적 지혜만이 존재하고 다른 다양한 탁월성들(예를 들어 용기나 관대함)은 그것의 구체적 사례들이라는 주장이다. 아리스토텔레스는 이 주장을 거부하고 있다. 그러나 그는 "실천적 지혜 없이는 훌륭한 사람이 될 수 없으며, 또한 품성의 탁월성 없이는 실천적 지혜를 가진 사람이 될 수 없다"라고 주장한다(1144b31-32). 이 견해는 현대를 사는 우리에게는 잘못된 것처럼 보인다. 예를 들어, 어떤 사람은 관대한 사람이 될 수는 있지만 동시에 용감한 사람은 되지 못할 수 있다. 아리스토텔레스는 이 견해가 자연적 탁월성들(즉 실천적 지혜가 지배하지 않는 탁월성)에는 적용되지만 진정한 의미의 탁월성에는 적용되지 않는다고 주장한다(1144b35-37). 그의 생각은 다음과 같은 주장인 것처럼 보인다. 모든 것들을 고려한 다음, 실행해야 될 가장 최상의 행동을 올바르게 결정하는 사람은 그가 처해 있는 상황들에 관련된 모든 특성들에 반드시 민감하게 반응해야만 된다. 그가 처해 있는 상황들의 모든 특성들에 반드시 민감하게 반응하기 위해서, 그 사람은 반드시 품성의 탁월성들을 소유해야만 한다(왜냐하면 그것들이 그 상황들과 관련되어 있는 것들을 드러내기 때문이다). 따라서 그 누구도 품성의 탁월성들을 발휘하지 않고 실천적 지혜를 발휘할 수 없다. 그러나 『니코마코스 윤리학』 제2권 제7장에 제시된 탁월성들의 목록이 이 임무를 성취하는데 충분하게 포괄적인지 아닌지에 관한 문제는 또 다른 문제에 속한다.

연구를 위한 물음들

1. 실천적 지혜가 파악하는 실천적 진리는 무엇인가?
2. 실천적 지혜는 사유의 다른 탁월성들과 어떻게 구분되는가?
3. 왜 아리스토텔레스는 실천적 지혜가 탁월성이라고 생각하는가?
4. 에우다이몬적인 삶의 세부적인 규정을 제시하지 않는 아리스토텔레스의 의도는 무엇인가?
5. 사유의 탁월성들의 가치는 무엇인가?

『니코마코스 윤리학』 제7권

서론

『니코마코스 윤리학』 제6권에서는 탁월성에 관한 아리스토텔레스의 더욱 세밀한 검토를 살펴보았다. 『니코마코스 윤리학』 제7권에서 그는 아크라시아(*akrasia*, 자제력 없음)와 즐거움의 현상에 주의를 기울이고 있다. 『니코마코스 윤리학』에는 즐거움에 관한 2가지 논의가 존재한다. 바로 제7권 제11-14장과 제10권 제1-5장에 제시된다. 그러나 이 둘 중의 그 어느 것도 상대 구절을 전혀 언급하지 않고 있으며 각각의 구절은 즐거움이 무엇인가에 관한 상이한 설명을 제시하는 것처럼 보인다. 『니코마코스 윤리학』 제7권에서 즐거움은 영혼의 자연적 상태의 방해받지 않는 활동으로 분석되고 있다. 그리고 『니코마코스 윤리학』 제10권에서 즐거움은 어떤 활동을 완성하는 목적으로서 분석되고 있다. 이 해설서에서 필자는 아리스토텔레스의 의도가 1152b25-26에 기술된 주장 속에 담겨 있다고 간주한다. 거기서 아리스토텔레스는 즐거움이 유일한 좋음 또는 심지어 어떤 좋음이 아니라는 주장에 관한 논증의 부당성을 증명하려고 노력하고 있다.

아리스토텔레스는 피해야 하는 세 가지 품성 상태들이 존재한다고 주장한다(1145a16). 결함(*kakia*)과 자제력 없음(*akrasia*)과 그리고 짐승 같은 품성 상태(*theriotes*). 결함의 본성은 이미 제2-6권에서 검토되었기 때문에 여기서 이에 관한 논의는 생략할 것이다. 또한 우리는 짐승 같은 품성 상태에 관해서도 논평하지 않을 것이다. 이것은 굉장히 드문 품성 상태로 이성적인 요소가 완전히 결핍되어 있는 상태이다. "짐승 같은 품성 상태는 결함보다 더 무서운 것이기는 하지만 그보다 덜 심각한 것이다"(1150a1). 여기서 논의의 초점은 아크라시아라는 호기심을 자아내는 현상에 관한 것이다. 아크라시아는 모든 것들을 검토하고 주어진 일련의 상황에서 해야 하는 최상의 행동을 일반적으로 선택하지만 그것을 수행하지 못하는 사람들에게서 드러나는 품성 상태이다.

소크라테스는 그런 상태의 존재를 부정하는 학자를 대표하고 있다. 그는 그런 명백한 실례들은 무지를 통해서 설명되어야만 한다고 주장한다(『프로타고라스』 352B-358E). 아리스토텔레스는 소크라테스의 부정이 아크라시아가 존재한다는 직관적 통찰과 갈등을 빚고 있다고 올바르게 지적하고 있다(1145b28). 직관적 통찰은 아마도 우리의 개인적인 경험을 통해서도 강화될 수 있다. 그러나 우리는 이런 경험들의 의미를 너무 과장할 필요는 없다. 첫 번째로 아리스토텔레스는 아크라시아를 품성 상태로 생각하고 있다. 그는 때때로 실수를 경험하는 사람과는 반대로 해야 할 최상의 행동을 결정하는 것과는 다른 어떤 행동을 **습관적으로** 하는 사람을 염두에 두고 있다. 두 번째로, 사례들을 검토할 때 우리가 관찰하는 것은 위에서 규정된 자제력 없음의 사례들이지, 공평하게 말하면, '의지의 약함'(weakness of will)으로 기술될 수 있는

또 다른 현상이 아니라는 점을 확신해야만 한다.[90]

아리스토텔레스의 명백한 의도는 감각적인 욕구들 또는 비열한 감정들 때문에 어떤 것을 잘못 행한 사람이 어떤 의미에서 다른 어떤 것을 해야만 했다는 사실을 알고 있거나 또는 생각하고 있다고 말할 수 있는가를 파악하는 것이다(1146b9-10). 아리스토텔레스는 육체적 즐거움과 관련된 자제력 없음과 분노와 관련된 자제력 없음이 존재한다고 생각한다. 몇몇 현대 철학자들은 이런 제한을 받아들이지 않는다는 점을 지적할 필요가 있다. 그들은 일반적으로 어떻게 한 사람이 절제와 관련된 즐거움이라든지 분노의 감정을 제외한 다른 어떤 감정 때문에 자신의 올바른 판단과 대치되는 행동을 할 수 있는가에 관심이 있다. 우리는 아리스토텔레스의 이런 제한의 이유에 관해서 아래에서 살펴볼 것이다.

번역어에 관한 몇 가지 지적 사항이 필요하다. 자제력 없음(*akrasia*)이라는 용어는 '의지의 약함(weakness of will), '자제력 없음' (incontinence), '자제력 결핍' (lack of self-control) 등으로 다양하게 번역된다. 또한 엥크라테이아(*enkrateia*)는 이와는 반대로 '의지의 강함' (strength of will), '자제력' (continence), '극기' (self-control) 등으로 번역된다. 아크라시아를 보여 주는 사람은 아크라테스(*akratēs*)라고 불리며 엥크라테이아를 보여 주는 사람은 엥크라테스(*enkratēs*)라고 불린다. 적절한 번역어를 선택하는 일은 매우 어렵다. 왜냐하면 다양한 번역어들은 그 상태들의 다양한 측면들을 강조하고 있기 때문이다. 그러나 문제는 아리스토텔레스가 아크라시아의 두 가지 형태인 마음 약

---

90 Matthews는 '의지의 약함' 이라는 이름으로 그룹을 형성할 수 있는 다양한 현상들에 대한 세밀한 설명을 제시하고 있다.

함(weakness)과 성급함(impetuosity)을 동일시해 버리면서 복잡해져 버렸다(1150 b20). 여기서 필자는 다른 곳에서도 그런 것처럼 그리스어를 사용하면서 해석에 관한 쟁점들을 다루지 않을 것이다.

『니코마코스 윤리학』 제7권 제1-2장

『니코마코스 윤리학』 제7권 제1장에서 아리스토텔레스는 엥크라테이이아와 아크라시아와 관련된 현상들을 제시하고 있다. 예를 들어, 아리스토텔레스는 엥크라테이아는 칭찬할 만한 상태라고 간주되는 반면 아크라시아는 비난할 만한 상태라고 간주된다고 주장한다(1145b9-11). 엥크라테스는 자신의 판단과 일치된 행동을 하는 반면 아크라테스는 자신의 판단을 포기한다(1145b11-13). 엥크라테스는 자신의 욕구들이 나쁜 것들이라는 사실을 알고 그것들에 저항하는 반면, 아크라테스는 자신의 행동들이 나쁜 것들이라는 사실을 알고 있지만 감정 때문에 그 행동들을 하게 된다(1145b13-14). 그래서 몇몇 사람들은 엥크라테스는 절제 있는 사람이며 아크라테스는 무절제한 사람이라고 생각한다(1145b15-17).

아리스토텔레스는 일반적인 현상들을 고찰한 후에, 그것들과 관련된 몇 가지 문제들 또는 난제를 살펴보게 된다. 예를 들어, 절제하는 사람은 엥크라테스(1145b15-17)라는 제안은 즐거움에 관해 절제하는 사람의 욕구는 넘치지도 않고 모자라지도 않는다는 주장과 갈등하게 된다(1119a11-20). 그러나 감각적인 즐거움에 관한 엥크라테스의 욕구는 과도한 것이기 때문에 절제하는 사람이 될 수 없다. 또한 실천적으로 지혜로운 사람도 아크라테스가 될 수 있다는 제안(1145b18-19)은 실천적으로 지혜로운 사람은 자신의 지식에 근거해서 행동하는 반면 아크라테스는 자신의 지식에 근거해서 행동할 수 없다는 주장과 갈등하게 된다. 이 난제들은 어떤 특별한 문제들을 불러일으키지 않기 때문에 필자는 단순하게 아리스토텔레스의 논의 속에 등장하는 소크라테스의 상황에 관해서 몇 가지 견해들을 제시할 것이다.

소크라테스는 "지식이란 사람들을 지배할 수 있는 고귀한 것으로 만일 어떤 사람이 좋음과 나쁨을 구별할 수 있다면, 그는 그 지식이 명령하는 것과는 다르게 행동하지 않을 것이다. 왜냐하면 철학적 지혜는 그가 필요로 하는 보강재이기 때문이다"라고 생각했다(『프로타고라스』 352C). 이 주장의 근거는 모든 사람이 '좋은 것으로 보이는 것'을 욕구한다는 생각이다(『메논』 78A; 1113a15-b2와 1155b25-27과 비교하라). 모든 사람들은 '좋은 것으로 보이는 것'을 욕구하기 때문에, 어떤 사람이 왜 나쁜 행동을 하는가에 관한 설명은 그가 좋은 것이 무엇인지를 **알지 못한다**는 이유가 되어야만 한다. 왜냐하면 만일 그가 좋음에 관한 올바른 개념을 가지고 있었다면, 모든 조건이 동일하다면 그는 좋은 행동을 수행할 것이기 때문이다. 이 가정을 통해서 소크라테스는 "어느 누구도 자발적으로 나쁜 일을 행하거나 또는 자신이 나쁘다고 생각하는 것을 행하지 않는다"라는 유명한 주장을 남겼다(『프로타고라스』 358D). 앞으로 살펴보겠지만, 아리스토텔레스는 소크라테스의 주장이 일면 타당하다고 생각한다. 그러나 소크라테스와는 반대로, 아리스토텔레스는 아크라시아가 실제로 존재한다고 분명하게 생각하고 있다(1145b28).

『니코마코스 윤리학』 제7권 제3장

제3장의 서두에서 아리스토텔레스는 자신이 관심을 가지고 있는 다음과 같은 쟁점들을 다루고 있다.

- 아크라테스는 어떤 의미에서 지식 또는 의견을 가지고 있는가?(제3장에서 논의됨)
- 아크라시아적인 행동들의 범위는 무엇인가?(제4장과 제6장에서 논의됨)
- 아크라시아와 무절제 사이의 구분(제4장과 제7장에서 논의됨).

이 해설서에서 우리는 첫 번째 쟁점에 집중하게 될 것이며 다른 것들은 단지 언급만 하고 넘어가게 될 것이다. 자세한 지침은 이번 장의 각주에서 제시될 것이다.[91]

제3장에서 아리스토텔레스는 아크라시아에 관한 적극적인 설명을 제시한다(1146b25–1147b19). 이 구절에 관한 정확한 해석은 여러 논쟁들을 불러일으키기 때문에 아리스토텔레스가 제시하고 있는 물음을 우리가 이해한다는 사실은 아주 큰 의미를 갖는다. 왜냐하면 만일 우리가 그 물음에 관해서 명확하게 이해하지 못한다면, 그의 논평들은 매우 혼란스러운 것처럼 보이기 때문이다. 아리스토텔레스는 "우리는 아크라테스가 지식을 가지고 있는지 아닌지, 또한 어떤 방식으로 그가 그 지식을 가지고 있는지 검토해야만 한다"고 주장한다(1146b9–10). 우리는 이 문제를 다음과 같은 두 가지 방식으로 분석해 볼 수 있다.[92]

(i) 만일 x가 주어진 상황에서 최상의 행동에 관한 완전한 지식을 가지고 있으면서 어떻게 x는 최상의 행동을 하지 못할 수 있을까?
(ii) 어떻게 최상의 행위를 할 수 없는 x는 어떤 행동이 주어진 상황에서

---

91 S. Broadie(1991), D. Bostock and M. Pakaluk(2005)을 참조하라.

92 필자는 이런 해석의 문제를 제시하는 법을 S. Broadie(2002, 385–387쪽)에게서 빌려 왔다.

최상의 행동이 된다는 점을 알 수 있다고 말해질 수 있는가?

이 물음들은 일련의 다른 탐구를 제안하고 있다. 물음 (i)에서 설명되어야 할 점은 아크라테스가 해야 할 최상의 행동에 관한 지식을 갖는지 아닌지 또는 어떤 의미에서 갖는지의 문제가 **아니라** 오히려 그런 지식을 소유하게 되었을 때 **어떻게** 그가 다르게 행동할 수 있는가라는 문제를 함의하고 있다. 그러나 물음 (ii)에서 설명되어야 할 점은 **어떻게** 아크라테스가 잘못된 행동을 하는가라는 문제가 아니라, 그가 해야 할 최상의 행동에 관한 지식을 소유하고 있는가 또는 어떤 의미에서 소유하고 있는가라는 문제를 함의하고 있다. 여기서 문제는 다음과 같은 아크라시아에 관한 언급이 환기시키는 다른 물음들과 뒤엉키면서 복잡한 양상을 띠게 된다.

(iii) x 또는 y를 모두 할 수 있지만 y보다는 x가 좋다고 판단한 사람은 그다음에 y보다는 x를 할 것이라고 확신할 수 있는가?
(iv) y보다는 x를 좋다고 판단하는 일이 어떤 사람이 x 또는 y를 모두 할 수 있는 상황에서 y보다는 x를 하려는 의도를 갖는 일과 동일한가?
(v) 어떻게 아크라시아가 가능한가?

이 물음들은 흥미로운 것들이지만, 그것들은 아리스토텔레스가 1146b25-1147a24에서 논의하고 있는 물음들이 아니다. 사실상, 아리스토텔레스는 물음 (ii)에 기본적으로 관심을 가지고 있다. 이 구절은 명백하게 '어떤 사람이 어떤 것을 알고 있다'고 말해질 수 있는 다양한 의미들에 관련되어 있다. 그러나 물음 (i)은 그런 논의들을 전혀 유발하지 않는다. 왜냐하면 그 물음은 아크라테스가 '완전한 지식'을 가지고 있다는 점을 당연한 사실로 간주하기 때문이다. 따라서 잘못된 행동을 하는 사람은 무엇이 해야 할 올바른 행동인지를 알고 있다거나 또는 믿고 있다고 말해질 때 그것이 의미하는 바가 무엇인지를 아리스토텔레스는 상술하려 시도한다.

아리스토텔레스의 첫 번째 행동은 물음 (ii)에 대해 명백하게 거짓이라고 생각하는 답변을 거부하는 것이었다. 그 답변은 아크라테스가 x는 해야 할 최상의 행동이라는 점을 인식하는 것이 아니라 그는 단지 x가 해야 할 최상의 행동이라고 **믿고 있다**는 주장이다. 또한 이 견해에 따르면 신념은 감소된 확신을 함의하기 때문에, 자신의 신념에 반대되는 그 사람의 행동은 충분히 설명될 수 있다. 왜냐하면 그는 x가 실제로 해야 할 최상의 행동이라는 점을 확신하지 못하기 때문이다. 그러나 여기서 어떤 사람의 확신의 강도에 의존하는 것은 부적절하다. "자신들이 믿고 있는 것에 대한 사람들의 확신은 자신들이 알고 있는 것에 대한 다른 사람들의 확신보다 더 열등하지 않다"(1146b30-31). 그렇다면 아크라시아의 문제는 어떤 사람이 지식 또는 신념에 반대되는 행동을 할 수 있느냐 없느냐와 무관하게 미해결로 남게 된다.

아리스토텔레스는 이 물음에 대한 좀 더 설득력 있는 대답은 어떤 사람이 어떤 것을 알고 있다고 말할 때 그 진술이 뜻하는 두 가지 의미들의 구분 속에 발견될 수 있다고 생각한다. "우리는 안다는 말을 두 가지 의미로 이야기한다. 앎을 가지고 있지만 사용하지 않는 사람과 앎을 사용하는 사람 모두 알고 있다고 이야기된다"(1146b32-33). 이를 잠재적 지식(dispositional knowledge)과 현재 발생하는 지식(occurrent knowledge)이라는 현대적인 용어들로 표현하고 싶은 생각이 들 것이다. 예를 들어, 당신은 이 문장을 읽기 전에 오늘 아침 샤워 또는 목욕을 했는지 안 했는지에 관한 사실 또는 오늘 아침에도 안 했다는 사실을 알고 있다. 그러나 이 지식은 현재 발생하는 지식이 아니라 잠재적인 지식이다. 그러나 이 문장을 읽는 행위는 그 잠재적 지식을 우리 마음속에 가져옴으로써 그것을 현재 발생하는 지식으로 변화시켜 준다. 그러나 아리스토텔레스의 논점은 지식이 '마음' 속에 있느냐 없느냐라는 문제가 아니라 지식이 행위 속에서 작용하고 있는가 아닌가라는 문제이다. x가 y의 아내와 부적절한 관계를 맺는 동안 "다른 사람의 부인과 부적절한 관계를 맺는 것은 이 상황에서 내가 해야 할 최상의 행동이 아니다"라는 생각을 마음에 떠올리는 일이 얼마든지 가능한 것처럼 보인다. 여기서 문제가 되는 것은 그 생각이 (부분적으로) x의 행위의 인과적인 설명 요소가 될 수 있는가 하는 점이다. 다시 말하면 x는 y의 아내와 부적절한 관계를 맺는 일이 해야 할 최상의 행동이라고 판단하기 **때문에** y의 아내와 그런 관계를 맺고 있는 것이다.

작동하는 지식(operative knowledge)과 작동하지 않는 지식(inoperative knowledge)의 구분은 다른 측면에서는 이상한 것처럼 보이는 수많은 사례들에 의미를 부여하는 것처럼 보인다. 예를 들어, 나는 소금을 너무 많이 섭취하는 일이 나의 건강에 유익하지 못하다는 사실을 알고 있지만, 레스토랑에서 내 앞에 놓인 음식은 소금으로 간이 맞춰져 있다는 사실을 깨닫지 못할 수 있다(1147a5-8). 따라서 나는 이런 의미에서 내가 가진 지식에 반대되는 음식을 먹을 수 있다. 그러나 내가 그 음식을 먹는 것은 엄청난 사건이 될 것이다. 왜냐하면 그 음식은 내가 알고 있기로는 나의 건강에 해로운 소금으로 간이 맞춰져 있기 때문이다.

지금까지 아리스토텔레스는 x가 어떤 것을 알고 있다고 말할 때 그 진술이 뜻하는 두 가지 의미를 구별했다. 로빈슨(R. Robinson)은 아리스토텔레스가 1146b36에서 사실상 아크라시아의 현상을 설명하기 위해서 필요한 모든 것을 표현하고 있다고 생각한다.[93] 필자는 만일 우리가 아리스토텔레스를 물음 (ii)에 따라 해석한다면 이 해석은 참이라고 생각한다. 그러나 아리스토텔레스는 아직 그 두 가지 의미의 구분을 아크라시아에 관한 설명에 명백하게 연결시키지 않았다는 점을 지적할 필요가 있다. 그런 연결은 다음 인용구에서 드러난다.

> 지식을 가지고 있지만 사용하지는 않는 경우에서도 특별히 구별되는 하나의 품성 상태, 가령 자고 있는 사람이나 미친 사람, 혹은 취한 사람의 경우처럼 어떤 방식으로 지식을 가지고 있으면서도 가지고 있지 않은 상태를 보기 때문이다. 강한 감정에 사로잡힌 사람들도 이러한 상태에 놓인 것이다. 분노나 성적인 욕망들, 또 그러한 종류의 것들은 명백히 지식을 방해하고 신체까지 변화시키기 때문이다. 그러므로 아크라테스는 이 사람들과 유사한 방식으로 지식을 가지고 있다고 말해야 함이 분명하다(1147a11-18).

여기서 아리스토텔레스는 자신의 구분을 다른 일련의 사례들에 적용하고 있다(1147a10). 어떤 사람은 자고 있는 사람이나 미친 사람, 혹은 취한 사람이 지식을 갖는 동일한 방식으로 지식을 가질 수 있다. 이 주장은 '강한 감정'에 영향을 받은 사람들도 역시 지식을 가지고 있음을 의미한다. 이 주장은 지식이 사용되지 않을 수 있음을 새롭게 의미하는 것이 아니라는 점을 지적하는 것이 중요하다. 오히려 그 주장은 지식이 사용되지 않는 것처럼 나타날 수도 있음을 의미하는 것처럼 보인다. 아리스토텔레스는 여기서 그 원인들로서 '분노나 성적인 욕망들, 또 그러한 종류의 것들'을 나열하고 있다. 그렇다면 이 주장은 x가 아크라시

93 R. Robinson, 1969, 80쪽.

아에 영향을 받을 때, 그의 지식은 강한 감정에 의해서 '방해받는다'는 점을 함의하고 있다. 즉 행위 속에서 그 지식이 사용되지 않는 것처럼 나타날 수 있음을 의미한다. 따라서 물음 (ii)에 관한 아리스토텔레스의 답변은 어떤 일련의 행위가 추구해야 할 최상의 행동이 아니라는 x의 신념은 x가 아크라시아에 따라 행동할 때 강한 감정들에 의해서 작동하지 않는다는 사실이다.

아리스토텔레스는 물음 (ii)에 관한 자신의 답변을 반박할 가상적인 반론을 곧바로 다루고 있다. 예를 들어, 술 취한 사람들은 "나는 더 이상 술을 마셔서는 안 돼. 하지만 더블 위스키 더 가져와"라고 종종 말한다. 이 주장은 그들의 지식이 사용되고 있음을 증명해 주는 것처럼 보인다(1147a19-24). 아리스토텔레스는 이 반론을 다음과 같은 근거에서 반박하고 있다. 우리는 x가 어떤 단어들을 말하고 있다는 사실로부터 x가 자신이 말한 것을 이해하고 있다는 결론을 도출할 수 없다. 이런 관점에서 보면, 아크라테스는 대본에 나오는 대사를 전혀 믿지 않으면서 그 대사를 암송하는 배우와 닮았다. 그러나 이런 대처는 호의적인 반응을 이끌어 낼 수 없다. 아크라테스가 어떤 잘못된 일을 했을 때, 그 잘못됨과 관련된 지식은 작동하지 않았다. 그러나 해서는 안 될 일에 대한 지식 또는 신념이 전혀 작동하고 있지 않는데도 "나는 그 일을 해서는 안 된다"라고 말할 수 있다는 주장은 과연 신뢰할 만한 것일까? 이 주장과 위에 나온 레스토랑의 예를 비교해 보자. 만일 내가 "이 음식은 소금으로 간이 맞춰져 있기 때문에 나는 먹어서는 안 된다"라고 말한다면, 그 음식이 소금으로 간이 맞춰져 있다는 지식은 작동하고 있다. 그러나 아리스토텔레스는 이 반론에 너무 염려할 필요가 없다. 강한 감정들은 아크라테스가 가진 지식을 작동하지 못하도록 만드는 일에 인과적인 원인이 되며 또한 오직 그런 감정들이 의지를 무력화할 때만 아크라테스는 그것들에 대한 지식을 갖게 된다(1147b1–5). 마찬가지로 아마도 오직 꽤 힘든 숙취를 겪고 나서야만 더 이상 술을 마셔서는 안 된다는 술 취한 자의 지식은 작동하게 될 것이다.

이제 우리가 물음 (ii)에 관한 아리스토텔레스의 답변으로서 1146b25–1147a24를 해석한다면, 그다음에 나오는 난해한 구절인 1147a25–b19를 어떻게 해석해야 할까? 이 구절 역시 물음 (ii)에 대한 답변으로 구성되어 있을까? 본문이 난해할지라도 여기서 우리는 어떤 의미에서 x가 최상의 행동이라고 판단한 것과 반대되는 행동을 하게 되는지에 관한 또 다른 설명을 발견할 수 있을 거라고 필자는 생각하지 않는다. 아리스토텔레스의 참된 의도에 관한 단서는 다음과 같은 시작하는 말에서 찾아볼 수 있다. "우리는 다음과 같은 방식으로 인간의 본성을 언급함으로써 그 원인을 살펴볼 수 있다"(1147a25–26). 이 주장은 그가 **어떻게** 아크라시아에 따른 행동이 일어나는지에 관한 논평을 하고 있음을 보여 준다. 그는 x가 아크라시아에 의해 영향을 받을 때 어떤 일이 x에게 일어나는가를 진술하고 있는 것이지, x가 어떤 것을 알 수 있다는 주장의 새로운 의미를 진술하고 있는 것은 아니다. 문제의 구절은 해석하기 어렵기 때문에, 그 구절을 다음과 같이 전체 문단과 함께 제시하는 것이 좋을 것이다.

> 또 누군가는 다음과 같은 식으로 그 원인을 인간의 본성을 언급함으로써 살펴볼 수 있을 것이다. 보편적인 것에 관한 의견에 대비되는 다른 의견은 개별적인 것들에 관련되며, 개별적인 것들에서는 지각이 주도적 역할을 수행한다. 그런데 이것들로부터 하나의 의견이 생겨날 때마다, 거기서, 즉 이론적인 영역에서 추론된 결론을 영혼이 긍정해야 하며, 실천적인 영역에 있어서는 즉각 행위로 옮기는 것이 필연적이다. 예를 들면 이렇다. 만일 단 것은

> 모두 맛보아야만 하는데, 이것이 개별적인 것들 중 하나로서의 단것이라면, 맛볼 수 있는 능력을 가지고 있으면서 방해받지 않는 자는 동시에 이것을 행하는 것이 필연적이다.
>
> 그러므로 만일 한편으로는 맛보는 것을 말리는 보편적인 의견이 있지만, 다른 한편으로는 단 것은 모두 즐거움을 주는데 이것도 단것이라는 의견이(바로 이 의견이 실제로 움직이게 만든다) 있다면, 또 마침 단것에 대한 욕망이 존재한다면, 한편에서 보편적 의견은 단 것을 회피하라고 말하지만, 다른 편에서 욕망은 단 것을 맛보도록 만든다. 왜냐하면 욕망은 육체의 다양한 부분들을 움직이게 할 수 있기 때문이다(1147a25-36).

이 인용구는 난해한 구절이기 때문에 여기서 이 인용구에 관한 완벽한 해석은 시도하지 않을 것이다. 그렇지만 우리는 그 모호함을 제거해 줄 몇 가지 논평을 제시할 수는 있을 것이다. 아리스토텔레스는 이론적인 문제들에서 보편적 신념과 개별적 신념의 결합은 영혼이 긍정하는 새로운 신념이 될 것임을 지적하면서 논의를 시작하고 있다. 따라서 예를 들어, 나는 '하나의 다리 또는 그 이상의 다리를 가지고 있는 수평적인 평평한 판'은 책상이라는 보편적인 신념을 가지고 있다면 또한 감각 지각을 통해서 나는 "**이것이** 네 개의 다리를 가지고 있는 수평적인 평평한 판"이라는 신념을 가지고 있다면, 이 신념들은 결합되어 "**이것은** 책상이다"라는 새로운 신념을 형성하게 된다. 이론적인 경우에 우리는 이 명제를 참으로 인식한다. 실천적인 경우에, 두 신념들은 유사한 방식으로 결합될 수 있다. 그러나 행위와 관련된 문제들에서 우리는 그 결론에 따라 행동하게 된다. 따라서 예를 들어 만일 내가 '삶은 감자를 먹는 것은 좋다'라는 신념을 가지고 있다면 또한 감각 지각을 통해서 "이것이 삶은 감자다"라는 신념을 가지고 있다면, 이 신념들은 결합되어 "이것은 좋다"라는 새로운 신념을 형성하게 된다. 만일 내가 먹을 수 있는 능력이 있고 아무런 제약을 받지 않는다면, 나는 이 신념에 따라 행동함으로써 이 감자를 먹을 것이다.

만일 이 주장이 어떻게 행동들이 일반적으로 유발되는지에 관한 설명이라면, 아크라시아의 경우에는 어떻게 적용될 수 있을까? 아리스토텔레스가 고려하고 있는 사례들을 보면 아크라시아에 영향을 받은 x는 그로 하여금 어떤 종류의 음식을 맛보지 못하도록 저지하는 보편적인 신념을 가지고 있다. 그러나 x는 또한 "모든 단 것은 즐거움을 주는 것이다"라는 또 다른 보편적 신념을 가지고 있으면서 "이것은 단 것이다"라는 개별적인 신념을 가지고 있다. 이 개별적 신념은 대상의 감각 지각으로부터 얻어진 것이며 이 신념은 모든 단것은 즐거움을 주는 것이라는 보편적 신념을 작동하게 하는 원인이 된다. 그 사람은 또한 즐거움을 주는 것에 관한 욕구를 가지고 있기 때문에 그는 그 욕구에 '이끌려서' 그 대상을 맛보지 못하도록 말리는 보편적 신념에 반대되는 행동을 하게 된다. 아크라테스의 욕구는 x가 맛을 봐서는 안 되는 주어진 대상의 성질들에 대립된 그 대상의 단맛에 x를 매달리게 한다는 의미에서 그 x의 감각적인 신념을 지배하고 있다. 그렇다면 이 주장은 소크라테스의 주장이 옳은 것임을 의미한다. 왜냐하면 감각적인 지식(perceptual knowledge)은 이리저리 끌려다니지만 좋음에 관한 지식은 끌려다니지 않기 때문이다(1147b16-18).

그러므로 아리스토텔레스는 나쁜 일을 하는 x가 최상의 것을 알고 있다는 주장의 의미를 검토하고 있다. 그는 그 상태를 술 취한 사람의 경험과 비교하면서 어떻게 아크라테스가 가진 지식이 그가 지금 하는 방식대로 그런 행동을 유발하게 되는지를 보여 주려고 시도하고 있다. 아리스토텔레스의 설명은 소크라테스가 아크라시아와 같은 상태는 존재하지 않는다고 말하는 부분은 잘못됐지만 어떤 종류의 지식은 욕구에 의해 제압될 수 없다고 주장하는 부분은 옳았음을 입증해 준다.

그러나 여전히 몇 가지 미해결 쟁점들이 존재한다. 첫 번째, 어떻게 즐거움을 주는 것에 관한 아크라테스의 욕구가 그것을 맛보아서는 안 된다는 '보편적 판단' 보다 우선할 수 있는지에 관한 설명이 아직 제시되지 않았다. 우리는 다음 절에서 이 문제의 여러 함의점들을 검토하게 될 것이다. 두 번째로, 아크라테스의 감각적인 지식은 행위 속에 작동하기 때문에 '이리저리 끌려다닌다' 는 주장은 명확하지 않은 반면, 아크라테스의 보편적 지식(이 음식을 맛보아서는 안 된다)은 '이리저리 끌려다니는' 것처럼 보인다(즉 작동하지 않는다).

『니코마코스 윤리학』 제7권 제4-10장

아리스토텔레스는 감각적인 즐거움과 또한 분노와 관련해서 아크라시아가 존재한다고 주장하고 있다(1148a17 ; 1149a25). 그는 감각적인 즐거움과 관련된 아크라시아가 분노와 관련된 아크라시아보다 더 수치스러운 것이라고 주장한다. 왜냐하면 후자에는 이성과 반성이 어떤 역할을 감당하고 있기 때문이다(1149b1-4). 논점은 x가 적절하게 또는 적절하지 못하게 화를 내려면, x는 자신이 처한 상황의 평가에서 공정함(fairness)과 자존감(self-respect)을 반드시 보여 줘야만 한다. 그런 평가 과정은 **인간** 활동의 특성이다. 그러나 감각적인 만족에 관한 욕구는 인간의 이성적 특성을 함의하지 않는다. 따라서 감각적 즐거움에 관한 아크라시아는 동물적인 수준과 유사하기 때문에 더 수치스러운 것이 된다(1118a25-27과 비교하라).

도널드 데이비슨(Donald Davidson)은 아리스토텔레스의 설명에서 아크라시아가 비난을 받을 만한 상태인지가 명확하지 않다고 주장한다.[94] 데이비슨이 여기서 아리스토텔레스를 해석하듯, 영혼 속에는 두 가지 경쟁적인 요소인 '이성'과 '감정'이 존재하며 감정이 이성을 제압할 때 아크라시아가 발생한다. 그러나 어떤 의미에서 행위자는 그 싸움의 승리자에 영향을 미칠 수 있을까? 앞에서 살펴본 것처럼, 아리스토텔레스는 우리가 갖는 감정들은 우리의 품성에 의존하고 있다고 생각한다. 따라서 아리스토텔레스는 비록 아크라테스가 욕구들을 가지고 있기 때문에 그것들에 '저항'하기 어렵다고 생각할지라도, 아크라테스가 지나친 욕구들을 갖고 있다는 점에서 그는 비난을 받게 된다고 생각할 수 있다. 데이비슨에게 이런 대답은 절대로 만족스러운 것이 될 수 없다. 왜냐하면 아리스토텔레스는 아크라테스가 절제하지 못하는 사람과는 달리 치유될 수 있다고 주장하기 때문이다(1151a13-14). 아크라테스는 지나친 감각적 즐거움의 추구가 가장 좋다는 말에 설득되지 않기 때문에 '마음을 돌리도록 설득하기가 쉽다.' 그러나 우리는 여기서 아리스토텔레스가 문제들을 혼동하고 있다고 생각할 수 있다. 결국 이성은 욕구를 조절하는 역할과 관련해서 아크라테스에게서 전혀 효과를 발휘하지 못함을 보여 주었다. 반면 이성은 결함이 있는 사람에게 효과적으로 작동한다. 결함이 있는 사람은 이성을 효과적으로 사용하지만 좋음에 관한 잘못된 개념을 가지고 사용하고 있는 것이다.

마지막으로 아크라시아에 관한 아리스토텔레스의 설명은 때때로 그것의 실제적인 경험 현상을 정확하게 나타내는 것이 아니라고 간주되었다. 우리가 아크라시아의 영향을 받게 될 때, 우리는 케이크를 먹으면서 "이 케이크를 먹는 것은 나의 건강에 해롭다"라는 생각이 일어난다고 말해진다. 그러나 아리스토텔레스는 그런 내용을 담고 있는 생각

94 Donald Davidson, 1980, 35쪽.

은 아크라시아 사건이 진행되고 나서야 이루어진다고 생각한다. 정확하게 바로 이 이유 때문에 필자는 단지 생각이 사용되고 있는가 아닌가 하는 문제가 중요한 것이 아니라 그 생각이 행동을 설명하는 일부가 되고 있는가 아닌가가 중요하다는 아리스토텔레스의 주장을 강조했다. 따라서 최소한 이 설명에 따르면 아리스토텔레스의 견해는 아크라시아 경험의 현상에 관한 대중적인 설명과 일치하게 된다. 이 견해를 통해서 아크라시아에 관한 우리의 논의는 이상으로 종결된다. 우리는 많은 쟁점들을 재빠르게 대략적으로 다뤄 봤다. 관심 있는 독자들은 이에 관련된 해석들과 반대논증들을 살펴보려면 주석에 나오는 참고문헌들을 참조하길 바란다.[95]

『니코마코스 윤리학』 제7권 제11-14장

아크라시아에 관한 논의 다음에 즐거움의 좋음에 관해 논의해 보는 것은 적합한 순서라고 생각된다. 왜냐하면 즐거움에 관한 논의는 그것이 우리를 타락하게 만들기 때문에 나쁜 것이라는 인상을 줄 수 있기 때문이다(1104b10과 비교하라). 따라서 아리스토텔레스는 즐거움이 나쁜 것이라는 결론을 위한 몇 가지 논증들과 의견을 달리하고 있다는 것은 적절하다고 생각한다. 비록 이 주장은 옳을지라도 아리스토텔레스가 그런 의도를 가지고 있는지는 분명하지 않다. 즐거움에 관한 논의의 동기를 진술하면서 그는 그 논의가 정말 필요하다고 주장한다. 왜냐하면 (a) 즐거움과 고통은 정치철학 연구의 고유한 주제들이며 (b) 탁월성과 결함은 즐거움과 관련되어 있는 관계로 우리는 즐거움을 설명해야만 하기 때문이다(1152b1-6).

---

95 고무적인 논의들에 관해서 R. Holton, 2003을 참조하라.

아리스토텔레스는 즐거움과 관련해서 주장되는 다음과 같은 세 가지 부정적인 견해들을 지적하고 있다.

(1) 즐거움은 좋은 것이 아니다.
(2) 몇몇 즐거움은 좋은 것이지만, 대부분의 즐거움은 나쁜 것이다.
(3) 비록 모든 즐거움들이 좋은 것일지라도, 최고로 좋은 것은 즐거움이 아니다.

그는 계속해서 이 각각의 주장들에 관한 논증들을 설명하고 있다. 즐거움은 좋은 것이 아니라는 결론 (1)은 다음과 같은 여러 전제들로부터 추론된다. (i) 즐거움은 과정이며 과정들은 좋은 것이 아니다. (ii) 절제하는 사람들은 좋은 사람들이며 그들은 즐거움을 회피한다. (iii) 즐거움은 실천적 추론을 방해한다. 비열한 즐거움의 존재는 (2)를 지지하는 것으로 간주된다. 또한 최고 좋음은 과정이 아니라 목적이기 때문에, 결론 (3)도 역시 전제 (i)로부터 도출된다.

제12장에서 아리스토텔레스는 (1)에서 (3)까지의 논증들이 모두 부당하다고 주장한다. 전제 (i)과는 달리 그는 좋음이 다음과 같은 두 가지 방식으로 말해진다고 주장한다. 무조건적으로 좋은 것과 어떤 특정한 사람을 위해서 좋은 것(1152b26-27). 어떤 과정들은 어떤 특정한 시간에 있는 어떤 특정한 사람에게 좋은 것이기 때문에, 모든 과정이 좋지 않다는 주장은 참이 될 수 없다. 결론 (2)와는 달리 절제하는 사람은 모든 즐거움을 회피하지 않는다고 주장한다. 왜냐하면 마땅한 방식으로 감각적인 즐거움을 향유하는 일이 가능하기 때문이다. 결론 (3)과는 달리 아리스토텔레스는 즐거움은 과정이 아니라고 주장한다. 이 마지막 주장은 좀 더 세심한 관찰이 요구된다.

즐거움을 해석하는 한 가지 방식은 어떤 고통이나 결핍을 경감하는 과정으로 해석하는 것이다. 이런 모델에서 x는 그의 상황에 관해서 어떤 것을 다소 결핍된 것으로 지각하고 그것을 개선하려고 노력한다. 즐거움은 단지 이 지각된 결핍을 교정하는 과정이다. 이 설명은 어떤 육체적인 즐거움들에 관한 반성을 통해서 확증된다. 예를 들어, 내가 목말라할 때, 나는 음료수의 필요성을 지각한다. 나의 갈증을 풀어 주는 이 경험은 내가 상쾌함을 더 이상 느낄 필요가 없는 상태로 돌아갈 때와 같은 즐거움을 제공해 준다. 아리스토텔레스는 이 모든 주장이 잘못된 것이라고 생각한다. "모든 즐거움은 과정이거나 과정과 함께하는 것은 아니며, 오히려 즐거움은 활동이고 그 자체로 하나의 목적이다. 또 즐거움은 무엇이 생성될 때가 아니라 어떤 능력이 발휘될 때 생기는 것이다. 그리고 목적은 모든 종류의 즐거움과 다른 어떤 것이 아니라 본성의 완성으로 이끄는 즐거움과는 다른 어떤 것이다. 이런 까닭에 즐거움이 감각 가능한 과정이라고 주장하는 것은 옳지 않다. 오히려 본성적 상태의 활동이라고 말해야 할 것이다. 또 '감각 가능한' 대신에 '방해를 받지 않는' 활동이라고 해야 할 것이다"(1153a10-14). 따라서 이 설명에 따르면 즐거움은 본성적 상태의 방해를 받지 않는 활동이다. 그러나 정확하게 이 말이 의미하는 바는 무엇일까? 어떤 나무를 톱질하는 활동을 생각해 보자. 아리스토텔레스는 이 활동이 어떤 방식으로 방해받지 않는다면 즐거움을 줄 수 있는 것이 될 것이라고 생각하는 것처럼 보인다. 이 활동에 방해가 되는 것들은 다음과 같은 것들이 될 것이다. 부적합한 톱(아마도 매우 무딘 톱), 톱질하는 손에 계속 매달려 있는 장난치는 아이, 톱질하기보다는 텔레비전을 시청하기를 원하는 강한 욕구와 같은 것들 말이다. 만일 톱질이 이런 방해물들로부터 방해받지 않는다면 톱질은 즐거움을 줄 것이다.

여기서 전혀 명확하지 않은 것은 아리스토텔레스가 제12장에서 즐거움에 관한 자신의 **종합** 이론을 수립하기 위해서 이런 주장들을 의도적으로 제시하고 있는가 하는 문제이다. 이 주장들은 부분적으로 결론 (3)에 대한 결론 (1)의 반박논증이라는 명백한 목적을 보여 주고 있다. 그러나 몇몇 주석가들은 아리스토텔레스가 최고 좋음은 어떤 활동이고 또한 만일 방해받지 않는다면 어떤 즐거움이라는 근거에서 최고 좋음은 즐거움이라는 긍정적인 결론을 주장하고 있다고 제안한다.[96] 그러나 필자는 이 해석은 본문을 너무 확장시킨 것이라고 생각한다. 이 해석을 지지하는 것으로 인용되는 연관된 구절 1153b6-18 전체를 훑어보면 아리스토텔레스는 '모든 사람들이 생각하는 것'과 '무엇이 즐거움이 될 수 있는가'를 언급하고 있을 뿐이다. 이런 조건들은 하찮은 것들이 아니다. 왜냐하면 그 조건들은 아리스토텔레스가 그 논증과 갈등을 빚고 있는 직관적 통찰을 끌어들임으로써 (3)에 관한 논증이 부당함을 보여 주려고 노력한다고 제시하고 있기 때문이다.

제14장에서 아리스토텔레스는 육체적 즐거움이 좀 더 선택할 만한 것이라는 견해의 부당성을 설명하고 있다. 필자는 여기서 그의 논증에 관해서 논평하지 않을 것이다. 그러나 필자는 아리스토텔레스가 즐거움에 관해 긍정적인 견해를 나타내는 것으로 일반적으로 간주되는 『니코마코스 윤리학』 제10권 제1-5장에 관한 평가에서 이 주제들을 다시 다루게 될 것이다.[97]

---

96 예를 들어서, D. Bostock, 2000, 144쪽을 참조하라.

97 제7권과 제10권이 일관적이라고 주장하는 해석에 관해서는 G. E. L. Owen(1971-2)을 참조하라.

연구를 위한 물음들

1. 탁월성을 갖춘 사람이 자신의 욕구와 싸워야만 하는 엥크라테스보다 더 훌륭하다고 생각하는 근거는 무엇인가?
2. 아크라시아 문제에 관한 아리스토텔레스의 관심의 범위를 살펴볼 때, 아크라시아에 관한 그의 설명은 어떤 가치를 갖는다고 할 수 있는가?
3. 왜 감각적인 즐거움에 관한 욕구는 아크라테스의 보편적 판단을 무력화하는가?
4. 왜 아리스토텔레스는 즐거움에 관해서 논의하고 있는가?
5. 아리스토텔레스는 무엇 때문에 즐거움에 관해 긍정적인 평가를 내리는가?

『니코마코스 윤리학』 제8-9권

서론

아리스토텔레스는 아크라시아와 즐거움에 관한 논의를 마무리하고서 필리아(*philia*), 즉 우정(friendship)에 관해 논의한다. 그가 이 주제에 부여하고 있는 중요성은 우정의 본성과 에우다이몬적인 삶에서 그것의 위치에 관해 고찰하기 위해 『니코마코스 윤리학』의 모두 열 권의 책 중에서 두 권에 이 주제를 할애하고 있다는 사실로부터 명백해진다.[98] 필

98 그러나 Annas는 "중요한 것은 우정에 관한 논의가 『니코마코스 윤리학』의 전체 구조에 적합하지 않다는 점이다. 그 명백한 이유는 이 논의가 초기에, 아마도 특별히 플라톤의 『뤼시스』를 염두에 두고 기록되었으며 나중에 『니코마코스 윤리학』을 구성하고 있는 다른 논의들에 덧붙여졌을 것이라는 점이다." J. Annas, 1997, 554쪽.

자의 생각에 우정은 인간 삶의 핵심적인 현상이기 때문에 그가 우정에 부여하고 있는 중요성은 잘못된 것이 아니다. 『니코마코스 윤리학』 제8-9권에서 찾아볼 수 있는 것은 전체 논문 중에 가장 심오하고, 매력적이며 통찰력 있는 몇 가지 자료들이다. 그 자료들은 단지 우정의 본성 그 자체뿐만 아니라, 좋은 삶과 가치 있는 삶에서 우정의 필수불가결함과 적극적 선행의 참된 동기와 우수성을 설명해 주고 있다.

아리스토텔레스의 논의에 관한 철저한 검토는 이 해설서의 범위를 넘어선다. 이미 다른 학자들이 그랬던 것처럼[99] 우리는 쉽게 이 주제에 관한 장편의 해설서를 작성할 수 있다. 우리의 논의는 먼저 아리스토텔레스가 『니코마코스 윤리학』 제8권 제3장에서 제시하고 있는 3가지 형태의 우정에 집중할 것이며, 그리고 그가 이것들 중의 하나가 우정의 일차적인 사례이고 다른 것들은 그것으로부터 파생된 것이라고 주장하는 근거를 다루게 될 것이다. 여러 형태의 우정의 특성이라 할 수 있는 다양한 종류의 활동들에 관한 몇 가지 주장들을 통해서 이 논의를 파악하는 것이 자연스럽게 때문에 우리는 『니코마코스 윤리학』 제8권 제5-6장을 검토하게 될 것이다. 그런 다음 우리는 자애(自愛, self-love)의 본성과 문제를 살펴볼 것이며 에우다이몬적인 삶에서 우정의 위치에 관한 몇 가지 간단한 주장들을 제시하면서 검토를 마무리하게 될 것이다. 이런 접근은 필연적으로 수많은 자료들을 생략하는 방식으로 진행될 것이다. 그러나 독자들은 필자가 생략한 장들에는 아무런 가치가 없다고 생각해서는 안 된다. 왜냐하면 이렇게 함으로써 인간을 위한 최상의 삶과 그런 삶에서 우정의 위치를 이해하려는 우리의 접근 방식에 가

---

99 매우 훌륭한 해설서는 예를 들어, A. W. Price(1989)와 M. Pakaluk(1980)을 참조하라.

장 적합한 자료들에 관해서 가능하면 많은 논의를 진행하려 시도하기 때문이다.

논의를 진행하기에 앞서 번역어에 관해서 몇 가지 지적할 사항이 있다. 비록 영어에서는 '사랑하다' (to love)라는 의미로 해석되는 그리스어 '필레인' (*philein*)에 해당하는 동사가 없음에도 '우정' (friendship)은 일반적으로 그리스어 '필리아' (*philia*)에 대한 가장 최상의 번역어로 간주된다. 그렇지만 이 번역어의 단점은 영어의 '우정' 이라는 말의 내포(connotation)가 '필리아' 의 내포보다 더 작다는 것이다. 예를 들어, 영어 번역어는 우리가 사업상의 동업자, 동료들이나 상점 직원들과 갖는 관계들을 포함하지는 않는다. 우리는 자동적으로 소매상과 도매상의 관계를 우정 관계라고 규정하지 않는다. 그 이유는 영어 번역어가 그리스어에 존재하지 않는 일정한 정도의 친밀함(intimacy)과 친숙함(familiarity)을 전제하고 있기 때문이다. 그러나 도매상과 소매상의 관계는 '필리아' 라는 그리스어의 외연(extension)에 해당한다. 비록 필자는 이 해설서의 다른 곳에서는 그리스어를 그대로 사용하고 있지만, 여기서는 '우정' 이라는 영어 번역어를 계속해서 사용할 것이다. 왜냐하면 그 말은 아리스토텔레스가 '필리아' 의 '일차적 사례' 의 요소라고 규정하는 관심과 활동으로서 상호성(mutuality)의 측면들을 포함하고 있기 때문이다.

『니코마코스 윤리학』 제8권 제1장

아리스토텔레스는 전체 논의의 동기를 제시하면서 이 장을 시작한다. 그는 우정이 "일종의 탁월성이거나 혹은 탁월성을 수반하는 것"이기 때문에 우정에 관해서 논의해야만 한다고 주장한다(1155a4). 우정이 탁월성이라고 말하는 것은 매우 이상하게 들린다. 왜냐하면 적어도 어떻게 우정이 『니코마코스 윤리학』 제2권 제6장에서 규정된 탁월성의 형식에 어울릴 수 있는지 명확하지 않기 때문이다. 아리스토텔레스는 확실히 우정을 좋은 것이라고 간주하고 있다. 사실상 그는 완전한 우정은 '가장 위대한 외적인 좋음' (1169b11)이라고 생각한다. 그러나 돈과 같이 아리스토텔레스가 좋은 것이라고 간주하지만 탁월성이 아닌 것들이 물론 존재한다. 그렇다면 아마도 여기서 의미하는 것은 '완전한 우정' 은 동일한 탁월성들을 가진 두 사람들 사이의 우정이기 때문에 그것은 탁월성을 **함의한다**는 사실에 불과할 수도 있다(1156b7 이하).

아리스토텔레스는 탁월성과 우정의 관계를 제시하고 나서 탐구에 관한 더 구체적인 이유를 즉각 주장한다. "우정은 삶에서 가장 필요한 것이다" (1155a5). 그는 이 '현상' 을 우정에 관한 일련의 일반적인 신념들을 제시하면서 설명하고 있다. 예를 들어, 다른 모든 좋음들을 가진 사람은 친구 없이 사는 것을 선택하지 않을 것이다(1155a6). 또한 만일 어떤 사람이 친구가 없어 선행(*euergesia*)의 기회를 박탈당했다면 그가 영화를 누리는 것은 소용없는 일이 될 것이다(1155a8-10). 마지막으로 가난하고 병들었을 때 친구가 유일한 피난처인 것처럼 보인다(1155 a11-12). 이런 신념들은 삶에서 우정의 위치와 중요성을 나타내 주고 있으며 그 개념에 관한 연구의 기초적인 근거들을 제공해 준다. 그러나 이런 대중들의 신념들은 다음과 같은 여러 가지 난제들을 불러일으키고 있다.

1. 우정은 양자 간의 유사성을 함의하고 있다는 주장이 사실인가 아니면 반대로 모든 옹기장이들은 같은 옹기장이들을 반가워하지 않기 마련이라고 주장하는 사람들의 말이 사실인가(1155a34-37)?
2. 모든 사람들 사이에서 우정이 성립하는가 아니면 어떤 종류의 사람

들은, 즉 못된 사람은 친구가 될 수 없는가(1155b11-12)?

3. 우정의 종류는 하나인가 아니면 여러 종류인가(1155b12-13)?

아리스토텔레스는 논의 과정 중에서 이 난제들에 대해서 답변을 제시하고 있다. 난제 (1)과 (2)는 『니코마코스 윤리학』 제8권 제4장에서 해결되고 있으며 난제 (3)은 『니코마코스 윤리학』 제8권 제2-3장에서 곧바로 검토되고 있다.

『니코마코스 윤리학』 제8권 제2장

아리스토텔레스는 우리가 사랑할 만한 것(*philēton*)이 무엇인지 먼저 살펴봄으로써 우정의 하나 또는 그 이상의 형태가 존재하는지 결정할 수 있다고 생각한다(1155b17). 이 생각은 다음과 같이 표현될 수 있다. 만일 우리가 사람들이 서로 무엇을 사랑하는지 발견한다면, 모든 형태의 사랑하기는 우정의 기준을 만족시킬 수 있는지 아닌지 검토할 수 있다. 그러나 왜 아리스토텔레스는 사랑하기와 사랑하기의 원인들을 고찰하면서 이 장을 시작하고 있는지에 관해서 의아해할 수 있다. 여기서 우리는 '사랑하다' 라는 말이 영어로는 직접 번역될 수 없는 그리스어 '필레인' (*philein*)이라는 동사의 번역어라는 사실을 상기할 필요가 있다. 아리스토텔레스는 친구들은 서로 어떤 관계들을 맺고 있다고 가정하면서 그런 관계에 관한 가능한 다양한 토대들을 검토하고 있다.

먼저 사랑에 관한 아리스토텔레스의 개념에 관해서 고찰해 보자. 어떤 사람 P는 x가 P에게 좋은 것이라고 인식할 때만 오직 그때에만 P는 x를 사랑한다(1155b25-26). 이 정의로부터 어떤 사람은 생물과 무생물을 모두 똑같이 사랑할 수 있다는 결론이 도출된다. 나는 오렌지가 나에게 좋은 것이라고 인식할 수 있기 때문에 아리스토텔레스의 정의에 따르면 나는 오렌지를 사랑한다고 말할 수 있다. 나는 또한 담장을 쌓고 싶을 때 목수가 나에게 좋은 것이라고 인식할 수 있다. 따라서 나는 목수를 사랑한다고 말할 수 있다. 아리스토텔레스는 사랑에는 세 가지 원인들이 존재한다고 주장한다. 그것들은 좋은 것, 즐거운 것과 유익한 것이다(1155b19). 그러나 유익한 것은 바로 그것을 통해 어떤 좋음이나 즐거움이 생겨나기 때문에 우리는 유익한 것을 사랑할 수밖에 없으므로, 우리가 사랑하는 **목적들은** 좋은 것과 즐거운 것이다(1155b21).

아리스토텔레스는 사랑에 관한 자신의 개념을 상술한 후에, 우정에 관한 형식적인 기준들을 제시하고 있다. 그는 무생물에 관한 사랑은 우정이 아니라고 지적한다. 왜냐하면 어떤 사람이 초콜릿을 사랑한다고 하더라도 우리는 그가 초콜릿과 친구라고 말하지 않기 때문이다(1155 b26-27). 이에 관한 설명은 우정은 다른 사람이 잘되기 바라는 마음을 함의한다. 우리는 초콜릿 막대가 잘되기를 바라지 않기 때문에, 그 사람과 초콜릿 막대는 친구가 아니라는 결론이 도출된다(1155b31-32). 아리스토텔레스는 다른 사람이 잘되기를 바라기 때문에 우리는 그 사람에게 선의(*eunoia*)를 갖는다고 말해진다고 주장한다(1155 b32). 그러나 단순하게 다른 사람에게 선의를 갖는 것은 두 가지 이유에서 우정과 구분될 수 있다. 첫 번째, A가 B에게 선의를 가질 수 있지만, B가 A에게 선의를 갖지 않는다면, 그들은 친구가 될 수 없다. 우정은 **상호적인 선의**(reciprocated good will)를 함의하기 때문이다(1155b34). 두 번째로, 두 사람은 서로에 대해서 선의를 가지고 있지만 그들은 서로 선의를 가지고 있다는 사실을 인식하지 못하는 경우이다(1155b35-1156a4). 예를 들어, 그들은 누구인지 서로 한 번도 만나 본 적이 없는 사람들일 수도 있다. 그러나 그들이 서로 만나고 자신들의 상호적인 선의를 인식하게 된다면, 우리는 그들을 친구라고 기술하게 될 것이다.

요약하면, A와 B는 (i) '앞에서 언급된 원인들 중의 하나' 때문에 서로 사랑한다면(1156a6), 또한 (ii) 상대방을 위해서 서로가 선의를 가지고 있다면, 또한 (iii) 모두 이런 쌍방 간에 성립하는 선의를 인식하고 있다면 오직 그럴 때만 A와 B는 친구가 된다. 그러나 조건 (i)은 여기서 모호하다. 그것은 A와 B가 유익이나 즐거움이나 좋음 때문에 서로 사랑해야만 한다는 점을 의미할 수 있다. 또는 A와 B는 이 이유들 중의 오직 **하나**(예를 들어 좋음) 때문에 서로 사랑해야 한다는 점을 의미할 수 있다. 본문은 이 해석들 중에 후자를 암시하는 것처럼 보인다.

『니코마코스 윤리학』 제8권 제3장

아리스토텔레스는 처음에 사랑에는 세 가지 형태들이 존재하기 때문에 우정에도 세 가지 형태가 존재한다고 주장한다(1156a7-8). 그것들은 유익 때문에 맺어진 친구들, 즐거움 때문에 맺어진 친구들, 좋음 때문에 맺어진 친구들이다. 우정에 관한 이런 다양성에 대해서 아리스토텔레스의 주장을 검토하기 전에, 우리는 아리스토텔레스가 각각의 경우에 염두에 두고 있는 관계들의 종류를 조금 심도 있게 고찰해야만 한다. 만일 A와 B가 유익 때문에 친구라면 A와 B는 모두 상대방을 자신을 위해서 유용한 것이라고 판단하는 어떤 것을 가진 사람으로서 인식한다는 것이고, 이 점이 그들 사이의 우정의 근거가 되는 것이다. 나와 택시 운전사의 관계를 예로 들어 보자. 그는 내가 원하는 것, 즉 나를 집에 데려다 줄 수 있는 능력을 가지고 있다. 그리고 나는 그가 원하는 것, 즉 돈을 가지고 있다.[100] 만일 A와 B가 즐거움 때문에 친구가 된다

100 I. Kant는 놀랍게도 결혼을 '상대방의 성기를 쌍방 간에 사용하기 위한' 사람들 간의 협정으로 환원시키고 있다. 1967, 235쪽.

면 B는 A에게 즐거움을 제공하고 A는 B에게 즐거움을 제공하게 되며 이것이 그들의 우정의 기초가 된다. 예를 들어, 서로를 재치 있고 재미있는 상대라고 생각하는 두 사람이 있다고 가정하자. 그들은 모두 상대방에게 즐거움을 선사한다. 마지막으로 만일 A와 B가 좋음 때문에 친구가 된다고 한다면 둘 모두는 상대를 탁월성을 갖춘 사람이라고 인식하게 될 것이며 이것이 그들 관계의 기초가 된다.

그러나 우리는 이 세 종류의 사랑이 『니코마코스 윤리학』 제8권 제2장에서 상술된 우정의 기준을 만족시키고 있다고 가정해서는 안 된다. 특별히 아리스토텔레스가 유익함에 기초한 우정과 즐거움에 기초한 우정이 조건 (ii)와 조건 (iii)을 만족시키고 있다고 생각한다는 점은 명확하지 않다. 그는 다음과 같이 주장한다.

> 서로 사랑하는 사람은 서로가 잘되기를 바라는데, 그들이 사랑하는 그 관점에서 그러기를 바란다. 유익을 이유로 서로를 사랑하는 사람들은 서로를 **그 자체로서** 사랑하는 게 아니라 상대로부터 자신들에게 어떤 좋음이 생겨나는 한 사랑하는 것이다. 즐거움을 이유로 서로 사랑하는 사람도 마찬가지이다. 그들이 이야기꾼을 사랑하지만 이야기꾼이 어떤 성격의 사람이어서가 아니라 그들에게 즐거움을 주기 때문에 사랑하는 것이다(1156a9-14).

바로 이런 기초하에서 아리스토텔레스는 이런 사랑할 만한 특성들을 '카타 쉼베베코스' (*kata symbēbekos*), 즉 우연의 일치에 의한 것으로 기술하고 있다(1156a18). 즐거움을 위해서 상대방을 사랑하는 사람에게는 바로 그가 사랑하는 것은 즐거움이지 일시적으로 즐겁게 해 주는 상대방이 아니다. 그에게는 **어떤 사람이** 즐거움을 주고 있는 동안에는 그 즐거움을 주는 사람이 **누구인가는** 중요한 문제가 아니다. 물론 다른 사람이 할 수 없을 만큼 강렬한 즐거움을 어떤 사람이 제공할 수 도 있다. 그럼에도 내가 사랑하는 종류의 즐거움과 내가 사랑하는 사람이 나에게 주는 종류의 즐거움 사이에 단순한 우연의 일치만이 존재할 뿐이다. 유익함도 이와 비슷하다. 내가 원하는 것은 내 차를 고치는 것이며 나는 그 차를 고치는 사람에게 **그가 누구든지** 선의를 가지게 될 것이다. 그렇다면 A가 어느 시점에서 자신에게 즐거운 것 또는 유익한 것으로 지각하는 것과 B가 그에게 제공할 수 있는 것 사이에 우연의 일치가 존재하게 된다. 그 역도 마찬가지로 성립한다.

그렇다면 소위 즐거움의 우정 또는 유익의 우정은 실제로는 진정한 우정이 전혀 될 수 없다. 왜냐하면 그것들은 조건 (ii)를 만족시키지 못하기 때문에 자연히 조건 (iii)도 만족시킬 수 없게 되기 때문이다. 양쪽 경우 모두 A와 B는 서로가 그 자체로서 좋게 되기 바라는 것이 아니라 오직 상대방이 즐거운 것 또는 유익한 것을 가져다주는 한에서 잘되기를 바라고 있는 것이다. A 또는 B가 상대방에게 즐거운 것 또는 유익한 것을 가져다주지 못한다면, 그 우정은 깨지게 될 것이다(1156a20-22; 그러나 1165b13-15와 비교하라). 이런 예들은 즐거움 또는 유익에 근거하고 있는 관계들은 실제로는 전혀 진정한 우정이 될 수 없음을 보여준다.

유사한 탁월성을 가지고 있는 사람들 사이에서 발견되는 우정으로서 '완전한 우정'과 관련해서는 문제가 명백하게 달라진다. "이들은 서로가 잘되기를 똑같이 바라는데, 그들이 좋은 사람인 한에서 그렇게 바라며, 또한 그들은 그 자체로서 좋은 사람들이기 때문에 그렇게 바란다"(1156b8-9). 이 관계들은 우연적인 일치의 관계가 **아니다**. 어떤 사람은 그가 즐거움을 제공하거나 또는 유익한 사람이기 때문에 사랑을 받는 것이 아니다. 그는 탁월성을 갖춘 품성을 가지고 있기 때문에 사랑을 받는 것이다. 결과적으로 탁월성을 갖춘 품성 상태가 지속되기 때문에 그런 관계도 지속된다(1156b11-12). 더 나아가 그런 친구들은 그들 자신이 무조건적으로 좋은 사람들이기 때문에 그들은 역시 서로에게 유익하며 즐거운 사람들이 될 것이다. 그들은 서로 상대방의 좋음에 기여할 것이기 때문에 서로에게 유익한 사람들이 될 것이고, 또한 그들은 각자 탁월성에 따라 행위하며 그리고 좋은 사람은 친구의 탁월성을 갖춘 행동들에서 즐거움을 누리게 되기 때문에 그들은 서로 즐거운 사람들이 될 것이다(1170a1-4와 비교하라). "따라서 사랑하는 일이나 우정은 바로 이 사람들 안에서 최고이며 최선이다"(1156b24). 이 주장은 오직 유사한 탁월성을 가진 친구들만이 진정한 친구이며, 다른 관계들은 이 근본적인 사례에 어느 정도 유사하기 때문에 우정이라고 불린다는 사실을 암시하고 있다(1156b34-1157a3). 쿠퍼(John Cooper, 1975)는 이 해석을 다음과 같이 극적으로 요약하고 있다.

> 만일 아리스토텔레스가 즐거움-친구와 유익-친구가 모두 전적으로 자기중심적인 것이라고 주장하고 또한 오직 완벽하게 탁월성을 갖춘 사람들만이 다른 종류의 관계들을 가질 수 있다고 주장했다면, 그는 거의 모든 사람의 심리적인 능력들에 관해 너무 엄격한 견해를 채용하게 될 것이라는 점을 주목할 필요가 있다. 이런 결과는 매우 침울한 것이 될 것이다.[101]

101 J. Cooper, 1975, 305쪽. 이런 기초에 근거해서 Cooper는 아리스토텔레스가 완벽한 탁월성으로서 우정을 언급하는 것이 아니라 품성으로서 우정을 언급하고 있다고 해석한다. 만일 이 해석이 옳다면, 우리들 대부분은 '유익을 위해 우정을 맺는 상인들'(1158a22)보다 더 많은 어떤 것을 소망할 수 있다. 그러나 Cooper의 제안은 핵심 구절과 일치되기 어렵다. 예를 들어 『니코마코스 윤리학』 제11권 제4장을 보라.

이렇게 되면 다음과 같은 걱정거리가 생긴다. 아리스토텔레스는 오직 탁월성을 가진 사람들만이 친구가 될 수 있다고 진술하면서 거의 다른 관계들이 만족시킬 수 없는 너무 높은 요구조건들을 우정에 부과하고 있다(1156b25-26과 비교하라). 왜냐하면 탁월성 그 자체가 성취하기 너무 어려운 것이기 때문이다. 만일 탁월성을 갖춘 자들만이 친구들을 갖게 된다면, 우리의 생각과는 정반대로, 우리들은 거의 실제적으로 우정을 향유할 수 없을 것이다. 이 문제에 관한 쿠퍼 자신의 답변은 아리스토텔레스가 탁월성에 기초한 우정을 품성에 기초한 우정으로 이해하고 있다고 해석하는 것이다. 두 사람은 비록 탁월성을 갖춘 자들이 아님에도 탁월성을 향해 '가고 있음으로' 각자의 품성 때문에 서로를 사랑할 수 있다.[102] 비록 두 사람 중의 어느 누구도 탁월성을 갖지 못하는데도 그 두 사람이 각각의 품성과 인격 때문에 서로를 사랑할 수 있는 가능성을 아리스토텔레스는 간과하고 있는 것처럼 보인다.[103] 이와 관련하여 우리는 몽테뉴(Montaigne)가 친구인 에티엔 드 라 보에티(Étiennne de la Boétie)에 관해 한 주장을 생각해 볼 수 있다. "만일 내가 왜 그를 사랑했는지를 말해야만 한다면, '왜냐하면 그였기 때문에', '왜냐하면 나였기 때문에' 라는 말을 반복해서 말하는 것 외에 다른 말로 설명될 수 없을 것이라고 생각한다."[104] 그러나 아리스토텔레스가 좋음에 기초하고 있는 우정을 규정하는 일의 한 부분으로서 이 가능성을 명백하게 간과하고 있는지 아닌지는 또 다른 문제가 될 것이다.

---

102 J. Cooper, 1975, 308쪽.

103 J. Annas, 1977, 549쪽과 비교하라. 필자는 품성에 관한 논의와 또한 인격과 품성적 특성들 사이의 차이들에 관한 논의를 위해서 Peter Goldie, *On Personality*(New York: Routledge, 2004)를 강력하게 추천한다.

104 M. Montaigne, *Essays*, 1958, Bk. 1, Ch. 28, 'On friendship'.

그래서 아리스토텔레스에 따르면 우정이 한 종류인지 아니면 그 이상인지 하는 문제는 여전히 미해결로 남게 된다. **어떤** 차이점이 우정의 다양한 종류들 안에 존재한다는 사실은 분명하다(1156b34-1157a3). 우정을 함의하는 것은 현실에서 거의 실현될 수 없는 어떤 것인지 아닌지는 본문에 관한 우리의 해석에 달려 있다. 탁월성에 기초하고 있는 우정과는 달리 즐거움이나 유익에 기초하고 있는 우정은 정말로 조건 (ii)와 조건 (iii)을 만족시키지 못하는 걸까?

즐거움에 기초한 우정과 유익에 기초한 우정은 모두 조건 (ii)를 만족시키지 못한다는 의구심은 그런 친구들이 상대방 자체 **때문이** 아니라 오직 상대방으로부터 즐거움 또는 유익을 끌어낼 수 있는 한도 내에서만 상대방이 잘되기를 바란다는 아리스토텔레스의 명백한 주장에 기인한다(1156a15-19). y가 잘되기를 x가 바라는 것과 y가 자신을 사랑하는 x에 의해서 어떤 방식으로 사랑스러운 대상으로 인식되는 것 사이에 확실히 의존관계가 존재한다. 그러나 이 의존관계는 좋음에 기초하고 있는 우정의 경우에도 역시 적용될 수 있다. 만일 x가 더 이상 좋은 사람이 아니라면, 그의 친구 y는 x를 더 이상 사랑하지 않을 것이며 x가 잘되기를 더 이상 바라지 않을 것이다. 아리스토텔레스는 사실상 탁월성을 갖춘 자가 아님에도 탁월성을 갖춘 자라고 우리를 속인 사람에 대해서 고찰할 때 이와 같은 가능성을 염두에 두고 있다(1165b13-15; 1156b12와 비교하라). 그러나 아마도 이 해석은 다음과 같은 논점을 놓치고 있다. 유익에 기초한 우정 또는 즐거움에 의존하고 있는 우정이 조건 (ii)를 만족시키지 못하는 이유는 그것들이 실제로는 이기적인 것들이기 때문이다(1167a14-18). 그러나 아리스토텔레스는 탁월성을 가진 사람은 자신을 유달리 사랑한다고 주장하며 1155b22-27에 기술된 사랑의 정의는 명백하게 어떤 사람 x는 **자신에게 좋은** 사람이라고 인식되는 다른 사람 y를 사랑한다고 표명하고 있다(1168b29-30과 비교하라). 오직 자기애(self-love)의 몇 가지 변형들만이 비판받아야 할 것들이다. 『니코마코스 윤리학』 제8권 제3장에 기술된 주장은 유익 또는 즐거움에 기초하고 있는 모든 관계들이 『니코마코스 윤리학』 제9권 제8장에서 비판받는 종류의 자기애를 보여 준다는 사실을 함의하지 않는다.

좋음에 기초하고 있는 우정과 즐거움 또는 유익에 기초하고 있는 우정 사이의 진정한 차이점은 후자의 두 가지 우정들이 '우연적으로 일치하는 것'이라는 아리스토텔레스의 주장 속에 담겨 있다. 어떤 사람 B는 다른 사람 A가 어떤 방식으로 자신에게 유익한 사람이라는 사실을 인식하고 있기 때문에, B는 A를 (유익함 때문에) 사랑한다. 만일 B가 그 효과에 대한 욕구를 갖지 않았다면, A를 사랑하지 않았을 것이다. 이 경우에 **오직** B가 이 특수한 욕구를 갖는 **한도 내에서만** A는 사랑할 만한 것이다. 그러나 좋음에 기초하고 있는 우정의 경우에는 두 사람 모두 **무조건적으로**(without qualification) 사랑할 만한 것이다. 그들은 우리가 갖게 될 수 있는 어떤 욕구들과는 독립적으로 우리의 사랑을 받을 가치가 있다. 왜냐하면 아리스토텔레스는 우리는 그런 사람을 그 자신을 위해서 사랑한다고 말하고 싶어 하기 때문이다. 물론 만일 내 자신이 좋은 사람이 아니라면, 나는 좋은 사람을 사랑할 만한 가치가 있다고 인식하지 못할 수 있다. 그러나 이 주장은 그가 사랑할 만한 사람이 못 된다는 사실을 함의하지는 않는다. "절대적으로 좋은 것은 절대적으로 바람직한 것이기 때문에, 각각의 개인들에게 있어서 그 자신이 좋은 것으로 인식한 것이 바람직한 것이다"(『에우데모스 윤리학』 1237a1-2). 그래서 아리스토텔레스의 논점은 좋은 사람은 무조건적으로 사랑받을 만한 사람이라는 것이다. 그러나 유익 때문에 사랑받는 사람은 오직 상대방이 유익한 것에 대한 욕구를 가지고 있는 한도 내에서만 사랑받기 때문에 무조건적으로 사랑받는 것이 아니다. 이 논점은 또한 왜 아리스토텔레스가 품성에 기초한 모든 관계들을 우정에 포함시키지 않았는지에 관한 이유를 설명해 준다. 그 이유는 오직 절대적으로 사랑받을 만한 품성은 오직 한 종류라는 사실 때문이다. 그것은 바로 탁월성을 갖춘 사람의 품성이다.

그러므로 아리스토텔레스에 따르면 **완전한 우정**으로 언급되는 우정의 근본적인 사례는 똑같은 탁월성을 갖춘 사람들 사이에 존재하는 것이다. 오직 이런 우정에서만 상대방 모두가 무조건적으로 사랑을 받을 수 있다. 즐거움 또는 유익에 기초하는 우정은 상대방이 서로 잘되기를 바라는 한도 내에서만 우정의 근본적인 사례를 모방하고 있다. 그러나 즐거움 또는 유익 때문에 사랑받는 사람들은 상대방이 즐거움을 또는 그들에게 유용한 것을 욕구하는 한도 내에서만 사랑받게 된다.

『니코마코스 윤리학』 제8권 제5-6장

제5장의 핵심적인 주장은 탁월성과 같이 우정은 본질적으로 활동적인 것이라는 사실이다. 서로에게 좋은 것을 인식하고 있는 두 사람은, 만일 서로 오랫동안 떨어져 지낸다면, 더 이상 친구가 될 수 없을 것이다. 왜냐하면 그들은 상호적인 선의에 적합한 방식으로 우정을 완벽하게 표현할 수 없기 때문이다(1157b10-14). 물론 우리는 친목회에서 알고 지냈던 사람들을 기쁘게 만날 수 있지만 그 경험은 우리가 좀 더 빈번하게 만나게 되는 친구들과 이뤄지는 상호작용의 경험과는 차원이 매우 다른 것이다. 이 주장은 그런 관계들이 되살아날 수 없다는 사실을 함의하지는 않고 단지 친목회에서는 그런 상태가 쉽게 이뤄지지 않는다는 것만을 함의한다. 아리스토텔레스는 “함께 살아가는 것이 우정에

서 가장 고유한 것"이라는 점을 강조하기 시작한다(1157b20-21). 이 주장은 현대의 독자들을 깜짝 놀라게 할 것이다. 그러나 그는 우리의 생각처럼 사람들이 '함께 이사해 와서' 동일한 집에 살아야 한다는 점을 의미하지 않는다. 오히려 그는 공유된 경험, 공유된 대화와 공유된 활동을 마음에 두고 있다(『니코마코스 윤리학』 제9권 제9장).

제6장에서 아리스토텔레스는 다양한 종류의 우정들이 가지고 있는 다른 여러 특성들을 고찰하고 있다. 예를 들어, 한 사람은 수많은 사람들과 완전한 우정을 가질 수 없다(1158a11). 그 이유는 단지 완전한 탁월성을 갖춘 사람들의 결핍 때문이 아니라 그런 관계가 성립하는 데 걸리는 시간 때문이다. "비록 우정에 관한 바람은 빨리 생겨나지만, 우정은 그렇게 빨리 생겨나지 않기 때문이다"(1156b33). 그러나 한 사람이 유익 또는 즐거움에 근거해서 수많은 친구들을 가질 수 있다. 왜냐하면 그런 사람들은 많고, "그런 봉사는 짧은 시간 안에 이루어지기 때문이다"(1158a16-17). 예를 들어, 나는 자동차를 수리하기 위해서 정비사와 친하게 지내야 할 필요가 없다. 우리는 서로에게 무엇을 원하는지 알고 있으며 즉각적으로 각자의 목표를 추구할 수 있다.

그러나 유익에 기초한 우정은 즐거움에 기초한 우정 또는 좋음에 기초한 우정과 이런 측면에서 차이를 나타낸다. 유익에 기초한 우정에서는 상대가 추구하는 목표들이 일반적으로 다르다. 나는 작동되는 차를 추구하고 정비사는 돈을 추구한다. 그러나 즐거움에 기초한 우정 또는 좋음에 기초한 우정에서는 두 상대가 모두 동일한 것을 추구한다. 각자가 모두 즐거움 또는 좋음을 추구한다. 여기서 주목해야 할 마지막 논점은 비록 사람들이 유익의 관계에서처럼 우정을 통해 자신들이 원하는 것을 항상 얻는 것은 아니지만, 일반적으로 우정은 동등성(parity)으로 규정된다. 친구들은 상대방이 잘되기를 바라며 그와 동일한 가치를 가진 어떤 것을 그 보답으로 받게 된다. 이 주장으로 『니코마코스 윤리학』 제8권에 관한 우리의 논의는 결론을 맺게 된다. 나머지 다루지 못한 장들에서 아리스토텔레스는 무엇보다도 공동체와 가정에서 발생하는 우정을 고찰하고 있다.

『니코마코스 윤리학』 제9권 제4장

제9권은 다양한 목표들을 가진 사람들의 우정과 그런 우정의 소멸에 관해 고찰하면서 시작된다. 이다음에 아리스토텔레스는 타인을 향한 우정과 자신을 향한 우정 간의 관계를 다루고 있다. 『니코마코스 윤리학』의 이 관련 본문은 전통적으로 '이기주의와 이타주의'에 관한 논쟁에 대한 기여와 관련해서 검토된다. 관심사는 **모든** 관계는 궁극적으로 이기주의적인 것이라는 아리스토텔레스의 주장이다. 그러나 이번 장에서 아리스토텔레스의 중요 관심사는 우정의 **기원**이다. "가까운 사람들에 대한 우정에서 발견되는 우정의 규정적 특성들은 자기 자신에 대한 우정의 특성들로부터 유래된 것처럼 보인다"(1166a1-3).

아리스토텔레스의 전략은 먼저 우정의 5가지 특성들을 밝히고 그런 후에 이것들은 대부분이 어떤 사람이 자신과 맺는 관계 속에 포함되어 있다는 점을 주장하려는 것이다. 그렇게 되면 우정은 자연스럽게 어떤 사람이 자신과 맺는 관계가 다른 사람들에게 확장된 것이라고 해석될 수 있다. 우정의 5가지 특성들은 다음과 같다. (1) 친구는 자신의 친구를 위해서 좋은 것을 바라고 행한다. (2) 친구는 자신의 친구가 그 자신을 위해서 존재하고 살아가기를 바란다. (3) 친구는 자신의 친구와 함께 시간을 보낸다. (4) 친구는 동일한 것을 선택한다. (5) 친구는 고통과 기쁨을 더불어 나눈다(1166a3-9). 이다음에 아리스토텔레스는 이 특성들이 "훌륭한 사람이 자기 자신과 맺는 관계에서 발견된다"라고 주장한다(1166a10). 따라서 (1) 훌륭한 사람은 자기 자신에게 좋은 것을 바라고 행한다. (2) 그는 다른 사람이 아니라 자기 자신으로서 살고 계속 살아가기를 바란다. (3) 훌륭한 사람은 혼자서 시간을 보내기를 바라며 그렇게 행하기를 즐긴다. (4) 훌륭한 사람의 선택은 영혼의 이성적인 부분과 비이성적인 부분 사이의 조화를 보여 준다. (5) 그는 자신과 고통과 기쁨을 나눈다.

그러나 우리는 이번 장의 서두에서 제기된 주장을 담고 있는 논증에 대해서 회의적일 수 있다. 비록 훌륭한 사람들 사이에 형성된 우정이 어떤 사람이 자신과 맺는 관계와 형식적으로 동일하다고 하더라도, 후자가 전자의 원인이 된다는 사실은 도출되지 않는다. 보스톡(D. Bostock)은 아리스토텔레스가 자신을 향한 우정이 다른 사람들을 향한 우정을 **설명한다**는 사실을 의미한다고 제안하고 있다.[105] 이 설명에 따르면 한 사람이 다른 사람을 사랑하는 이유는 그가 그 자신을 사랑하기 때문이다. 그러나 심지어 이런 대안적인 해석조차도 보스톡이 인정하고 있듯이 본문에는 나타나 있지 않다. 아마도 여기서 아리스토텔레스의 참된 관심사는 단지 우정을 통해서 두 사람이 자신들의 관심사를 각기 상대방에게 확장시킨다는 것과 또한 이 사실이 각각의 사례들 속에 나타난 특성들을 통해서 증명될 수 있다는 점을 보여 주려는 것이다. 내가 내 가족과 내 재산을 지키려고 노력하는 것처럼, 나는 내 친구와 그의 재산을 지키려고 노력하게 될 것이다.

그다음에 아리스토텔레스는 자기 자신을 향한 우정이 존재하는지 아닌지에 관한 물음을 제기하고 있다(1166a34; 『니코마코스 윤리학』 제5권 제11장과 비교하라). 그는 어떤 사람이 자신에게 친구가 되는 가

105 D. Bostock, 2000, 174-175쪽.

능성은 분리 가능한 부분들이 존재함을 함의한다고 지적한다(1166a35-36). 이 부분들은 아리스토텔레스가 처음에 『니코마코스 윤리학』 제1권 제13장에서 구별했던 영혼의 부분들이다. 이 부분들은 이성과 함께한 영혼의 부분과 이성에게 복종하지만 이성이 없는 영혼의 부분을 가리킨다. 훌륭한 사람에게 이 영혼의 부분들은 조화롭게 작용한다. 이성에 복종하는 영혼의 부분은 이성과 함께한 영혼의 부분이 가장 훌륭하다고 판단하는 목적을 욕구한다. 그러나 나쁜 사람에게는 그런 조화가 존재하지 않는다고 아리스토텔레스는 우리에게 말해 준다. 그런 사람은 자기 자신과 일치하지 않는다(1166b6). 따라서 어떤 의미에서는 어떤 사람의 영혼 속에 있는 사람들 사이의 우정과 유사한 어떤 것이 존재한다.

여전히 미해결된 해석의 문제들이 존재한다. 첫 번째로, 예를 들어 자신은 상대방의 고통을 느낄 수 없다는 논리적 근거에서 친구는 '또 다른 자아'라는 관념이 형성될 수 있는가에 관한 문제제기가 발생한다.[106] 두 번째로, 나쁜 사람의 영혼의 부분들 사이에 일어나는 부조화에 관한 설명이 일관성을 결여하고 있다는 비난이 존재한다. 『니코마코스 윤리학』의 다른 곳에서는 앞선 구절에서 기술된 의미에 따라 갈등하고 있다고 말해지는 사람은 탁월성을 갖추지 못한 사람이 아니라 엥크라테스와 아크라테스이다. 세 번째로, 자기애는 적어도 어떤 의미에서 좋은 것이라는 주장에 관한 지속적인 거북함이 존재한다. 우리는 『니코마코스 윤리학』 제9권 제8장의 논의 속에서 필자가 전체적으로 『니코마코스 윤리학』에서 가장 중요하다고 생각하는 이 문제들 중에 마지막 문제를 다시 검토하게 될 것이다.

---

106 J. Annas, 1997, 542쪽.

『니코마코스 윤리학』 제9권 제7장

아리스토텔레스는 친구들은 서로가 잘되기를 바란다고 주장했다. 『니코마코스 윤리학』 제9권 제4장에 기술된 자기애에 관한 논의는 행위를 유발하는 탁월성을 갖춘 사람의 동기부여 문제를 제기한다. 그는 상대방을 위해서 행동하는가 아니면 자기 자신을 위해서 행동하는가? 적극적인 선행의 특성을 고찰하면서 이 물음을 해결하려는 아리스토텔레스의 답변을 살펴보자.

아리스토텔레스는 선행을 베푸는 사람과 선행을 받는 사람 사이의 관계가 때로는 빚을 내 준 사람과 빚을 진 사람의 관계와 닮아 있음을 지적하면서 논의를 시작한다. 빚을 내 준 사람과 빚을 진 사람의 관계는 대칭적인 관계가 아니다. 빚을 내 준 사람은 빚진 사람이 잘되기를 바라지만 빚진 사람은 빚을 내 준 사람이 존재하지 않았으면 하는 바람을 갖는다(1167b18-25). 공교롭게도 아리스토텔레스 자신은 이 생각이 틀렸다고 생각한다. 빚을 내 준 사람은 실제로는 빚을 진 사람이 잘되기를 바라는 것이 아니라 원금과 이자의 상환을 바란다. 그러나 만일 선행을 베푸는 사람과 선행을 받는 사람 사이에 발생하는 관계의 규정이 다른 모든 측면에서 올바른 것이라면, 우리는 선행을 베푸는 사람은 선행을 받는 사람들에게 어떤 것을 되받기를 원한다는 사실과 또한 선행을 받는 사람은 단순하게 선행을 베푸는 사람이 존재하지 않기를 바란다는 사실을 발견해야만 할 것이다. 그러나 우리가 발견하는 사실은 이런 것들이 아니다. 아리스토텔레스는 정반대로 선행을 베푸는 사람은 선행을 받는 사람들이 비록 현재나 미래에 자신들에게 아무런 유익을 가져다주지 않는다고 할지라도 그들을 사랑하고 있다고 주장한다. 게다가 선행을 받는 사람들은 자신들에게 어떤 편의를 제공해 주는 사람들로서 선행을 베푸는 사람들에게 고마움을 느낀다. 이런 근거하에서 아리스토텔레스는 선행을 베푸는 사람과 선행을 받는 사람의 관계와 빚을 내 준 사람과 빚을 진 사람의 유비관계를 거부한다.

그러나 빚을 내 줌의 개념과 빚을 짐의 개념이 심지어 오늘날에도 관계에 관한 사람들의 이해 속에 굉장히 큰 영향력을 발휘하고 있음을 주목할 필요가 있다. 특별히 이 점이 명확하게 드러나는 한 가지 실례는 다른 사람에게 선물을 선사하는 관행 속에 나타난다. 때때로 사람들은 선물을 받는 일에 거의 **분개하는** 모습을 보인다. 왜냐하면 선물을 받는 일은 이제 그들이 선물을 되돌려 줘야 할 **빚을 지고 있다**는 함축으로 지각되기 때문이다. 이는 경제적 개념과 법률적 개념이 얼마만큼 우리의 상호 인격적인 관계에 영향을 끼치고 있는지 극명하게 보여 주고 있다.

본문으로 돌아가서 아리스토텔레스가 여기서 선호하는 유비관계는 제작자(선행을 베푸는 사람)와 작품(선행을 받는 사람) 사이의 관계이다. 의인화해서 표현한다면 제작자는 작품이 자신을 사랑하는 것보다 더 많이 자신의 작품을 사랑하고 있다. 이런 맥락에서 주는 것과 사랑하는 것이 받는 것과 사랑받은 것보다 우정에 더 적합한 것이라고 아리스토텔레스가 주장하고 있는 『니코마코스 윤리학』 제8권 제8장을 주목하는 일은 매우 가치 있다. 우리는 다음에 나오는 주장으로부터 이 관계의 구조에 관해서 많은 것을 배울 수 있을 것이다.

> 작품이 제작자인 그들을 사랑하는 것보다, 그들이 더 그 작품을 사랑한다. 이것의 원인은 다음과 같다. 즉 존재가 모든 사람에게 선택할 만한 것이며 사랑할 만한 것이고, 우리는 활동을 통해서 존재하는데, 제작자는 어떤 의미에서 활동(*energeia*)을 통해 작품(*ergon*)으로 존재하기 때문이다. 제작자는 작품을 사랑한다. 왜냐하면 존재를 사랑하기 때문이다. 이것은 다른 한편 자연스러운 것이기도 하다. 어떤 것이 그 가능태에 있어서 무엇이었는지는 작

품이 활동을 통해서 드러내 주기 때문이다(1168a6-9).

선행을 베푸는 활동을 통해서, x는 자신을 실현시키고 자신의 선행을 베푸는 행동 속에서 그 자신이 실현되어 가는 모습을 '지켜보게 된다.' 이 주장은 별난 진술이지만 다음과 같은 필자의 개인적인 예를 살펴봄으로써 아리스토텔레스의 의미를 아마도 파악할 수 있을 것이다. 몇 년 전 필자는 뉴질랜드의 더니든(Dunedin)에 있는 한 버스 정류소에서 버스를 기다리고 있었다. 나는 매우 크고 무거운 가방 2개와 텐트 하나를 가지고 있었다. 게시판에 적힌 버스 시간표에는 운행노선이 비교적 자세하게 명시되어 여행객들에게 도움을 주었지만 어디에서 몇 시에 출발하는지는 전혀 표시되어 있지 않았다. 거기서 2시간 정도를 기다리고 있었는데 내가 손을 들어 히치하이크 표현을 하지 않았는데도 갑자기 차 한 대가 정차했다. 운전자는 70대 초반 정도로 보이는 신사분으로 나에게 목적지가 어디냐고 물었다. 나는 기차역에 가야 한다고 말했고 그는 흔쾌하게 나를 그곳까지 태워다 주었다. 그는 나를 앞자리에 앉히고 **혼자서** 버스 정류소에 있는 나의 가방들을 옮겨와서 트렁크에 실었다. 목적지에서 나를 내려 줄 때도, 작별인사를 하기 전에 다시 한 번 그 혼자서 내 가방들을 기차역 입구까지 옮겨다 주었다. 그가 한 행동들은 나에게 좋은 감명을 주었다. 여기서 아리스토텔레스의 논점은 더니든의 그 주민은 기차역에 데려다 줌으로써 나에게 도움을 베푸는 과정 속에서 자신의 가능태를 실현시켰고 또한 우리가 자신의 가능태를 실현시키는 만큼 **존재하는** 것이기 때문에 그 신사분은 여전히 자신이 살아 있음을 느끼게 되었던 것이다.[107]

---

107 이에 관한 탁월한 설명을 위해서 N. J. H. Dent, 1988, 131쪽과 비교하라.

그러나 이 구조는 악의적인 관계에도 역시 적용될 수 있는 것처럼 보인다. 왜냐하면 나는 다른 사람에게 굴욕을 주는 과정 속에서도 나의 가능태를 실현하면서 내 자신이 더 완전하게 또한 철저하게 살아 있음을 보여 줄 수 있기 때문이다. 이런 설명은 해결하기 힘든 가능성들을 내포하고 있으며 우리는 다음 장에서 다뤄지는 아리스토텔레스의 자기애와 이기심 사이의 구분을 정리하면서 이 문제를 다시 살펴보게 될 것이다.

『니코마코스 윤리학』 제9권 제8장

선행의 본성에 관한 아리스토텔레스의 설명은, 비판가들이 주장하듯이, 행동의 궁극적인 기반은 전적으로 이기적인 것(self-interested)이라는 인상을 독자들에게 남길 수 있다. 비록 표면적으로 x가 관대한 행동을 수행할 수 있음에도, 이 행동은 단순한 겉모습에 불과하다. 왜냐하면 그가 단순히 그렇게 행동함으로써 그 자신의 절대적 생존의 즐거움을 맛보는 것에 불과할 수 있기 때문이다. 다음과 같은 흄(D. Hume)의 매우 설득력 있는 논증을 고찰해 보자.

> 이 견해는 **모든** 선행은 단지 위선이고, 우정은 속임수이며, 애국심은 희극이며 정절은 신뢰와 신용을 얻기 위한 올가미라고 말하고 있다. 또한 우리 모두가 실제로는 오직 사적인 이익만을 추구하면서, 다른 사람들을 무장 해제시키고 우리의 간계와 음모에 그들을 노출시키기 위해서 이런 공평이라는 가면을 쓰고 있다고 주장한다.[108]

---

108 D. Hume, 1751〔1983〕, Appendix II ; J. Butler, 1983, 'Sermon XI' 과 비교하라.

비록 아리스토텔레스는 우리는 우리 자신들을 유달리 사랑한다는 점이 사실이라고 생각할지라도(우리가 탁월성을 갖춘 사람일수록 더욱더 그렇게 할 것이다), 그는 흄과 마찬가지로 우리의 상호 인격적인 관계들의 이와 같은 침울한 자화상을 거부할 것이다.

아리스토텔레스는 이 쟁점과 관련된 반론들이 제기하는 현상들의 특성들을 고찰하면서 이번 장을 시작한다. 결함 있는 사람들은 모든 것을 자신들의 이익을 위해서 행위하고 자신들이 원하는 것을 확보하기 위해서 어떤 짓도 서슴지 않고 다할 것이며 결코 다른 사람들의 이익을 위해서 '자기 자신의 것을 미루지 않을 것이다' (1168a32-33). 이 견해에 따르면 탁월성을 갖춘 사람과 훌륭한 사람은 오직 고귀한 것을 위해서만 행동하며 그가 훌륭할수록 더 고귀한 행동을 할 것이며 자기 자신의 이익을 조금도 고려하지 않을 것이다. 이 설명은 오직 결함 있는 사람은 자기 자신의 이익을 위해서 행동하는 반면, 탁월성을 갖춘 사람은 타인의 이익을 위해서 또는 '고귀한 것' 을 위해서 행동한다는 점을 제안하고 있다. 다른 견해는 우리는 가장 친한 친구를 가장 많이 사랑해야 한다는 것이다. 아리스토텔레스는 이미 『니코마코스 윤리학』 제9권 제4장에서 우리는 유달리 우리 자신들에게 친구가 되며 이 사실로부터 우리는 우리 자신을 유달리 사랑해야만 한다는 결론이 도출된다고 주장했다. 이 주장은 자기애(self-love)와 관련된 물음을 제기하고 있다.

이 난제를 해결하기 위해서 아리스토텔레스는 일반적으로 생각되는 자기애의 형식은 통탄할 만한 것이라고 규정한다. 그는 다른 사람들의 몫을 희생시키면서 자신들에게 돈이나 명예나 또는 육체적인 즐거움의 큰 몫을 배당하게 될 때 사람들은 마땅히 비난을 받아야 된다고 생각한다(1168b17 이하). 아리스토텔레스는 이런 방식으로 행동함으로써 사람들은 영혼의 비이성적인 부분과 그 욕구들을 만족시키게 된다고 주장한다. 이 사람들은 부정적인 의미에서 '자기를 사랑하는 사람'(philautos)이라고 불리며 그들이 비난받는 것은 정당하다(1168b23).

그런 다음 아리스토텔레스는 습관적으로 올바른 것과 고귀한 것을 행하려고 노력하는 사람 그리고 항상 관대하고 친절하며 용감한 사람을 고려해 볼 것을 우리들에게 요구하고 있다. 확실히 어느 누구도 그런 사람을 이전 문단(1168b25-28)에서 전개된 의미로 '자기를 사랑하는 사람'이라고 부르지 않을 것이다. 그러나 아리스토텔레스는 이 두 번째 사람이 첫 번째 사람보다 **훨씬 더** 자기를 사랑하는 사람처럼 보인다고 주장한다(1168b29-31). 그는 이 주장을 두 가지 이유에서 정당화하고 있다. 첫 번째로, 이 사람은 자신에게 가장 훌륭한 것을 부여하고 있다. 그것은 고귀한 것으로 이것을 위해서 탁월성을 갖춘 사람들이 행동하게 된다. 두 번째로 이 사람은 영혼의 이성적인 부분을 만족시키고 있으며 이 부분이 자신의 가장 고귀한 부분이기 때문에 그는 자기 자신의 가장 훌륭한 부분을 만족시키게 되는 것이다.

그렇다면 어떤 근거에서 우리는 이 두 종류의 사람들을 구분할 수 있을까? 아리스토텔레스의 생각은 다음과 같은 주장처럼 보인다. 탁월성을 갖춘 사람은 욕구가 아닌 이성에 따라 행동하기 때문에 그 자체로 자신에게 이용 가능한 수단들의 참된 가치를 반영하는 방식으로 행동하는 것이다. 그러나 결함이 있는 사람은 자신들 앞에 놓인 욕구들에 따라 행동함으로써 그 자체로 자신의 삶 속에 전혀 질서를 갖지 못한다. 비록 결함이 있는 사람은 자신을 사랑하려고 노력할지라도 그는 자신과 다른 사람들에게 모두 상처를 주기 때문에 그 일에 실패하게 된다(1169a13-14).

아리스토텔레스는 앞에 기술된 용어들을 통해서 우리는 자기희생의 의미를 파악할 수 있다고 생각한다(1169a26 이하). 자신의 삶을 포기하는 일의 예상 결과는 우리가 우리 자신을 유달리 사랑한다는 생각과 갈등을 빚고 있는 것처럼 보인다(후자의 생각은 우리가 어떠한 대가를 치루더라도 우리 자신을 살아 있게 만들도록 노력해야 한다는 점을 제안하고 있다). 그러나 다음과 같은 예를 살펴보자. x가 아내와 함께 집으로 돌아가다가 무장 강도를 만나게 되었다. x는 혼자서 위험을 모면하기 위해서 아내를 남겨둔 채 도망쳤고 이 일로 말미암아 그는 자신의 목숨을 건질 수 있었다. 그러나 그는 자신이 사랑하는 사람을 위험 속에 방치했다는 사실을 깨닫지 못했다. 이런 행동은 해야 할 고귀한 것(*kalon*)이 아니기 때문에 x는 자신에게 가장 훌륭한 것을 부여하는 일에 실패한 것이다. 그러나 사랑하는 사람을 보호하기 위해서 몸부림치다가 x가 살해를 당했다고 생각해 보자. 이 사건은 분명히 비극이다. 고귀하고 가치 있는 삶이 다른 사람의 탐욕(또는 그 무엇이든지)에 의해서 불필요하게 희생되었다. 비록 x는 사악한 것을 행하지 않았기 때문에 아틀리오스(*athlios*), 즉 불쌍한 사람이 아님에도, 그는 불행을 겪었기 때문에 에우다이몬이 될 수도 없다(1100b35 이하). 아리스토텔레스는 확실히 고귀한 것을 위해서 행동하는 것은 최소한 어떤 경우에는 우리에게 해가 될 수 있다고 생각한다(1117a33-b23). 그럼에도 우리는 오직 고귀한 것을 위해서 행동함으로써 훌륭한 사람이 될 수 있는 기회를 만나게 된다(1105b12). 이런 동기가 존재하지 않는다면, 어떤 사람의 행동들은 그것들에 가치를 부여하는 특성을 잃어버리게 될 것이다.

『니코마코스 윤리학』 제9권 제9장

아리스토텔레스의 몇 가지 초기 주장들은 에우다이몬적인 사람은 친구가 필요 없다는 잘못된 생각을 떠올리게 할 수 있다. 진술된 가정에 따르면 결국 그는 모든 좋은 것들을 소유하고 있고 자족적이기 때문에 어떤 면에서 친구를 필요로 하지 않을 수 있다. 아리스토텔레스는 이런 일련의 사유를 불합리한 것으로 거부하고 있다(1169b9). 그는 우정이 에우다이몬적인 삶에 필수적인 것이라고 생각하는 3가지 이유들을 제시하고 있다. 첫 번째로, 친구는 가장 위대한 외적 좋음인데 어떤 사람이 모든 좋음들을 소유하고 있다고 말하면서 가장 위대한 외적 좋음을 갖지 못한다면 우스꽝스러운 일이 될 것이다(1169b9-11). 두 번째로, 좋은 것들을 받는 것보다 베푸는 것이 더 훌륭하기 때문에, 탁월성을 갖춘 사람은 좋은 것을 베풀 수 있는 대상으로 친구를 필요로 하게 될 것이다(1169b11-13). 세 번째로, 우리는 다른 좋은 것들을 다 가지고 있으면서 혼자 사는 일을 선택하지 않을 것이며 또한 평생을 낯선 사람과 함께 보내고 싶지 않을 것이기 때문에 에우다이몬적인 사람은 친구를 필요로 한다(1169b17-22).

그러나 아리스토텔레스는 분명하게 앞 단락에서 전개된 3가지 논증들만으로 충분하다고 생각하지 않는다. 그는 에우다이몬적인 삶은 우정을 포함하고 있다는 자신의 결론을 지지하기 위해서 매우 흥미롭지만 한편으로는 당혹스러운 논증들을 전개하고 있다.

첫 번째 논증은 1169b29-1170a4에서 나오는 구절에 포함되어 있다. 아리스토텔레스는 에우다이몬적인 삶이 활동적이며 훌륭한 삶이라는 사실과 우리는 그 자체로 좋은 것을 사랑하는 자들이라는 사실을 회상하면서 논의를 시작한다. 우리는 자신의 행동보다는 이웃의 행동을 더 잘 관찰할 수 있기 때문에, 우리 자신의 행동에 나타난 좋음보다는 우리 이웃의 행동에 나타난 좋음을 더 잘 관찰할 수 있다는 결론이 도출된다.[109] 탁월성을 갖춘 사람은 '고귀한 것을 사랑하는 자'이기 때문에,

109 I. Kant, 1996, 392쪽.

그는 다른 사람들의 탁월성을 갖춘 행동들에 매력을 느끼게 될 것이고 그 행동들을 관찰하는 일에 즐거움을 느끼게 될 것이다. 이 주장을 "한 친구가 뭔가 조금씩 성공할 때마다 내 안에 있는 어떤 것이 죽어 간다"라고 말하는 고어 바이덜(Gore Vidal)의 강렬한 논평과 비교해 보자.[110] 그가 자신의 탁월성보다는 다른 사람들의 탁월성을 더 잘 관찰할 수 있는 만큼 그는 관찰 대상이 될 수 있는 친구를 요구할 것이다. 그러나 이 논증의 모호성을 부정할 수는 없다. 왜냐하면 이 주장이 어떻게 탁월성을 갖춘 사람은 자신의 선호와는 정반대인 완전하고 완벽한 삶을 살기 위한 **필요조건**과 동일한 것이 되는지 명백하지 않기 때문이다.

두 번째 논증은 1170a5–10에 기술되어 있다. 혼자 사는 사람의 삶은 단독으로 연속적인 활동을 유지하는 것이 매우 어렵기 때문에 힘든 것이라고 주장한다. 그러나 본성이 비슷한 탁월성을 지닌 다른 사람들과 협력하면 그런 활동을 훨씬 좀 더 쉽게 유지할 수 있다. 따라서 만일 우리가 어려울 때에 우리의 기운을 북돋워 주는 마음이 맞는 사람들에 둘러싸여 있다면, 우리는 좀 더 계속적으로 탁월성을 갖춘 사람들이 될 수 있을 것이다. 그러나 이 구절은 다른 곳에서는 인간적인 업적의 정점으로 규정되었던 에우다이몬적인 사람의 지위를 감소시키는 것처럼 보인다.

1170a13–b19에 기술된 마지막 논증은 아마도 세 가지 논증들 중에 가장 모호한 것이 될 것이다. 이 논증 속에서 아리스토텔레스는 다음과 같은 결론을 주장하고 있다. "훌륭한 친구는 훌륭한 사람이 본성상 선택할 만한 것으로 보인다." 그는 이 주장을 다음과 같은 근거에서 진술하고 있다. 삶은 그 자체로 좋은 것이고 즐거운 것이다. 이 주장은 모든

---

110 *The Sunday Times*, 1973년 9월 16일자.

사람이 삶을 욕구한다는 사실로부터 도출될 수 있는 결론이다. 산다는 것은 지각하는 것이며 또한 이해하는 것이다. 우리는 지각하면서 또한 이해하면서 우리 자신이 지각하고 있고 이해하고 있다는 사실을 깨닫게 된다. 따라서 삶 자체는 선택할 만한 것이다. 훌륭한 사람은 자기 자신과 관련되어 있는 것처럼 자신의 친구와 관련되어 있기 때문에, 친구의 삶도 동일한 방식으로 선택할 만한 것이다. 함께 삶으로써(생각과 대화를 공유하면서) 훌륭한 사람과 그의 친구는 좋은 것을 지각하게 된다. 다시 말하면, 그들은 살아 있는 존재로서 자신들을 지각하는 것과 동일한 자신들의 지각 작용과 이해 작용을 인식하게 될 것이다. 그렇다면 x가 훌륭한 친구와 함께 사는 것은 선택할 만한 것이다. 에우다이몬적인 삶은 자족적인 것이기 때문에(즉 아무것도 결핍되지 않기 때문에), 에우다이몬적인 사람은 선택할 만한 가치 있는 것 없이는 존재할 수 없다. 따라서 에우다이몬적인 사람은 반드시 훌륭한 친구들을 가져야만 한다.

이 주장은 복잡한 논증이기 때문에 여기서는 이 논증에 관한 완전한 평가와 분석이 이뤄질 수 없다. 그러나 필자는 능동적인 선행의 본성에 관련해서 『니코마코스 윤리학』 제9권 제7장에서 우리가 고찰한 논점이 이 논증 속에 완벽하게 표현되어 있다고 생각한다. 또한 우리는 그 구절의 논의 속에서 제기되었던 물음에 관한 답변의 출발점들을 이 논증에서도 찾아볼 수 있다. 즉 결함이 있는 사람은 자신의 존재가 통탄할 만한 행동들 속에 있음을 깨닫게 될 것이다. 아리스토텔레스는 결함이 있는 삶은 질서를 결핍하고 있다고 주장한다. 왜냐하면 바로 결함이 있는 사람의 특성이 삶의 상황 속에서 어떤 좋은 것의 중요성을 과대평가하거나 과소평가하기 때문이다. 그런 삶의 경험은 정확하게 그런 삶을 영위하는 사람에게 고통스러운 것이 될 것이기 때문에 좋은 것이 되지 못할 것이다. 예를 들어, 화를 잘 내는 사람을 생각해 보자(『니코마코스 윤리학』 제4권 제5장). 그는 실제적인 사실 이상으로 자신이 부당한 위법행위의 피해자라고 간주하는 경향이 있다. 그래서 그 자체로 그는 자신의 분노의 원인이 되는, 심지어 그 자신에게도, 고통스러운 상태인 '피해자가 되는 상태' (victimized)를 자신이 경험하고 있다고 생각한다. 그래서 그는 삶을 부정의한 것, 악의가 가득한 것, 보복의 대상 등등으로 간주하게 된다. 이렇게 되면 그는 삶이 좋은 것이라는 인식을 경험하지 못하게 될 것이다. 따라서 비록 탁월성을 갖추지 못한 사람도 어떤 의미에서는 자신의 행동 속에서 자신의 존재를 깨닫을 수 있음에도, 삶이 좋다는 것을 전혀 경험하지 못할 것이고 매사에 자신을 '최전방에 나가 싸워' 야만 하는 사람으로 묘사하게 될 것이다. 비록 (인식된) 전투가 어떤 사람의 사기를 북돋워 줄 수 있을지 몰라도, 전투는 배제와 고립을 함의하고 있으며 그것들은 일반적으로 생명의 원천이 되거나 삶을 돈독하게 해 주는 것들이 아니다.

지금까지 우리는 다양한 형태의 우정들을 고찰해 보았고 완벽한 우정은 똑같은 탁월성을 갖춘 사람들 사이에 형성된 서로 사랑하는 관계라고 규정했다. 그런 다음 우리는 에우다이몬적인 삶에서 우정의 역할을 검토했고 능동적인 선행의 성격을 분석해 보았다. 이런 주제 연구는 인간에게 적합한 훌륭한 삶에 관한 이해와 우정 그 자체에 관한 이해를 우리들에게 풍성하게 제공해 주었다. 필자의 견해에 따르면 이 연구는 『니코마코스 윤리학』 제8-9권에 특별하게 면밀한 주의를 기울여야 함을 확증해 주고 있다.

연구를 위한 물음들

1. 어떤 의미에서 우정은 탁월성이라 할 수 있는가?

2. 우정은 한 종류인가 여러 종류인가?
3. 우정은 자주 발생하는가?
4. 우리의 모든 행동들은 이기적인 것들인가?
5. 왜 에우다이몬적인 사람은 친구들을 필요로 하는가?

『니코마코스 윤리학』 제10권

서론

『니코마코스 윤리학』 제10권은 즐거움과 에우다이모니아 모두에 관한 두 번째 논의를 포함하고 있다. 『니코마코스 윤리학』 제7권에 기술된 즐거움에 관한 대략적인 설명에서 우리는 아리스토텔레스의 목적이 그 자신의 적극적인 이론을 주장하기보다는 즐거움은 좋은 것이 아니라는 (그의 생각에는 잘못된) 견해를 약화하려는 것이라고 제안했다. 우리는 『니코마코스 윤리학』 제10권에서 즐거움이 유일한 좋은 것이 아니라 하나의 좋은 것이라는 견해에 관한 유사한 공격을 발견한다. 그러나 또다시 몇몇 주석가들에 따르면 아리스토텔레스는 그 자신의 적극적인 이론을 주장하고 있다. 즐거움은 영혼의 방해받지 않는 활동에 부수적으로 일어나는 결과이다. 논의 속에서 우리는 아리스토텔레스가 실제로 그 자신의 완벽한 이론을 제시하려는 의도를 가지고 있었는지 아닌지 결정해야만 할 것이다.

에우다이모니아의 두 번째 분석은 다음과 같이 쉽게 진술된다. 그것은 테오리아(*theoria*), 즉 관상이다. 비록 아주 쉽게 진술된다고 하더라도, 이 설명은 악명 높은 해석의 문제를 『니코마코스 윤리학』의 독자들에게 던져 주고 있으며, 수많은 학술 서적들이 존재하는데도, 『니코마코스 윤리학』 제1권의 설명과 『니코마코스 윤리학』 제10권의 설명 사이의 관계는 여전히 불분명하다. 여기에는 두 종류의 문제들이 존재한다. (i) 본문들 간의 관계 설정과 그것들의 일관성에 관련된 본문 비평 문제, (ii) 에우다이모니아의 본성과 그것에 '도덕적인 좋음'(그것이 무엇이든지 상관없다)이라는 이름의 부여와 관련된 이론적인 문제. 『니코마코스 윤리학』 제10권 제6-8장에 관한 논의에서 우리는 먼저 문제들을 구체적으로 상술하고 그런 다음 완벽한 대답은 될 수 없을지라도 한 가지 해결점을 고찰하게 될 것이다.

『니코마코스 윤리학』 제10권 제1-2장

즐거움에 관한 논의에서 아리스토텔레스가 제시한 명백한 근거들은 1152b1-7에 기술된 근거들과 다른 것처럼 보인다. 거기서 그는 (i) 즐거움은 정치학의 고유한 대상이라고 주장했으며, 또한 (ii) 즐거움은 탁월성의 구성 요소이며 또 다른 설명을 요구한다고 주장했다. 『니코마코스 윤리학』 제10권에서 아리스토텔레스는 탁월성에서 즐거움의 역할을 되풀이해서 주장하며 1104b10에서는 특별히 훌륭한 교육에서 즐거움의 역할에 대해 주장하고 있다. 그러나 정치학의 대상은 공동체의 시민들을 위한 에우다이몬적인 삶의 성취이며 또한 즐거움은 탁월성의 부분이기 때문에, 아리스토텔레스는 즐거움이 정치학의 대상이라고 실제적으로 주장하고 있다. 따라서 필자의 생각에 『니코마코스 윤리학』 제10권의 명백한 동기에는 어떤 커다란 불일치가 존재하는 것처럼 보이지 않는다.

아리스토텔레스의 첫 번째 목표는 그가 에우독소스(Eudoxos)의 견해라고 추정하는 것이다. 그것은 즐거움이 (최고) 좋은 것이라는 견해이다(1172b10). 비록 아리스토텔레스는 이 결론을 도출하기 위해 몇몇 에우독소스의 논증들을 기술하고 있지만, 우리의 논의는 다음 두 가지 논증들에만 집중될 것이다. 첫 번째 논증의 구조는 아래와 같다.

1. 모든 동물들은(이성적 동물과 비이성적 동물) 즐거움을 추구한다.
2. 모든 동물이 추구하는 것은 가장 선택할 만한 목적이다.
3. 가장 선택할 만한 목적은 최고 좋은 것이다.

따라서

4. 즐거움은 최고 좋은 것이다.

아리스토텔레스 자신은 1094a1-3에서 전제 (2)와 전제 (3)을 수용하고 있다. 이는 그가 에우독소스의 견해를 타당한 것으로 간주했음을 보여준다. 그러나 그는 결론 (4)를 명백하게 거부한다. 따라서 우리는 무슨 근거에서 그렇게 거부하고 있는지 검토해야만 할 것이다. 아리스토텔레스의 첫 번째 비판은 매우 실망스럽다. 그는 사람들이 에우독소스의 논증을 논증의 타당성에 관한 평가 때문이 아니라 그의 '탁월한 절제심' 때문에 받아들였다고 주장한다(1172b17-18). 왜냐하면 그 자신이 '즐거움의 친구'가 아니기 때문에 사람들은 그가 결론의 진위와 관련해서 어떤 기득권도 갖지 않았다고 가정함으로써 그 결론은 **반드시** 참이 되어야만 한다고 생각했다. 이 모든 주장들이 옳을 수 있지만, 제시된 논증을 반박할 수는 없다. 이 논증이 타당한 것처럼 보이기 때문에, 결론 (4)의 부정은 전제들 중의 하나의 부정을 함의한다. 앞에서 이야기했던 것처럼 아리스토텔레스는 전제 (2)와 전제 (3)을 수용하기 때문에 그가 이 논증을 부정하는 것은 전제 (1)의 부정을 함의한다. 브로디(S. Broadie)는 아리스토텔레스가 전제 (1)이 불충분하다는 생각을 가지고 있었다고 제안한다. 왜냐하면 그 전제는 즐거움이 단일할 것이라는 점을 제안하고 있기 때문이다. 그러나 아리스토텔레스 자신은 즐거움이 본질적으로 다양한 것이라고 생각하고 있다(1175a21).[111] 따라서 전제 (1)은 모든 동물들이 추구하는 즐거움이 하나만 있는 것이 아니기 때문에 잘못됐다.

우리가 살펴보게 될 두 번째 논증은 난해한 것이다. "(에우독소스의 주장에 따르면) 또한 좋은 것들 중 무엇이든지 그것에 예를 들어 정의로운 일을 하는 것에나 절제함에 즐거움이 덧붙여지면, 그 좋은 것은 더욱 선택할 만한 것이 된다. 왜냐하면 좋음은 좋음 자체에 의해 증대되기 때문이라고 주장한다"(1172b24-26). 그러나 여기서 명확하지 않은 것은 이 주장이 어떻게 즐거움이 좋은 것이라는 주장을 위한 논증과 동일한 것이라고 가정될 수 있는가라는 점이다. 아마도 이 주장은 다음과 같은 생각을 포함하고 있을지도 모른다.

(i) 최고 좋은 것은 자족적인 것이다: 그것은 다른 어떤 좋은 것의 추가에 의해서 향상될 수 없다(1097b14-16).

(ii) 즐거움은 다른 어떤 좋은 것의 추가에 의해서 향상될 수 없는 (유일한) 것이다.

따라서

(iii) 즐거움은 최고 좋은 것이다.

만일 이 논증이 에우독소스의 추론 절차라면, 우리는 다음과 같은 아리스토텔레스의 논평들을 이해할 수 있게 된다. 그는 즐거움이 어떤 다른 좋은 것의 추가에 의해서 향상될 수 없다는 주장을 거부하고 있다

111 C. Rowe and S. Broadie, 2002, 430쪽.

(1172b30-32). 아리스토텔레스는 『필레보스』에서 즐거움은 실천적 이성의 추가에 의해서 향상된다고 주장한 플라톤을 인용하고 있다(20d-22c). 실천적으로 지혜로운 사람은 그가 어떻게 행동하는 것이 훌륭한 것인지 정확하게 판단하기 때문에 가장 고귀한 즐거움을 경험하게 될 것이다. 우리는 여기서 에우독소스에 대한 아리스토텔레스의 대답에 관한 연구를 그만 종료하고 즐거움은 과정이라는 견해에 관한 그의 고찰을 살펴볼 것이다.

『니코마코스 윤리학』 제10권 제3장

아리스토텔레스의 초기 논의는 즐거움은 과정이라는 견해를 거부했지만, 우리는 『니코마코스 윤리학』 제10권에서 그 주제에 관한 더 포괄적인 논증을 발견하게 된다. 즐거움은 좋은 것이 아니라는 결론을 지지하는 논증은 다음과 같다.

a. 좋은 것은 완전한 것이다.
b. 과정은 불완전한 것이다.
c. 즐거움은 과정이다.
따라서
d. 즐거움은 좋은 것이 아니다.

여기서 '완전한 것'이라는 용어의 사용은 자연스럽게 『니코마코스 윤리학』 제1권 제7장을 상기시켜 준다. 만일 어떤 목적이 오직 그 자체를 위해서 추구되고 또 다른 목적을 위해서 추구되지 않는다면 그 목적은 완전한 것이다. 아리스토텔레스는 이 도식이 에우다이모니아에게도 적용될 수 있다고 생각하기 때문에 암묵적으로 전제 (a)를 승인하고 있다. 과정은 어떤 또 다른 목적을 위해서 취해진다. 나는 빵을 만들기 **위해서** 밀가루와 누룩을 섞어서 굽는다. 따라서 전제 (b)도 역시 옳은 것처럼 보인다. 그렇다면 아리스토텔레스는 결론 (d)를 거부하길 원하기 때문에 그는 반드시 전제 (c)를 거부해야만 한다. 바로 이것이 우리가 찾고 있는 것이다. 그의 전략은 과정들의 특성을 찾아서 그것들이 즐거움의 특성들이 아니라는 점을 증명하는 것이다. 아리스토텔레스는 과정들이 빠른 것 또는 느린 것으로 규정될 수 있다고 주장한다(1173a34). 예를 들어 나는 빵을 빨리 구울 수도 있고 느리게 구울 수도 있으며 또는 집을 빨리 지을 수도 있고 느리게 지을 수도 있다. 그러나 아리스토텔레스는 비록 우리가 빠르게 즐거움을 느낄 수 있다는 사실을 인정하고 있을지라도, 즐거움은 빠른 것 또는 느린 것으로 규정될 수 없다(1173b1)고 주장한다. 따라서 아리스토텔레스는 즐거움이 과정과 같은 동일한 특성들을 가지고 있기 않기 때문에 전제 (c)를 거부한다.

비록 아리스토텔레스는 복원의 과정으로서 즐거움이라는 생각에 기초해서 즐거움이 과정이라는 결론을 위한 몇 가지 다른 논증들을 구상하고 있을지라도, 필자는 그 논증들에 대해서 더 이상 논평하지 않을 것이다. 그 대신 우리는 간략하게 수치스러운 즐거움들에 대한 아리스토텔레스의 주장들을 살펴보면서 그 주장들이 즐거움에 대해서 적절하게 설명하고 있는지 아닌지 검토하게 될 것이다. (이 문제는 『니코마코스 윤리학』 제7권에서도 역시 다뤄졌다. 1152b22-24를 참조하라.) 우리가 이 명백한 현상에 대해서 주장할 수 있는 것은 그 자체로 매우 많은 논쟁을 불러일으킨다. 만일 우리가 그런 것들은 즐거움의 종개념**이다**라고 말한다면, 즐거움이 좋은 것이라는 주장은 틀린 것이 된다. 만일 우리가 그런 것들은 전혀 즐거움의 종개념이 아니라고 말한다면, 우리는 왜 어떤 사람들은 그것들을 추구하는지에 대한 설명을 제시해야만 한다. 아리스토텔레스는 제5장에서 이 문제에 관한 해결책을 제시하고 있다. 여기서 그는 소위 비열한 즐거움에 관해서 제시된 다양한 의견들을 기술하고 있다.

그러나 먼저 아리스토텔레스가 수치스러운 즐거움 또는 비열한 즐거움을 언급할 때 그가 염두에 두고 있는 즐거움이 어떤 종류인지 살펴보자. 이것들을 살펴보면서 우리는 선결문제의 오류에 빠지지 않도록 조심해야만 한다. 따라서 필자는 시험적인 예들을 제시할 것이다. 아리스토텔레스는 자기 자식을 먹거나 또는 시체 성애(necrophilia)와 같은 것들에서 즐거움을 취하는 모습을 염두에 두고 있다고 쉽게 생각할 수 있다(『니코마코스 윤리학』 제7권 제5장과 비교하라). 그는 그런 '즐거움들'에 관한 세 가지 잠정적인 해석들을 제시하고 있다. 첫 번째 견해는 그런 것들은 실제로는 전혀 즐거움이 아니라는 해석이다. 그런 것들에서 즐거움을 얻는 것처럼 보이는 사람들은 그들이 **실제로** 즐거움을 느끼는 것처럼 착각에 빠져 있는 것이다. 그런 행동들은 즐거운 것처럼 나타나 보일 수 있지만 그 이유는 단지 그것들을 즐기고 있는 그 사람이 아마도 질병에 의해서 어떤 나쁜 조건 속에 놓여 있기 때문이다.[112] 두 번째 견해는 즐거움이, 오직 수치스러운 원인에 의해서 발원된 것이 아니라면, 그 자체로 선택할 만한 것이라는 해석이다. 그렇다면 자신의 자식을 잡아먹는 행동은 즐거운 것이지만 실제로는 수치스러운 것이다. 왜냐하면 그 즐거움의 원인이 수치스러운 것이기 때문이다. 세 번째 견해는 즐거움은 다양한 종류로 구성되기 때문에 어떤 것은 고귀한

---

112 만일 우리가 즐거움을 그 행위 주체의 품성 상태라고 간주한다면, 우리는 어떤 사람이 그 자신의 품성 상태에 대해서 착각하고 있다는 사실을 이해할 수 없을 것이다. 만일 어떤 사람이 그는 즐거움을 경험하고 있다고 주장한다면, 우리가 그는 잘못 생각하고 있다고 말할 수 있는 상황들은 존재하지 않는다.

것이고 다른 것은 수치스러운 것이라는 해석이다(1173b22-28). 앞으로 살펴보겠지만, 아리스토텔레스가 선호하는 대답은 세 번째이지만, 이를 파악하기 위해서 우리는 반드시 『니코마코스 윤리학』 제10권 제5장에 제시된 즐거움의 가치에 관한 그의 설명을 검토해야만 한다.

「니코마코스 윤리학」 제10권 제4장

즐거움에 관한 아리스토텔레스의 명백하게 긍정적인 설명은 즐거움은 그것이 지속되는 동안 어느 시점에서나 완벽한 것이라는 주장과 함께 시작된다(1174a15). 이 주장은 이해하기 어려운 견해이다. 그러나 아리스토텔레스가 곧바로 제시하고 있는 예들의 비교를 고찰해 보면 그 주장의 의미를 파악할 수 있다. 집을 건축하는 과정을 예로 들어 보자. 집을 건축하고 있는 **기간 중**의 시점에서 보면 그 집은 불완전한 것이다. 그러나 집이 다 지어져 건축이 완료된 상태의 시점에 보면 이 주장은 틀린 것이다. 사실상 그 집은 지금은 다 완성된 건물의 건축 **과정의** 일부였다고 말하는 것이 옳다. 그러나 그 동일한 주장이 즐거움에는 적용될 수 없다. 즐거움을 경험하고 있는 상태의 어느 시점이든지 그 사람은 즐거워하고 있다고 또는 즐거움을 경험하고 있다고 말하는 것은 옳다. 아리스토텔레스는 즐거움은 예외가 되는 과정들의 또 다른 특성을 소개하고 있다. 그것은 과정은 시간이 걸린다는 점이다. 여기서 논의할 수 있는 생각은 집을 건축하거나 빵을 굽는 일은 시간이 걸린다는 점이다. 그러나 비록 우리가 일정 기간 동안 즐겁게 지낸다고 말할 수 있음에도, 즐거운 상태에 있는 것은 시간이 걸리지 않는다.

지금까지 아리스토텔레스는 즐거움은 어떤 과정이 아님을 증명하기 위한 몇 가지 이유들을 우리들에게 제시했다. 이 증명은 전적으로 부정적인 기획이 아니었으며 우리는 몇 가지 긍정적인 결과들을 도출할 수 있었다. 첫 번째로, 즐거움은 그것이 지속되는 동안 완전한 것이다. 두 번째로, 즐거움은 분리 가능한 것이 아니다. 즉 일종의 전체라고 할 수 있다. 이 특성들이 쾌락과 과정을 구별하여 주는 요소들이다. 그러나 우리는 여전히 즐거움에 관한 적극적인 설명을 얻지 못했다. 아리스토텔레스는 다음 구절에서 그런 적극적인 설명을 제시하고 있다고 간주된다.

> 모든 감각은 자신이 감각할 수 있는 대상에 관계해서 활동하되, 가장 완벽하게 활동하는 것은 좋은 상태의 감각이 그 감각에 해당하는 감각 대상들 중 최선의 것에 관계할 때이다. 완전한 활동이란 무엇보다도 바로 이러한 것인 듯 보인다. 감각 자체가 활동하는 것이라고 이야기하든 감각기관이 활동하는 것이라고 이야기하든 아무 차이가 없다고 하자. 그렇다면 각각의 감각에 있어서 최선의 활동이란 가장 좋은 상태의 감각이 그 감각에 해당하는 감각 대상들 중 가장 훌륭한 것에 관계할 때 나오는 활동이다.

> 바로 이 활동이 가장 완전하며 가장 즐거울 것이다. 모든 감각마다 그것에 따른 즐거움이 존재하며, 마찬가지로 사유와 관조에 따른 즐거움도 존재하는데, 가장 완전한 것이 가장 즐거운 것이니까. **좋은 상태의 감각 혹은 사유가 자신의 감각 혹은 사유에 해당하는 대상 중 가장 충실한 대상에 관계할 때 가장 완전하다. 즐거움은 활동을 완성시킨다**(1174b15-24; 강조는 필자의 것임).

이 구절의 의미들은 다소 모호하다. 그러나 아리스토텔레스 이 구절 속에 '가장 완전한 활동'에 관한 분석을 제시하고 있다는 점은 명확하다. 어떤 지각 능력의 활동은 다음과 같은 조건들 속에 주어질 때 가장 완벽하다. (a) 지각 능력이 좋은 조건에 놓여 있을 때 완벽하다. 아리스토텔레스에 의하면 이 표현은 그 능력이 자신의 기능을 잘 수행하고 있음을 의미한다. (b) 지각 능력이 가장 고귀한(*kalon*) 대상과 관련해서 활동하고 있을 때 완벽하다. 조건 (a)는 비교적 간단한 것처럼 보인다. 손상된 지각 능력은 자신의 독특한 활동을 완벽하게 실행하지 못할 것이다. 그러나 조건 (b)는 여러 해석의 문제들을 불러일으킨다. 지각 능력의 가장 고귀한 대상이란 무엇일까? '칼론' (*kalon*)이라는 말은 때때로 '아름다운 것' 이라고 번역된다(이 번역어는 '*calli*graphy' 〔서예, 즉 아름다운 서체〕와 같은 영단어들의 기초가 된다). 따라서 아리스토텔레스는 지각 능력이 대상들 중에서 가장 아름다운 것과 관련되어 있을 때에만 완전한 것이 된다고 생각했을 수도 있다. 이 주장은 오직 우리의 지각 능력들이 가장 '미학적으로 유쾌한' 대상들과 관련되어 활동할 때만 완전하게 발휘된다는 점을 의미하는 것처럼 해석될 수 있다. 그러나 필자는 아리스토텔레스가 그런 견해를 가졌다고 믿을 만한 아무런 이유도 존재하지 않는다고 생각한다. 필자에게는 아리스토텔레스가 활동의 대상은 가장 **훌륭한** 것임을 의미하고 있다는 생각이 훨씬 더 타당한 것으로 생각된다. 어윈(T. H. Irwin)이 본문의 강조된 부분에서 '칼론' 을 그렇게 번역하고 있다. 이 설명에 따르면 어떤 활동은 만일 지각 능력이 그 능력에 적합한 가장 훌륭한 대상과 관련되어 작동한다면 가장 완전한 것이 된다. 이 해석은 가장 훌륭한 대상들이란 무엇인가라는 물음을 또 남기지만 오직 미학적으로 유쾌한 대상들이 어떤 활동들을 완전하게 만든다는 매우 제한적인 함의 사항을 불필요하게 재생산해 내지 않는다.

이런 문제들을 잠시 한 구석에 제쳐 두고 두 가지 다른 주장들을 발견하게 된다. (i) 가장 완전한 활동은 가장 즐거운 것이다. (ii) 즐거움은 그 활동을 완전하게 만든다. 이 주장과 관련해서 우리에게는 아직도 즐거움에 관한 충분한 분석이 제시되지 않았다. 다만 우리는 어떤 종류의 활동들이 가장 즐거운 것인지에 관해서 이야기를 들었고(답: 가장 완전한 활동들) 또한 무엇이 이 활동들을 완전한 것으로 만드는지에 관해서 이야기를 들었다(답: 즐거움). 그러나 즐거움 그 자체에 관한 분석은 아직까지 제시되지 않았다. 이 해석학적 쟁점은 몇몇 주석가들로 하여금 『니코마코스 윤리학』 제10권 제1-5장에 진술된 아리스토텔레스의 근본적인 목표를 재검토하도록 만들었다. 그 진술들은 즐거움에 관한 구성적 설명(a constitutive account)을 제공하고 있는가(즉, 무엇이 즐거움인지를 말하기)? 또는 그 진술들은 즐거움에 관한 기능적 설명(a functional account)을 제공하고 있는가(즉 즐거움은 무엇을 하고 있는가를 말하기)? 아리스토텔레스의 일차적인 목표는 즐거움의 기능(*ergon*)을 상술하는 것이라고 생각하는 강력한 이유들이 존재한다. 그러나 가장 두드러진 문제는 즐거움 그 자체의 명확한 분석의 부재이다. 예를 들어서, 우리는 (즐거움이 무엇을 하는가에 관해서) 즐거움은 일종의 필연적인 결과로서 어떤 활동을 완전하게 만든다는 사실을 알았다(1174b34). 또한 우리는 (즐거움이 무엇을 하는가에 관해서) "즐거움은 활동을 증진시키거나 자극한다"라는 사실을 알았다(1175b1). 그러나 우리는 즐거움 그 자체가 무엇인지에 관해서는 아무것도 들은 바가 없다.

만일 우리가 그런 해석을 수용한다면, 적어도 두 가지 설명 불가능한 쟁점들이 존재하게 된다. 첫 번째로, 즐거움의 기능(*ergon*)은 무엇인가? 두 번째로 1154b33-34와 1174a13에 진술된 아리스토텔레스의 주장들을 통해서 우리는 무엇을 알 수 있는가? 이 두 구절들은 모두 그 목표가 즐거움 그 자체를 분석하는 것이었다. 첫 번째 쟁점과 관련해서 파칼룩(Michael Pakaluk)은 즐거움의 에르곤이 '활동들을 완전하게 만드는 것'이라고 매우 설득력 있게 주장하고 있다.[113] 그의 생각은 즐거움이 활동과는 다른 목적이지만, 그 목적의 추구는 활동을 완전한 것으로 만들어 준다는 것이다. 다시 말하면 즐거움을 목적으로 하면서 우리가 실행하는 활동은 위에 나온 조건 (a)와 조건 (b)를 만족시키게 된다.[114] 따라서 즐거움의 기능은 우리가 즐거움을 추구하는 과정 속에서 우리의 활동들을 완전한 것으로 만드는 것이다. 이 주장이 바로 즐거움과 고통과 관련해서 우리가 자녀들을 올바르게 양육해야 하는 것이 왜 중요한 일인지 말해 주는 이유가 된다. 실제적으로 즐거운 것을 추구함으로써 아이들은 탁월성에 맞게 행동하게 될 것이다.

그러나 즐거움의 분석을 제시했다는 아리스토텔레스의 주장은 어떻게 해석해야 할까? 우리는 1154b33-34에 제시된 주장들 중의 첫 번째는 편집자가 삽입한 주장이라고 생각하기 쉽다. 우리가 위에서 살펴봤던 것처럼, 현재 우리가 갖고 있는 『니코마코스 윤리학』의 분류 방식은 아리스토텔레스의 그것과 다르며 수사본을 정리하면서 아리스토텔레스 자신이 승인하지 않았던 몇몇 논평들이 포함되었을 가능성도 존재한다. 그러나 이런 해석은 만족할 만한 것이 되지 못한다. 아마도 아리스토텔레스는 자신이 즐거움의 본성에 관해 어떤 것을 진술했다고 생각하고 있을 것이다. 즐거움은 어떤 전체이고 분리 불가능한 것이다. 그리고 즐거움은 행동의 활력소이다.[115] 확실히 후대 사상가들은 즐거

---

113 M. Pakaluk, 2004, 311쪽. Pakaluk의 전체 논증은 이 문제와 관련해서 다뤄 볼 가치가 충분히 있는 논의이다.

114 M. Pakaluk, 같은 책.

115 저 유명한 칸트의 표현인 "즐거움은 삶의 감정이다"와 유사하다. I. Kant, 1790 〔1952〕, 42쪽.

움을 더 이상 분석될 수 없는 기초 개념으로 간주했다.[116]

우리는 지금까지 즐거움에 관한 아리스토텔레스의 긍정적인 설명을 검토해 봤으며 기능주의적 해석이 본문에 좀 더 충실한 것처럼 보임을 알게 되었다.

『니코마코스 윤리학』 제10권 제5장

아리스토텔레스는 이 논의 속에서 수많은 흥미로운 쟁점들을 제기하고 있다. 여기서 우리는 두 가지 논점들에 집중하게 될 것이다. 첫 번째, 아리스토텔레스는 즐거움은 그것이 완전하게 만드는 활동들에 따라 변화한다고 주장한다(1175a22-25). 엄슨(J. O. Urmson)이 주장하듯, 시를 낭독하는 즐거움은 우표를 수집하는 즐거움과 다르다.[117] 두 번째 논점은 첫 번째 논점으로부터 도출된다. 즐거움은 그 자체로 아무런 가치를 갖지 않는다. 즐거움이 갖는 가치는 그것을 수반하는 활동의 가치에 의해서 결정된다(1175b25-35). 여기서 우리가 앞에서 검토한 소위 비열한 즐거움과 관련된 물음에 대한 아리스토텔레스의 답변이 주어진다. 즐거움 그 자체는 칭찬받을 만한 것도 아니고 비난받을 만한 것도 아니다. 비열한 즐거움이라고 우리가 부를 수 있는 것은 어떤 사람이 비난받는 활동 속에서 취하는 즐거움이다. 따라서 만일 자식을 먹는 것이 매우 비난받을 일이고 나는 내 자식을 먹으면서 즐거움을 느낀다면, 나의 즐거움은 매우 비열한 것이다.

에우다이모니아에 관한 아리스토텔레스의 두 번째 논의로 넘어가기 전에 즐거움에 관한 두 번째 논의의 일련의 추론 과정을 정리해 보는

116 예를 들어, E. Burke, 1990, 30쪽을 보라.

117 J. O. Urmson, 1988, 104쪽.

것은 매우 가치 있는 일이다. 우리들은 아리스토텔레스가 우선적으로 즐거움의 역할을 파악하는 데 관심이 있었다고 해석했다. 즐거움의 역할은 활동들을 완전하게 하는 것이다. 즉 우리의 능동적인 능력들이 어떤 결함에 의해서 방해받지 않고 완벽하게 기능하면서 어떤 활동들이 그 능력들에 적합한 가장 훌륭한 대상들과 관련되어 발휘된다면 그것들은 완전한 활동들이 된다. 즐거움 그 자체는 그런 활동과 동일한 것이 아니지만 그 활동에 수반되는 결과이며 그 자체로 그것이 수반하고 있는 활동들에 따라서 다양하게 변한다. 즐거움은 그 자체로 좋은 것도 아니고 나쁜 것도 아니다. 즐거움의 명백한 가치는 실제로 그것이 완전하게 만들어 주는 활동의 가치이다.

『니코마코스 윤리학』 제10권 제6장

『니코마코스 윤리학』 제10권 제6-8장에서 아리스토텔레스는 에우다이모니아의 본성에 관해서 논의하고 있다. 이것은 그 자체로 놀랄 만한 일이 아니다. 왜냐하면 우리는 『니코마코스 윤리학』 제1권 제7장에서 진술된 에우다이모니아에 관한 요약이 나중에 보충될 것이라는 주장을 1098a22-23에서 들었기 때문이다. 그러나 놀랄 만한 사실은 에우다이모니아에 관한 두 번째 논의가 『니코마코스 윤리학』의 다른 곳에서는 기술된 설명들과 일치하지 않으며 또한 훌륭한 삶에 관한 우리의 직관적 통찰과도 부합되지 않는 것처럼 보인다. 이 사실로부터 해석의 어려움이 발생한다. 첫 번째 방법은 두 가지 설명들 사이의 명백한 갈등을 무시하고 설명하는 것이며 두 번째 방법은 지금 우리 앞에 놓여 있는 『니코마코스 윤리학』에 기술된 갈등하는 이론이 왜 존재하는지 설명하는 것이다. 우리는 이 쟁점들을 아래에서 검토하게 될 것이다. 그러나 필자는 우리 각자에게 의미를 부여하는 물음에 빛을 던져 주는 견해와 관련해서 우리가 아리스토텔레스의 본문을 참고하고 있다는 사실을 기억해 두는 게 좋을 것이라고 생각한다. 이 충고는 우리가 명백한 모순들을 발견하게 될 때 그 본문을 단순하게 폐기해야만 한다는 것을 의미하지 않는다. 필자는 다음 논의가 논쟁의 심각성을 나타내 주고 있다고 믿고 싶다. 오히려, 인간에게 있어 가장 훌륭한 삶의 본성에 관한 우리 자신의 견해들을 명료하게 하기 위해서 우리는 본문들을 검토해야 한다고 말해야만 한다.

이 장들에서 아리스토텔레스는 명확하게 다양한 종류의 삶들을 대조하려는 의도를 보여 주고 있다. 그런 삶들의 정확한 본성과 그 삶들과 『니코마코스 윤리학』 제1권 제5장에 기술된 '삶들'과의 연관성은 매우 많은 논쟁을 불러일으킨다. 제6장에서 아리스토텔레스는 『니코마코스 윤리학』 제1권 제7장으로부터 개념의 제한조건들을 다시 불러오고 있다. 그것들은 에우다이몬적인 삶이 완전하고 자족적인 것이라는 사실이다(1176b3-7; 1097a27-b21과 비교하라). 그다음 그는 '오락적인 삶'이 이런 제한 조건들을 만족시키는 것처럼 보이며 '에우다이모니아'라는 명칭의 경쟁자가 된다고 주장한다. 우리는 오락들이나 놀이들을 다른 어떤 것을 위해서가 아니라 그 자체를 위해서 선택하는 것처럼 보인다. 따라서 즐거운 놀이들은 완전한 것들이며 만일 어떤 활동이 완전하면, 그것은 자족적인 것이라는 결론이 도출된다(1097b8). 때때로 이 삶은 1095b19-21에서 강력하게 거부된 '즐거움의 삶'을 반복하고 있는 것처럼 생각된다. 그러나 최소한 우리는 이 해설서에서 이 주장이 아리스토텔레스의 진술이라고 전제하고 '즐거움의 삶'을 이성적 부분이 결핍된 육체적인 만족을 위한 삶으로 해석해 왔다(1098a2; 1147b4와 비교하라). 그러나 여기서 아리스토텔레스가 그렇게 제한된 삶을 염두에 두고 있었는지는 명백하지 않기 때문에(그러나 1176b10-

13과 1176b21-22를 비교하라) 우리는 아마도 영혼의 이성적인 부분의 활동이 발휘되고 있는 오락들을 포함시킬 수 있을 것이다.

명백한 사실은 아리스토텔레스는 오락적인 삶을 에우다이몬적인 삶이라고 생각하고 있지 않다는 것이다(1176b29). 그 이유는 비록 오락이 완전한 것일지라도, 그것은 **가장** 완전한 삶의 목적이 아니기 때문이다. "우리의 목적이 오락이며, 고작 즐겁게 놀기 위해 우리가 삶 전체에 걸쳐 애쓰고 어려움을 감내한다는 것은 이상한 일이기 때문이다"(1176b29-31). 필자는 이 주장이 올바르며 또한 확실히 '오락적인 삶'을 영위하려고 시도하는 사람들의 삶의 특징이라고 생각한다.[118] 게다가 오락 활동이 그 자체로 완전한 것인지도 명백하지 않다. 아리스토텔레스는 우리가 긴장을 풀기 위해서 놀이를 즐기며 다른 행동들에 착수하기 위해서 우리는 오락을 욕구한다고 주장한다(1176b35-36). 이 주장이 물론 올바른 것일 수 있지만 우리는 이 논점을 너무 강조해서는 안 된다. 예를 들어, 어떤 사람이 음악을 들을 때 의식적으로 오락을 다른 활동을 위한 준비로서 생각하고 있다는 주장은 명백하게 옳지 않다.

「니코마코스 윤리학」 제10권 제7-8장

그러므로 아리스토텔레스는 에우다이몬적인 삶에 관한 하나의 분석으로서 '오락적인 삶'을 거부하게 된다. 이제 그는 두 가지 다른 삶들을 소개하면서 에우다이몬의 칭호를 요청하는 그것들 각각의 주장들을 검토하고 있는 것처럼 보인다. 제7장과 제8장은 강력한 논쟁거리를 담고 있다. 왜냐하면 이번 장들에서 아리스토텔레스는 에우다이몬적인 삶이

118 위스망스(Joris-Karl Huysmans, 1884[1959])의 소설에서 에센트(des Esseintes)의 예를 살펴보라.

'관조의 삶' 이며 또한 다른 탁월성들에 따라서 영위된 삶은 어떤 방식으로 보면 '두 번째' 범주에 속한다고 주장하는 것처럼 보이기 때문이다.[119] 이런 명백한 판단은 (적어도) 다음과 같은 두 가지 이유에서 불안의 근원이 되고 있다. (1) 이 판단은 두 구절들 간의 관계와 관련해서 해석학적인 문제를 우리에게 던지고 있다(아리스토텔레스는 『니코마코스 윤리학』 제1권에서 에우다이모니아에 관한 1차적인 견해와 『니코마코스 윤리학』 제10권에서 2차적인 견해를 가지고 있는 것처럼 보인다). 또한 (2) 그 판단은 우리에게 '매혹적인 것' 으로서의 한 측면과 우리에게 '도덕적인 것' 으로서의 다른 측면 모두에서 훌륭한 삶에 관한 우리의 직관적 통찰과 갈등을 빚고 있다. 우리는 두 가지 '삶들' 의 특징들을 고찰하기 시작하면서 쟁점 (1)과 쟁점 (2)의 문제점들을 살펴볼 것이다. 그다음에 우리는 몇몇 가능한 답변들을 생각해 볼 것이다.

제7장에서 아리스토텔레스는 "완전한 에우다이모니아는 자신의 고유한 탁월성을 따르는 활동이다. 이 활동이 관조의 활동이라는 것임은 이미 말한 바 있다"(1177a17-18). 이 주장은 확실히 에우다이모니아의 본성에 관한 명백한 진술처럼 보인다. 그것은 관조의 활동이다. 관조의 활동은 지식의 소유와 지식의 반성으로 간주되었다. 지식은 오직 필연적인 것에 속하기 때문에(1139b21), 관조는 세계에 관한 필연적 진리들에 관한 반성이라는 결론이 도출된다. 아리스토텔레스는 관조의 활동이 인간에게 가장 훌륭한 활동이라는 생각과 관련된 6가지 이유들을 우리에게 제공해 주고 있다.

---

119 T. H. Irwin은 테오리아(*theōria*)를 '연구' (study)로 번역한다. 필자는 여기서 W. D. Ross의 번역을 따르고 있다. 그러나 필자는 아래에서 '테오리아' 라는 말의 의미에 관해서 논의할 것이다.

(i) 직관적 이성(*nous*)은 인간이 가진 가장 좋은 요소이기 때문에 그것의 대상들은 지식의 가장 좋은 대상들이다.
(ii) 관조는 인간이 발휘할 수 있는 가장 연속적인 활동이며 에우다이모니아는 연속적인(영구적인 또는 영속적인) 것이다(1105a35와 비교하라).
(iii) 철학적 지혜와 일치된 활동은 가장 즐거운 것이며 에우다이모니아는 가장 즐거운 것이라고 생각된다(1099a25와 비교하라).
(iv) 관조는 (가장) 자족적인 것이며 에우다이모니아는 자족적인 것이다(1097b8-16과 비교하라).
(v) 관조는 단지 그 자체를 위해서 수행되는 유일한 활동이다(1097a25-b6과 비교하라).
(vi) 에우다이모니아는 여가(자유)에 의존하지만 (관조와는 다른) 탁월성들의 발휘는 우리에게 여가를 허용하지 않는다.

그렇다면 일반적인 전략은 『니코마코스 윤리학』의 다른 곳에서 설정된 에우다이모니아의 특성들을 되새겨보고 관조가 그런 모든 특성들을 가지고 있다(또는 다른 활동보다 더 많이 그런 특성들을 가지고 있다)고 주장하는 것이다. 게다가 아리스토텔레스는 지성의 활동의 최상위성에 대해서 『니코마코스 윤리학』 제10권 제8장, 1178b9-24에서 주장하고 있다. 거기서 아리스토텔레스는 다음과 같은 주장들을 정당화하고 있다. (a) 신들은 가장 최상위 에우다이모니아를 갖는 존재들이다(또는 간주된다). (b) 신들은 오로지 결론만을 관조한다. (c) 관조의 활동은 최상위 활동이다.[120] 따라서 '관조의 삶'은 신적인 것이며 오직 우

120 관조와는 다른 활동을 행하는 신들의 어리석음은 여호와 하나님이 아모스 선지자에

리 안에 존재하는 신적인 요소 때문에 비로소 우리는 그런 삶을 누릴 수 있다.

『니코마코스 윤리학』 제10권 제8장에서 아리스토텔레스는 '행동과 관련된 탁월성의 삶'을 소개하면서 그것이 '두 번째 방식'의 에우다이몬적인 삶이라고 주장한다(1178a9-10). 그가 곧바로 '정의로운 행동과 용감한 행동'을 언급하고 있기 때문에, 우리는 어떤 사람이 『니코마코스 윤리학』 제3권 제6장-제4권에서 설명된 품성의 탁월성을 발휘하는 삶을 여기서 아리스토텔레스가 염두에 두고 있다고 정당하게 가정할 수 있다. 그는 품성의 탁월성이 감정들과 적절하게 관련되어 있다는 사실(1105b27과 비교하라)과 품성의 탁월성은 실천적 지혜와 분리 불가능한 것이라는 사실(1144b31-32)을 우리에게 상기시키고 있다. 이 탁월성들이 감정과 관련되어 있기 때문에 그것들은 '이성을 갖춘 영혼의 부분'과 '이성에 복종하는 영혼의 부분' 간의 혼합물에 속한다.

바로 이런 삶이 『니코마코스 윤리학』이 본문을 통해서 에우다이몬이라고 우리에게 강조하고 있는 것처럼 보이는 '삶'이다. 다섯 권의 책들은(제2권부터 제6권까지) 이 탁월성들이 무엇인지에 관한 검토에 할애되고 있으며, 나머지 세 권의 책들은(제7권부터 제9권까지) 이 탁월성들이 발휘되는 상황들을 기술하고 있다. 그러나 지금까지 우리는 이런 탁월성의 삶이 관조의 삶보다는 외적인 좋음에 훨씬 더 많은 양을 의존하고 있다는 설명을 들었다. 왜냐하면 비록 두 종류의 삶들이 모두 기초적인 생필품과 외적 좋음들의 취득에 관한 몇 가지 대책들을 요구하고 있으면서도, 관대함을 표출하는 행동은 상당한 물질들을 요구하며

게 야곱(이스라엘 백성을 의미)의 징계와 관련해서 실제적으로 사죄하는 것처럼 묘사된 특수한 상황 속에 잘 예시되었다(『아모스서』 제7장 1-6절). 필자는 이 예를 R. Janis(미발표 논문)에게서 빌려 왔다.

절제를 표출하는 행동은 무절제하게 만드는 상당한 물질들을 요구하고 다른 탁월성들도 이런 물질적 좋음들을 요구하기 때문이다(1178a25 이하). 그러나 관조의 활동은 (그 자체로) 이런 물질적 재화들을 전혀 요구하지 않기 때문에 더 자족적인 것이다. 여기서 매우 명백한 함의 사항은 관조의 삶이 행위와 관련된 탁월성의 삶보다 월등하다는 사실이다.

지금까지 우리는 아리스토텔레스가 비교하고 싶은 두 가지 '삶들'을 간략하게 기술했기 때문에, 이제 위에서 제기된 문제 (1)과 문제 (2)의 의미를 살펴볼 수 있을 것이다. 문제 (1)은 일관된 철학 논문으로서 『니코마코스 윤리학』의 해석에 관한 물음이었음을 다시 한 번 생각해보자. 우리는 『니코마코스 윤리학』을 총괄적인 것으로(inclusively) 해석했던 학자들과 그것을 지배적인 것으로(dominantly) 해석했던 학자들 사이의 논쟁을 살펴봤다. 에우다이모니아가 자족적인 것, 즉 어떤 것도 결핍되지 않는 것이라는 주장은 그것이 『니코마코스 윤리학』 제2권 제7장에 언급된 모든 탁월성들의 활동으로 구성된 복합적인 좋음이었음을 제시하는 것처럼 보였다. 이 주장은 에우다이모니아의 총괄주의적(inclusivist) 해석이 옳았음을 보여 주었다. 그러나 『니코마코스 윤리학』 제10권 제7-8장의 주장들은 이 해석이 잘못되었다는 점과 관조라는 **단일** 활동이 에우다이모니아의 구성 요소라는 사실을 주장하는 것처럼 보인다. 그렇다면 이 주장은 지배적인(dominant) 해석이 옳음을 보여 주게 된다. 이 경우 우리는 이런 명백한 모순에 관해서 뭐라고 말해야 할까? 단순히 두 번째 주장이 첫 번째 주장을 대치하고 있는 것일까? 앞에 기술된 '삶들'은 서로 배타적인 것들인가? 또는 이 설명들이 비록 명백하게 그렇게 보이지는 않지만 실제로는 서로 양립 가능한 것들일까?

문제 (2)는 '관조의 삶'인 인간에게 최상의 삶의 본성에 관한 우리의 몇몇 직관적 통찰들과 갈등하는 것처럼 보인다는 사실이었다. 여기서 필자는 단지 두 가지 쟁점들에 한해서 논평하게 될 것이다. 첫 번째 논평은 '관조의 삶'이 수많은 사람들에게 호소력을 갖게 될 것이라는 주장은 결코 명백한 사실이 아니라는 점이다. 우리는 매우 짧고 얼마 안 되는 삶 동안 가능한 모든 시간을 바쳐서 반드시 본성에 관한 필연적 진리들을 관조하려고 노력해야만 한다는 제안은 그 누구에게라도 매우 받아들이기 어려운 것처럼 들린다. 확실히 훌륭한 인격을 갖춘 사람의 삶은 다양한 종류의 활동들을 포함하게 될 것이라고 사람들은 주장할 것이다. 아리스토텔레스도 이 점을 허용하고 있는 것처럼 보일지라도(예를 들어, 1176b32-1177a2를 보라), 그는 명확하게 오직 우리가 관조하는 만큼 에우다이몬이 된다는 점을 강조하고 있다(1178b25-33). 두 번째 쟁점은 '관조의 삶'의 도덕적 수용성에 관한 우리의 직관적 통찰들과 관련되어 있다. 이 관계는 다음과 같다. 만일 삶의 가치의 원천이 관조 활동이라면, 나는 어떤 활동이 궁극적으로 나의 관조 활동을 증진시키는 한도 내에서만 그 활동을 발휘해야만 하는 것처럼 보인다. 그렇다면 합리적으로 나는 관조와 갈등을 빚게 되는 활동들을 중단해야만 한다. 따라서 예를 들어 만일 내가 가족을 갖는 것은 나의 관조를 증진시키기보다는 감소시킨다는 사실을 인식하게 되었다면, 내가 가족을 두고 떠나는 것이 합리적인 것이 될 것이다.[121] 그러나 필연적 진리들을 관조하기 위해서 내가 가족을 떠난다는 것은 매우 비도덕적인 것이므로 그렇게 해서는 안 된다고 생각된다. 명백하게 여기서 아리스토텔레스는 훌륭한 삶들의 영위에 관한 우리들의 직관적 통찰들과

---

121 J. M. Cooper, 1975, 98쪽.

갈등을 빚는 것을 추천하고 있다.

문제들을 구체화했기 때문에 이제 우리는 그 문제들에 관한 가능한 답변들을 검토해야만 할 것이다. 문제 (1)을 먼저 생각해 보자. 우리는 어떤 주석가들이 『니코마코스 윤리학』 제10권 제6-8장은 원래부터 『니코마코스 윤리학』에 속한 것이 아니기 때문에[122] 이 구절과 나머지 본문 사이의 관계를 설명하는 문제는 적절하지 못하다고 주장하는 점을 살펴봤다. 비록 필자는 이 문제를 더 심화하여 고찰하지 않을 것일지라도 이 견해를 지지하는 몇몇 이유들이 존재한다. 예를 들어 1177a 27-b2에 상술된 '자족성' (self-sufficiency)의 기준은 1097b14-16에 기술된 '자족성'의 기준과 다른 의미를 갖고 있다. 첫 번째 구절에서 자족성은 외적인 도움 없이 행해질 수 있는 것으로 언급되고 있는 반면, 두 번째 구절에서는 자족성은 아무것도 결핍됨이 없이 삶을 바람직하게 만들어 주는 것으로 언급되고 있다. 그 자체로는 필연적으로 문제가 되는 것은 존재하지 않는다. 문제가 되는 것은 관조가 『니코마코스 윤리학』 제1권 제7장에서 상술된 원초적 기준들에 상응한다는 점을 근거로 아리스토텔레스가 에우다이모니아를 관조로 분석하려 시도한다는 점이다. 필자는 아리스토텔레스가 『니코마코스 윤리학』 제10권 제7-8장에서 다소 역설적으로 주장하고 있다는 깜짝 놀랄 만한 주장을 포함하고 있는 몇몇 좀 더 극단적인 해명들은 여기서 더 이상 다루지 않을 것이다.[123]

그러므로 『니코마코스 윤리학』 제10권 제6-8장을 아리스토텔레스가 의도한 것처럼 순수하고 진실한 논문의 구성 요소라고 가정한다면, 우리는 에우다이모니아의 본성에 관한 『니코마코스 윤리학』 제1권과 제

122 예를 들어, J. Annas, 1993, 214쪽.

123 J. Molin, 1983.

10권 사이의 명백한 갈등에 관해서 어떻게 설명해야만 할까?[124] 이 일에 착수하기 위해서, 우리는 에우다이모니아에 관한 초기 설명을 상기해야만 한다. 필자는 에우다이몬적인 삶이 탁월성의 발휘에 의해서 형성되고 지시된 삶이라고 제안했다. 쿠퍼(Cooper)의 용어를 따라서 우리는 에우다이모니아를 이차적으로 좋은 것(second-order good)으로 해석했다. 이차적으로 좋은 것은 어떤 개별적인 일차적으로 좋은 것(first-order good)과 동일한 것이 아니라 오히려 일차적으로 좋은 것들의 삶을 영위할 때 발생하는 좋음이다. 이 좋음은 일차적으로 좋은 것들의 참된 가치와 중요성이 삶 속에서 그것의 고유한 위치에 따라 구체화될 때 발생한다. 그러나 『니코마코스 윤리학』 제10권에서 에우다이모니아에 관한 설명은 에우다이모니아를 관조(*theōria*), 즉 직관적 이성(*nous*)의 활동과 동일시한다. 여기서 에우다이모니아를 일차적으로 좋은 것으로 간주하는 것은 매우 충격적이다. 에우다이모니아는 세수하는 것, 선물하는 것, 신발 끈을 묶는 아들을 도와 주는 것과 동등한 수준의 활동이다. 만일 이런 식으로 에우다이모니아가 해석된다면, 아리스토텔레스는 우리가 필연적인 진리들을 관조하면서 일차적으로 좋은 것들 중의 하나를 극대화하려고 노력해야만 한다는 점을 『니코마코스 윤리학』 제10권에서 제안하고 있는 것처럼 보인다. 그러나 엄밀하게 말하자면 에우다이몬적인 삶(**평생 동안** 우리가 에우다이모니아의 구성 요소가 되는 행동들을 실천하는 삶)은 더 이상 가능한 일이 될 수 없다. 왜냐하면 아리스토텔레스가 쉽게 승인하고 있듯이 우리는 계속해서 관조할 수 없기 때문이다. 그럼에도 아리스토텔레스는 전 생애를

---

124 필자는 주석가들이 제시한 답변들에 대한 개관을 여기에 포함시키지 않을 것이다. 이 구절들의 비교에 관심 있는 독자들은 D. Bostock, 2000, 203-209쪽을 참조하라.

통해서 우리는 가능하면 끊임없이 관조하려고 노력해야만 한다고 주장한다. 그래서 우리는 에우다이모니아가 적절하게 지시된 다양한 형태의 좋은 것들로 구성된다는 사실을 제안하는 『니코마코스 윤리학』 제1권 제7장의 해석과 에우다이모니아는 인간의 가능한 범위 내에서 극대화될 수 있는 관조로써 단일 활동이라는 사실을 제안하는 『니코마코스 윤리학』 제10권 제7-8장의 해석을 갖게 된다.

이 문맥에서 아리스토텔레스는 "각 사물의 본성에 고유한 것이 그 사물에게 최고로 훌륭한 것이며 가장 유쾌한 것이다"라는 사실을 우리에게 떠올리게 한다는 점이 가장 중요하다(1178a6-7). 인간의 본성은 신적인 것과 동물적인 것의 합성물이기 때문에(제10권 제7-8장은 이를 명확하게 부정하고 있지 않다) 그는 우리가 초자연적으로 살아가야 한다고 계속해서 추천할 수 없을 것이다. 이 해석은 1178b5-8에서 명확하게 승인되었다. "그러나 에우다이몬적인 사람은 인간이며 또한 다른 수많은 사람들과 더불어 살아가야만 하는 한, 그는 탁월성과 일치하는 행동들을 하는 일을 선택하게 된다." 또한 이 행동들이 '탁월성과 일치하기' 때문에, 그것들은 반드시 실천적 지혜의 능동적인 참여를 함의해야만 할 것이다(1178a17 이하). 그렇다면 에우다이몬적인 삶의 형성은 다양한 활동들을 그것들의 참된 가치와 중요성에 따라 조정하는 일을 포함하게 된다는 결론이 도출된다. 필자는 우리가 될 수 없는 것이 되려고 (헛되이) 노력하는 우리의 참된 본성을 거부해야만 한다는 주장을 아리스토텔레스가 권고하지 않는다고 생각한다.

그러나 앞선 문단의 논점은 "너는 인간이기 때문에, 인간처럼 생각하라"와 "너는 죽을 수밖에 없는 존재이기 때문에, 죽을 수밖에 없는 존재처럼 생각하라"는 경구들을 아리스토텔레스가 거부했던 사실과 일치하지 않으며 또한 "할 수 있는 한 우리는 불멸적인 존재가 되어야만 하며 또한 우리의 최상의 요소와 일치하는 삶을 철저하게 영위해야만 한다"(1177b33-1178a1)는 그의 주장과도 일치하지 않는 것처럼 보인다. 이 주장은 곧바로 아리스토텔레스가 우리의 본성을 합성물로 간주하는 한도 내에서 그는 우리가 **초능력자가** 되도록 노력할 것을 계속 추천할 수 없을 것이라는 필자의 주장과 모순을 이룬다. 이 구절이 갖는 신적인 것을 지향하는 태도는 부정될 수 없는 사실이다. 그러나 정확하게 무엇을 지향해야만 하는 것일까? 이를 알기 위해서 우리는 관조의 본성을 좀 더 자세하게 고찰해야만 할 것이다.

직관적 이성(*nous*)은 명백하게 우리가 가진 최상의 요소라고 간주되며(1177a20) 또한 관조는 지성의 활동에 속한다. 여기서 그리스어 테오리아(*theōria*)의 의미를 생각해 보는 것이 가치가 있을 것이다. 이 말은 문자적으로는 '(지성을 통해서) 바라봄'(seeing), '관찰함'(observing) 또는 '주의를 기울임'(attending to)을 의미한다. 테오리아를 지식(즉 필연적 진리들)에 관한 관조와 동등한 일차적으로 좋은 것으로 해석하는 것은 앞의 논증 (i)과 논증 (iii)에 기초하고 있다. 비록 『니코마코스 윤리학』의 다른 곳에서 직관적 이성(*nous*)은 실천적 지혜의 발휘에서 한 역할을 담당하고 있지만, 많은 주석가들은 이 역할이 『니코마코스 윤리학』 제10권 제8장에 기술된 행위와 관련된 탁월성의 '두 번째' 삶에 포함된다고 생각한다. 따라서 『니코마코스 윤리학』 제1권과 제10권 사이의 명백한 갈등은 좁게는 테오리아를 필연적 진리들에 대한 관조로 해석하는 일에 달려 있다.

그러나 『니코마코스 윤리학』 제10권 제7장에서 직관적 이성에 부여된 의미는 앞선 문단의 해석이 전혀 올바른 것이 아님을 제안하고 있다. 아리스토텔레스는 일관되게 직관적 이성을 영혼의 '지배하는' 부분 또는 '통제하는' 부분과 동일시하고 있다(1177a15; 1178a3-4). 필자가 생각하기에 직관적 이성을 이 사고 노선에 따라 해석하는 일은 『니코마코스 윤리학』 제1권에 기술된 에우다이모니아의 구성 요소가 되는 활동과 부합되는 것처럼 보인다. 그 활동은 모든 것들을 고찰한 후에 수행해야 할 최상의 활동이 무엇인지를 파악하는 활동이며 그런 활동의 이론적인 전개 과정상 이 활동은 훈련의 가장 기초적인 진리들을 파악하고 있어야 한다. 게다가 아리스토텔레스는 『니코마코스 윤리학』 제9권 제9장에서 지각함으로써 우리는 감각지각에 대해서 관조하며 이해함으로써 우리는 이해에 대해서 관조한다고 주장하고 있다. 그렇다면 아리스토텔레스는 직관적 이성의 실천적 전개 과정과 이론적인 전개 과정 모두에서 직관적 이성의 전체 활동에 관한 관조를 염두에 두고 있었다는 주장이 좀 더 합리적인 것처럼 보인다. 이런 해석이 본문의 모든 문제들을 해결한다고 가정할 수는 없지만, 필자는 제시된 갈등을 해결할 수 있는 균형 잡힌 대안이라고 생각한다.

그러나 행위와 관련된 탁월성에 따른 삶이 관조의 삶에 비해 열등한 '두 번째 삶'이라는 아리스토텔레스의 명확한 진술은 무엇을 의미하는 걸까? 앞에서 기술한 해석에 따르면, 만일 직관적 이성의 활동이 두 삶들 속에 모두 현존하고 있다면 그 두 삶들 속에서 어떤 차이가 발견될 수 있을까? 한 가지 해석은 『니코마코스 윤리학』 제10권 제8장에서 기술된 '두 번째' 삶은 필연적 진리들에 관한 관조를 배척하고 있으며 오직 정의, 관대함과 용기의 끊임없는 발휘만을 포함한다고 주장하는 것이다. 이 해석은 최상의 삶은 두 요소들이 결합된 삶이라는 점을 제안하게 될 것이며 또한 행위와 관련된 탁월성의 발휘에 헌신하는 일은 에우다이몬적인 삶의 한 가지 핵심적인 요소를 생략하고 있음을 제안하게 될 것이다. 직관적 이성의 탁월성은 행위와 관련된 탁월성과는 독립적으로 존재하는 것이라는 아리스토텔레스의 주장은 이 해석을 지지해 준다고 간주될 수 있다(1178a23). 그러나 이 모든 해석이 실제로 주장할 수 있는 사실은 직관적 이성이 실천적 지혜의 활동과 분리될 수 있으며 또한 품성의 탁월성과 분리될 수 있다는 것이다.

필자는 문제 (2)에 관한 짧은 논평으로 이 논의를 마무리할 것이다. 이 문제는 다른 사람들과 더불어 사는 삶을 희생하면서 필연적인 진리들에 주의를 집중하는 일의 극대화라고 해석되는 관조의 삶은 비도덕적인 것이라는 주장과 관련되어 있음을 여러분들은 기억할 것이다. 그러나 필자는 앞에서 살펴본 개요에 따르면 우리가 전개해 온 해석과 관련해서 어떤 심각한 문제도 제기되지 않는다고 명백하게 생각한다. 왜냐하면 이 해석에 따르면 아리스토텔레스는 에우다이몬적인 사람이 모든 것을 관조의 극대화에 종속시켜야만 한다는 생각을 고수하지 않았기 때문이다. 에우다이몬적인 사람은 다른 사람들과 함께 또한 그가 품성적인 탁월성을 수행하는 한도 내에서 인간적인 삶을 영위하고 있다. 그러나 그는 인간적인 삶과 모순되지 않게 능동적으로 세계의 본성에 관한 진리들에 주의를 집중하게 될 것이고 또한 그는 인간적인 삶 속에서 인간 조건과 환경의 독특성에 매혹될 것이다.

연구를 위한 물음들

1. 『니코마코스 윤리학』에 기술된 즐거움에 관한 논의들은 서로 양립 가능한가?
2. 아리스토텔레스는 에우독소스의 논제를 반박하는 데 성공했는가?
3. 아리스토텔레스에 따르면 즐거움이란 무엇인가?
4. 관조적인 삶이란 무엇을 의미하는가?
5. 아리스토텔레스는 에우다이모니아에 관한 일관된 설명을 제시하고 있는가?

4장 수용과 영향

서론

이번 장에서 우리는 『니코마코스 윤리학』 제1권의 유산의 여러 측면들을 검토하게 될 것이다. 필자는 뒤에 따라 나오는 설명이 완전하다거나 또는 완전에 가깝다고 말할 수 없기 때문에 '여러 측면들'이라는 말을 의도적으로 사용하고 있다. 『니코마코스 윤리학』에는 우리 자신을 이해하고 또한 다른 사람들과의 관계를 이해하려는 우리의 노력들의 전개 과정에 나타난 여러 가지 개념적 정의들(definitions)이 포함되어 있다. 이것들의 진위는 처음 읽는 독자들에게는 진부한 것들처럼 보이는 수많은 관념들에 의해서 나타나게 된다. 분명하게 드러나는 혁신성의 결핍에는 몇 가지 타당한 이유들이 존재한다.

『니코마코스 윤리학』이 끼친 영향은 뤼케이온(Lykeion)의 교장이자 아리스토텔레스의 후계자로서 품성의 결함 있는 특성들에 관해 상세히 설명하고 있는 『품성론』(*Characters*)을 저술한 테오프라스토스(Theophrastos)의 작품으로부터 시작해서 결함(vice)은 자연적 결핍(natural defect)이라는 관념을 전개하고 있는 풋(Philippa Foot)의 가장 최근 작품인 『자연적 좋음』(*Natural Goodness*)에 이르기까지 광범위하게 미치고 있다. 여기서 우리의 목적은 포괄적으로 『니코마코스 윤리학』의 영향사를 도표로 작성하는 일이 아니다. 사실상 우리의 논의는 몇몇 후대 철학자들과 저술가들에게 미친 『니코마코스 윤리학』의 영향을 검토하게 될 것이다.

우리는 성 토마스 아퀴나스가 『니코마코스 윤리학』을 통해 사용한 개념과 오늘날 '자연법' 이론이라고 알려진 것에 관해서 논평하면서 논의를 시작하게 될 것이다. 그다음에 우리는 『니코마코스 윤리학』과 밀의 『공리주의』(1861)의 관계를 서술하게 될 것이다. 마지막으로 우리는 20세기로 돌아와서 덕 윤리(또는 아레테 윤리)라고 알려진 탁월성 개념의 '부활'을 살펴보게 될 것이다. 이 부활은 안스콤(Elizabeth Anscombe)의 유명한 논문 "현대 도덕철학"(Modern Moral Philosophy, 1958)에 그 기원을 두고 있다. 후대 철학자들은 안스콤이 자신의 논문에서 주장하고 있는 '세 가지 논제들'을 설명하고 있는 것으로 간주되기 때문에 우리는 그들의 철학의 특징들을 간략하게 관찰하게 될 것이다.

I. 아퀴나스(Aquinas)

성 토마스 아퀴나스는 도미니크회 수도사로 특별히 13세기 아리스토텔레스에 대한 주석을 담당했다. 아리스토텔레스의 해석의 목적과 그의 연구 일반의 목적은 기독교와 철학을 조화시키는 것이었다. 그 당시 아리스토텔레스의 작품은 기독교에 위협으로 간주되었다. 아리스토텔레스 철학의 주해를 통해서 아퀴나스는 논쟁을 불러일으키는 아리스토텔레스의 몇몇 논제들을 거부하고 그의 작품을 기독교에 용인되는 형태로 고쳤다. 지나치게 수정했기 때문에, 그 결과 사실상 아리스토텔레스의 작품과 기독교의 조화는 적대감을 불러일으켰다. 홉스(Hobbes)는

17세기 작품 속에서 아리스토텔레스의 철학과 교설이 스콜라 신학자들에 의해 종교에 편입됨으로써 종교개혁이 일어났다고 주장했다.[1] (우연하게도 홉스의 적대적 태도는 더 깊어졌다. '**헛된 철학**에서 출발한 **암흑**에 관해서' 라는 제목을 가진 장에서 그는 "나는 현재 아리스토텔레스 『형이상학』이라고 불리는 것보다 더 부조리한 자연철학은 존재하지 않으며 … 『윤리학』이라는 어떤 분야보다 더 무식한 것은 존재하지 않는다고 생각한다."[2]

아퀴나스는 『니코마코스 윤리학』에 관한 매우 자세한 주석을 집필했으며 그것은 현대에도 매우 유용한 가치를 가지고 있다. 그러나 그는 『신학대전』(*Summa Theologiae*)에서 가장 충실하게 아리스토텔레스의 사상에 관한 이해를 전개하고 있다. 다음 예시문에 나타난 탁월성에 관한 아퀴나스의 논의를 살펴보자.

> 우리는 '아레테' 라는 말이 잠재적인 것을 완전하게 실현하는 탁월성을 의미한다고 생각한다. 이제부터 우리는 어떤 것의 완전성을 우선적으로 그것의 목적과 관련해서 평가하며 잠재적인 것의 목적은 그것을 실현시키는 것이다. 따라서 잠재적인 것은 그것이 현실적으로 발현될 때 완전한 것이라고 불린다(1a.2ae.55).

> 술 취함과 자제 불가능한 음주는 이성의 질서를 결핍하고 있기 때문에 나쁜 것이다. 그러나 이성이 결핍되어 있는 것은 비록 이성과 갈등을 빚고 이성을 손상시킨다고 하더라도 그 자체의 영역에서 어떤 더 작은 능력의 완성을 요

---

1 T. Hobbes, *Leviathan*, 1.12.

2 T. Hobbes, *Leviathan*, 4.46.

> 구한다. 그러나 그런 능력의 완전성은, 이성을 결핍하는 경우에, 아레테라고 불릴 수 없다(1a.2ae.55).

이 짧은 두 구절들은 명백하게 아리스토텔레스적인 것들이다. 첫 번째 구절에서 아퀴나스는 아레테란 어떤 것을 그것의 목적과 관련해서 완전하게 만드는 것이라고 주장한다(1106a17-24와 비교하라). 두 번째 구절에서 이성에 의해서 지도되거나 또는 형성되지 않은 능력 또는 재능은 아레테라고 불릴 수 없다고 말해진다(1144b16-17과 비교하라). 그렇다면 아퀴나스는 아리스토텔레스의 입장을 일괄적으로 수용한 것처럼 보일 수 있다. 그러나 이렇게 주장하는 것은 잘못이다. 아퀴나스는 아리스토텔레스의 수많은 주장들과 논제들을 승인하고 있으면서도 그 자신의 독특한 결론들을 주장하고 있다. 예를 들어, 아퀴나스는 인간의 삶의 목적은 인격화된 좋음으로 간주되는 신이라고 생각했다.

아퀴나스는 다음과 같은 구절 때문에 '자연법' 이론과 관련되어 있다고 생각된다. "법률은 공동체를 책임지고 있는 자에 의해서 반포된 공통적인 좋음을 위한 일종의 이성적인 명령이다"(1a.11ae.90.4c). 그러나 아퀴나스 자신이 이 주장으로부터 '자연법'이란 개념을 형성한 후대의 관행을 승인할 것인지는 분명하지 않다. 우리는 면밀히 관찰해 보면 이 주장이 후대에 적용되면서 행동하는 주체의 삶을 좋은 것으로 만드는 법률들이 파생되고 있음을 발견하게 된다. 법률들은 인간들의 기능에 기초해서 인간에게 좋은 것을 규정하게 된다. 따라서 예를 들어 성교의 기능은 '종의 번식'으로 기술된다. 따라서 인간의 성교 활동은 오직 그것이 자신의 목적, 즉 자손의 산출을 달성하는 범위 내에서만 좋은 것이 된다.

많은 사람들은 종교적 경향과는 무관하게 아마도 성교 활동의 기능은 종의 번식이라는 주장이 명확하지 않다는 근거에 의거해서 이 견해를 타당한 것이라고 생각하지 않을 것이다. 아마도 성교의 기능은 "인간들 사이에 사랑의 결속의 증진 또는 발전"과 같은 다른 어떤 것이라고 생각할 것이다. 그렇다면 인간의 성교는 오직 그런 활동을 영위하는 사람들이 그들 사이에 그런 사랑의 결속을 발전시키는 한도 내에서만 좋은 것 또는 훌륭한 것이 될 것이다.

II. 밀(Mill)

존 스튜어트 밀(John Stuart Mill)은 『공리주의』(*Utilitarianism*, 1861)에서 '최대 행복 원리' (Greatest Happiness Principle)에 대해서 논의하고 있다. 언뜻 보기에 밀의 작품과 아리스토텔레스의 작품 사이에는 몇 가지 두드러진 유사점들이 존재하는 것처럼 보인다. 밀은 자신의 탐구를 최고 좋음(the supreme good)에 관한 탐색으로 제시하고 있다. "철학의 여명으로부터 최고 좋음(*summum bonum*)에 관한 물음, 즉 도덕의 기초에 관한 물음이 사변적 사유의 중요 문제로 간주되었다" (131쪽; 1094a1-b11). 밀은 또한 아리스토텔레스의 철학의 향내를 풍기는 원리들을 전개하고 있다. "두 가지 즐거움들 중에서 만일 두 가지 모두를 경험한 모든 사람 또는 거의 모든 사람들이 선호하는 즐거움이 존재한다면, 그것을 선호하는 감정 또는 도덕적인 의무와 무관하게, 그 즐거움은 가장 바람직한 것이다" (139쪽; 1173a2-3). 또한 세 번째로, 밀은 행복의 성취를 인간의 '궁극적인 목적' 으로 간주하고 있다(137쪽).

그러나 이런 표면적인 유사점이 있지만 두 철학자들 사이에는 현격한 차이점들이 존재한다. 1177b3-4에 기술된 흥미로운 주장을 제쳐 두고서라도 아리스토텔레스는 공리주의자가 아니다. 아리스토텔레스에게 자신의 행동 속에 표현된 행위자의 상태는 그 행동의 가치를 평가하는 데 결정적인 요소이다. 또한 『니코마코스 윤리학』 제2권 제4장의 논의 속에서 지적한 것처럼, 두 사람들은 두 가지 다른 품성 상태를 표현하지만 그럼에도 유사한 행동들을 수행할 수 있다. 자신의 행동을 통해 탁월한 품성 상태를 드러내는 사람만이 칭찬받을 가치가 있다. 그러나 밀에게 품성 상태는 행동의 가치 평가와는 무관한 요소이다. 그는 "행동은 행복을 증진시키는 경향에 비례해서 옳은 것이 되며, 행복의 정반대 결과를 산출하는 만큼 그른 것이 된다"라고 생각한다(137쪽). 바로 행동의 **결과**의 가치가 그것의 도덕적 가치를 결정하게 된다. 물론 밀은 사람의 품성이 갖는 존중할 만한 경향성들이 존재한다고 생각한다(150쪽). 그러나 이 경향성들의 가치는 그것들이 산출하는 행동들의 가치에 의존하고 있다. 따라서 여기서 우리는 비대칭적인 두 견해들을 갖게 된다. 아리스토텔레스는 행동들의 가치가 그것들을 산출하는 품성 상태들의 가치에 의존하고 있다고 생각한다. 반면 밀은 품성 경향성들의 가치는 그것들이 산출하는 행동들의 가치에 의존한다고 생각한다.

게다가 또 다른 차이점은 최고 좋음의 구성에 관한 것이다. 앞에서 살펴본 것처럼 아리스토텔레스는 최고 좋음을 어떤 사람이 전 생애에 걸쳐 영혼의 이성적인 부분의 탁월성을 발휘하게 되는 일종의 삶과 동일시하고 있다. 반면 밀은 최고 좋음을 행복이라고 생각하며 행복은 즐거움과 동일시된다. 언뜻 보기에 행복의 현대적인 개념은 아리스토텔레스의 개념보다는 밀의 개념과 가깝다. 왜냐하면 사람들은 행복을 심리적인 상태라고 생각하는 경향이 있기 때문이다. 게다가 즐거움에 관한 밀의 설명은 즐거움을 양으로 환원시키는 행복지수 계산법(felicific calculus)이라고 불리는 것을 고안해 낸 벤담(Bentham)의 설명보다 더 합리적이다(이 계산법은 어떤 사람이 두 종류의 행동들이 갖는 즐거움을 비교하려 때 필요한 것이다). 그러나 밀은 즐거움의 질적인 차이들도 역시 인정하고 있다(1176b18-24과 비교하라). 그러나 밀이 고급 즐거움과 저급 즐거움을 구분하고 있다 하더라도(137쪽 이하), 아리스토텔레스는 밀의 즐거움에 관한 전체적인 설명을 거부하게 될 것이다. 앞에서 살펴본 것처럼 아리스토텔레스는 즐거움이 그 자체로 가치를 갖는 것이라고 생각하지 않는다. 즐거움의 가치는 그것을 수반하는 활동의 가치에 의해서 결정된다. 따라서 밀의 공리주의는 『니코마코스 윤리학』의 개념들에 의해서 영향을 받았을지라도 아리스토텔레스의 용법과 차이를 갖는다.

III. 안스콤(Anscombe)

안스콤의 "현대 도덕철학"에는 다음과 같은 세 가지 논제들이 담겨 있다. (i) 우리는 적절한 도덕 심리학을 갖기 전까지 도덕철학의 탐구를 중지해야만 한다. (ii) 가능하다면 우리의 어휘 목록에서 '**도덕적인** 의무' 개념 또는 '**도덕적인** 책임' 개념을 사용하지 말아야 한다. 왜냐하면 그 개념들은 윤리학의 초기 개념, 그래서 이제는 죽은 개념에 속하기 때문이다. (iii) 19세기부터 지금까지 영국 도덕철학자들의 주장들 속에 존재하는 차이점들은 거의 중요하게 다뤄지지 않는다(26쪽). 우리는 논제 (iii)은 제쳐 두고 논제 (ii)와 논제 (i) 사이의 관계에 집중해 보자. 안스콤은 '도덕적인 의무' 개념 또는 '도덕적인 책임'이 의존하고 있는 법칙으로서의 윤리 개념(the law conception of ethics)을 거부하고 탁월성에 기초한 윤리학으로 돌아가야만 한다고 생각한다. 그러나 안스콤에 따르면 관련된 심리학적 개념들(예를 들어, '즐거움'과 '행동')에 관한 정확한 개념 정립이 이뤄지지 않았기 때문에, 이 개념들을 명확하게 정립할 때까지 우리는 도덕철학의 연구를 중지해야만 한다.

매우 간략하게 안스콤의 논제 (ii)에 관한 논증을 살펴보자. 그녀는 '의무이다'(ought)라는 개념과 '해야만 한다'(should)라는 개념은 매우 평범한 일상적인 의미를 갖는다고 생각한다. 예를 들어, 우리는 엔진에 오일을 부어야**만 한다**고 말할 수 있다. 그렇지 않으면 엔진은 고장 나기 때문이다(30쪽). 그러나 이 개념들은 도덕에 적용될 때 어떤 사람이 일정한 방식으로 행동해야 하는 법률적 의무를 내포하는 '특수한 의미'를 갖게 된다고 주장한다. "자동차 전용도로에서 시속 70마일 이상으로 주행해서는 안 된다"는 주장 또는 "배우자에게 거짓말해서는 안 된다"는 주장을 생각해 보자. 첫 번째 주장은 인간에 의해서 형성된 법률을 표현하고 있는 반면, 두 번째 주장은 '도덕법칙'을 표현한다. 도덕법칙의 개념은 역사적으로 기독교 교회로부터 출현하고 있으며 교회는 초자연적인 존재인 신이 인간 행동을 지배하는 법칙들을 규정한다고 주장한다. 그러나 지금은 우리가 신적인 입법자라는 개념을 인정하지 않기 때문에, '도덕적 의무' 개념과 '도덕적 책임' 개념은 그 뿌리를 상실한 것이다(31쪽). 예를 들어, '의무'라는 말은 "강요(force)라는 의미를 포함하며 강한 심리적 효과를 미치는 경향을 갖지만, 이제는 더 이상 어떤 실제적인 개념을 의미하지는 못한다"(33쪽).

그러므로 만일 우리가 '도덕적 의무'라는 개념이 법칙으로써 윤리 개념을 함의한다는 점을 받아들이고 또한 만일 우리가 그런 윤리 개념에 관한 근거를 거부한다는 점을 받아들인다면, 우리가 가진 몇 가지 개념들은 더 이상 의미가 없어진다는 사실을 받아들일 수 있다. 우리는

"절도는 그른 짓이다"와 같은 표현을 사용하지 말아야 하며 그런 표현은 "도적질은 불법적인 짓이다"와 같은 표현으로 대체되어야만 한다. "만일 '도적질은 그른 짓이다' 라는 표현 대신에 '진실하지 못한 짓', '상스러운 짓', '불법적인 짓' 과 같은 종류의 표현을 항상 사용한다면 엄청난 진보가 일어날 것이다. 우리는 더 이상 어떤 것이 그른 짓인지 아닌지 물어봐서는 안 된다. 이는 우리가 한 행동에 관한 어떤 사실의 기술로부터 곧바로 옳음/그름의 가치 개념으로 이행하는 것이다. 오히려 우리는 그 행동이 불법적인 것인지 아닌지 물어봐야만 한다"(30쪽). 우리가 가진 도덕과 관련된 현대 전문용어들의 근거 상실은 우리로 하여금 탁월한 품성 상태들을 표현하는 용어들로 복귀할 것을 요구한다. 그러나 우리는 탁월한 품성 상태들이 무엇을 의미하는지 잘 알지 못하기 때문에 우리는 그것들을 설명하기 위해서 도덕 심리학을 명확히 규정할 필요가 있다.

IV. 현대 탁월성 윤리

탁월성에 관한 관심의 부활은 안스콤의 논문으로부터 출발하고 있다. 물론 안스콤의 논문이 발표되기 전에도 탁월성에 관한 연구자들이 존재했지만, 그 이후로 취해진 접근 방식은 안스콤이 제안한 논제들을 그 출발점으로 삼고 있다. 크리습(R. Crisp)과 슬로트(M. Slote)는 『탁월성 윤리에 관한 옥스퍼드 대학 논문 선집』(*Oxford Readings in Virtue Ethics*)의 서문에서 철학자들은 거의 안스콤의 논문의 논제에 대해서 논평하지 않았다고 주장한다(2쪽). 그러나 이 주장에 대한 유명한 예외 사례로 덴트(N. J. H. Dent)의 『탁월성의 도덕적 심리』(*The Moral Psy-*

chology of the Virtues, 1984)를 제시할 수 있다. 덴트의 출발점은 우리가 탁월성과 결함의 본성을 잘 알지 못하고 있다는 안스콤의 논평이었다. 그의 관점에서 보면 플라톤의 통찰과 아리스토텔레스의 통찰은 후대 철학에서 모호해졌기 때문에 그의 의도는 이 통찰들을 복원하는 것이었다(2쪽). 그러나 그의 텍스트는 단순히 플라톤의 주석이나 아리스토텔레스의 주석을 저술하는 것이 아니었다. 덴트는 자신의 생각에 따라 우리가 그들의 작품들에서 발견할 수 있는 영혼이 욕구하는 요소들에 관한 개념 정립과 관련된 논증을 제시하고 있다. 또한 그의 책 속에는 탁월성을 갖춘 행동들과 연관된 개념들이(예를 들어, '실천적 이성', '욕구들', '심사숙고' 등등) 매우 유용하고 명쾌하게 설명되어 있다. 특별히 그는 (몇몇) 욕구들이 실천적인 이성의 발휘에 근거하고 있다는 점을 이해시킬 수 있는 매우 설득력 있는 사례를 제시하고 있다. 다시 말하면, 그는 어떤 사람 속에 내재한 욕구의 현존과 부재는 자연의 축복(또는 저주)에 기인하지 않으며 어떤 환경 속에 놓인 대상들의 중요성에 관한 그 사람의 평가에 의존하고 있음을 밝혀 주고 있다.

안스콤의 논제 (ii)에 관해 논평한 철학자들 중에는 맥킨타이어(Alisdair MacIntyre)도 포함된다. 그는 『덕의 상실』(*After Virtue*, 1981 [1985])에서 현대의 도덕성은 17세기 유럽에서 아리스토텔레스의 사상을 거부했기 때문에 위기 상태에 놓여 있다고 주장하고 있다(37쪽; 56쪽). 그는 아리스토텔레스의 사상의 거부 때문에, 에르곤(*ergon*, 기능) 개념과 인간의 궁극적인 텔로스(*telos*, 목적)가 존재한다는 개념도 역시 거부되었다고 주장한다. 따라서 18세기 도덕 철학은 도덕 명령들이 무엇인지 이해시켜 주는 개념적 도식과 절연된 일련의 도덕 명령들을 후대에 유산으로 남겼다. 그러자 후대 철학자들은 자신들의 도덕적 유산인 이성 또는 감정에 관한 대안적인 근거를 찾아야만 하는 (불가능한) 임무를 떠맡게 되어 버렸다(55쪽). 맥킨타이어는 후대 철학자들은 이 임무를 수행하는 일에 실패했다고 주장한다. 그는 이 위기에 대해서 설명한 다음 탁월성의 개념을 우리가 부활시켜야만 한다고 권고하고 있다. 탁월성에 관한 그 자신의 설명은 사회적 실천이라고 불리는 것과 관련되어 있다. 사회적 실천은 "어떤 이미 확립된 협동적인 인간 활동으로 이를 통해서 그런 활동 형식에 내재된 좋음들이 … 그런 활동 형식에 적합한 탁월성의 표준들을 성취하려고 노력하는 과정 속에서 실현된다"(187쪽). 따라서 브리지(bridge) 카드놀이는 만일 우리가 그 게임에 내재된 좋음을 위해서 한다면 하나의 사회적 실천이 되지만, 만일 우리가 어떤 외재적인 좋음, 예를 들어 구혼자의 존경을 사기 위해서 한다면 사회적 실천이 되지 못할 것이다. 그런 후 맥킨타이어는 탁월성의 역할을 다음과 같은 상황들과 연관시켜 검토하고 있다. (a) 한 개인의 삶의 개별적인 활동들에서, (b) 한 개인의 삶의 전체적인 문맥에서 이뤄지는 활동들에서, (c) 한 개인의 삶과 그가 속한 공동체의 관계 속에서. 비록 그의 설명은 논의에 상당한 자극을 불러일으켰지만, 몇몇 저술가들에 관한 그의 해석은 의문시되고 있다는 점을 끝으로 지적할 필요가 있다.

필자는 마지막으로 허스트하우스(Rosalind Hursthouse)의 『탁월성 윤리론』(*On Virtue Ethics*, 1999)을 언급함으로써 최신 작품들에 관한 간략한 특성 묘사의 결론을 맺고자 한다. 허스트하우스는 신아리스토텔레스주의자로서 결과주의 이론과 의무주의 이론의 중요한 대안으로 제시된 탁월성에 기초한 윤리 이론에 대한 중요 반대 논증들을 직접적으로 반박하고 있다. (허스트하우스 자신은 탁월성 윤리학을 독자적인 윤리학으로 방어하기 위해서 의도적으로 이 접근 방식들 사이에 존재하는 명백한 구분을 강화하려는 의도가 없었음을 지적할 필요가 있다.) 그녀가 탁월성을 갖춘 행동의 동기와 관련해서 아리스토텔레스와 칸트를 검토하고 있는 것은 그녀의 특별한 관심에 속한다. '고귀함을 위한 행동'에 관한 논의와 '의무를 위한 행동'에 관한 논의는 두 철학자들에 관해 전통적으로 제시된 것보다 더 가깝게 두 철학자들의 작품을 관련짓게 만들었다. 필자는 윤리 이론에 관련된 논의에서 아리스토텔레스의 관념들이 갖는 효과를 검토하고 싶은 독자들은 그녀의 책을 읽어 볼 것을 추천한다.

결론

우리는 이 절에서 『니코마코스 윤리학』에 근거를 두고 있는 몇몇 작품들을 매우 선별적으로 살펴보았다. 필자는 이 작업이 인간의 능동적인 삶의 본성을 조명해 주는 『니코마코스 윤리학』의 능력에 관한 증언으로 받아들여져야 한다고 생각한다. 필자는 우리가 『니코마코스 윤리학』 안에서 인간에게 있어서 훌륭한 삶의 본성에 관한 가장 통찰력 있고 심도 깊은 평가를 발견할 수 있었고, 그 만큼 이 책은 우리의 계속된 연구를 가치 있는 것으로 만들어 주었다고 생각한다. 우리가 아리스토텔레스가 스스로 제기한 물음들에 대답하는 그 자신의 해결 방안들에 찬성하든 찬성하지 않든지 간에 그의 물음들 자체는 무시할 수 없을 것이다.

독서 안내

1. 아리스토텔레스 작품 번역본

The Complete Works of Aristotle, 2 vols. Ed. J. Barnes, Princeton: Princeton University Press, 1984.

Nicomachean Ethics, trans., T. Irwin, Indianapolis: Hackett, 1985〔1999〕.

Nicomachean Ethics, trans., W. D. Ross, in *The Complete Works of Aristotle*.

Nicomachean Ethics, trans., C. Rowe with notes by S. Brodie, Oxford: Oxford University Press, 2002.

The Ethics of Aristotle, trans., J. A. K. Thomson, London: Penguin, 1955.

Eudemian Ethics, trans., J. Solomon, in *The Complete Works of Aristotle*.

Magna Moralia, trans., St. G. Stock, in *The Complete Works of Aristotle*.

Virtues and Vices, trans., J. Solomon, in *The Complete Works of Aristotle*.

Rhetoric, trans., W. Rhys Roberts, in *The Complete Works of Aristotle*.

2. 주석

Bostock, D., *Aristotle's Ethics*, Oxford: Oxford University Press, 2000.

Broadie, S., *Ethics with Aristotle*, New York: Oxford University Press, 1991.

Cooper, J. M., *Reason and the Human Good in Aristotle*, Indianapolis: Hackett, 1975.

Fine, G., *On Ideas*, Oxford: Clarendon Press, 1993.

Hardie, W. F. R., *Aristotle's Ethical Theory*, Oxford: Clarendon Press, 1968〔1980〕.

Hughes, G. J., *Aristotle on Ethics*, London: Routledge, 2001.

Hutchinson, D. S., *The Virtues of Aristotle*, London: Routledge, 1986.

Kenny, A., *The Aristotelian Ethics*, Oxford: Clarendon Press, 1978.

Kenny, A., *Aristotle's Theory of the Will*, New Haven: Yale University Press, 1979.

Joachim, H. H., *Aristotle, The Nicomachean Ethics*, Oxford: Oxford University Press, 1955.

Pakaluk, M., *Aristotle: Nicomachean Ethics, Books VIII and IX*, Oxford: Clarendon Press, 1980.

Pakaluk, M., *Aristotle's Nicomachean Ethics*, Cambridge: Cambridge University Press, 2005.

Price, A. W., *Love and Friendship in Plato and Aristotle*, New York: Oxford University Press, 1989.

Ross, W. D., *Aristotle*, New York: Routledge, 1923[1995].

Urmson, J. O., *Aristotle's Ethics*, Oxford: Blackwell, 1988.

3. 논문집

Barnes, J., Schofield, M., Sorabji, R., eds., *Articles on Aristotle*, vol. 2, London: Duckworth, 1977.

Irwin, T. E. ed., *Classical Philosophy, vol. 5: Aristotle's Ethics*, New York: Garland Publishing, 1955.

Heinamen, R., ed., *Aristotle and Moral Realism*, Boulder: Westview, 1995.

Rorty, A. O. ed., *Essays on Aristotle's Ethics*, Berkeley: University of California, 1980.

Sherman, N. ed., *Aristotle's Ethics: Critical Essays*, Lanham: Rowman & Littlefield, 1999.

4. 일반 논문

Acrill, J. L., "Aristotle on Eudaimonia", *Proceedings of the British Academy*, 60, 1974: in Rorty, A. O. ed., *Essays on Aristotle's Ethics*, Berkeley: University of California, pp.339-359, 1980.

Annas, J., "Plato and Aristotle on Friendship and Altruism", *Mind*, 86, pp.532-554, 1977.

Annas, J., "Aristotle on Pleasure and Goodness", in Rorty, A. O. ed., *Essays on Aristotle's Ethics*, Berkeley: University of California, pp.285–299, 1980.

Barnes, J., "Aristotle and the Methods of Ethics", *Revue Internationale de Philosophie*, 34, pp.490–511, 1980.

Burnyeat, M. F., "Aristotle on Learning to be Good", in Rorty, A. O. ed., *Essays on Aristotle's Ethics*, Berkeley: University of California, 1980.

Cooper, J. M., "Aristotle on Friendship", in Rorty, A. O. ed., *Essays on Aristotle's Ethics*, Berkeley: University of California, pp.301–304, 1980.

Curzer, H., "Aristotle's Much Maligned Megalopsychos", *Australasian Journal of Philosophy*, 69, pp.131–151, 1991.

Curzer, H., "Aristotle's Bad Advice About Becoming Good in NE II", *Philosophy*, 71, pp.139–146, 1996.

Finley, M. I., "Aristotle and Economic Analysis", in Barnes *et alii*, 1977.

Glassen, P., "A Fallacy in Aristotle's Argument about the Good", *The Philosophical Quarterly*, 7, pp.319–322, 1957.

Irwin, T. H., "Reason and Responsibility in Aristotle", in Rorty, A. O. ed., *Essays on Aristotle's Ethics*, Berkeley: University of California, 1980.

Irwin, T. H., "Permanent Happiness: Aristotle and Solon", in Sherman, N., ed., *Aristotle's Ethics: Critical Essays*, Lanham: Rowman & Littlefield, 1999.

Kenny, A., "Aristotle on Happiness", *Proceedings of the Aristotelian Society*, pp.93–102, 1965–1966.

Kraut, R., "Two Conceptions of Happiness", *Philosophical Review*, 88, pp.167–197, 1979.

McDowell, J., "The Role of Eudaimonia in Aristotle's Ethics", in Rorty, A. O. ed., *Essays on Aristotle's Ethics*, Berkeley: University of California, pp.359–376, 1980.

Molin, J., "Contemplation and the Human Good", in *Nous*, 1983.

Nagel, T., "Aristotle on Eudaimonia", in Rorty, A. O. ed., *Essays on Aristotle's Ethics*, Berkeley: University of California, 1980.

Owen, G. E. L., "Aristotelian Pleasures", *Proceedings of Aristotelian Society*,

72, pp.135-152, 1971-1972.

Pears, D., "Courage as a Mean", in Rorty, A. O. ed., *Essays on Aristotle's Ethics*, Berkeley: University of California, pp.171-188, 1980.

Robinson, R., "Aristotle on Akrasia", in his *Essays in Greek Philosophy*, Oxford: Oxford University Press, 1969.

Rorty, A. O., "Akrasia and Pleasure: Nicomachean Ethics Book 7", in Rorty, A. O. ed., *Essays on Aristotle's Ethics*, Berkeley: University of California, 1980.

Sorabji, R., "Aristotle on the Role of Intellect in Virtue", in Rorty, A. O. ed., *Essays on Aristotle's Ethics*, Berkeley: University of California, 1980.

Urmson, J. O., "Aristotle's Doctrine of the Mean", in Rorty, A. O. ed., *Essays on Aristotle's Ethics*, Berkeley: University of California, 1980.

Whiting, J., "Aristotle's Function Argument: A Defence", in T. H. Irwin, ed., *Classical Philosophy, Vol. 5: Aristotle's Ethics*, NY, 1995.

Wiggins, D., "Deliberation and Practical Reason", *Proceedings of the Aristotelian Society*, 76, 1975-1976, reprinted in Rorty, A. O. ed., *Essays on Aristotle's Ethics*, Berkeley: University of California, pp.29-51, 1980.

Wiggins, D., "Weakness of Will, Commensurability and the Objects of Deliberation and Desire", *Proceedings of the Aristotelian Society*, 79, 1978-1979, reprinted in Rorty, A. O. ed., *Essays on Aristotle's Ethics*, Berkeley: University of California, pp.251-277, 1980.

Wilkes, K. V., "The Good Man and the Good for Man", in Rorty, A. O. ed., *Essays on Aristotle's Ethics*, Berkeley: University of California, 1980.

Williams, B., "A Formal Sketch of Aristotle's Argument for the Good", *The Philosophical Quarterly*, 12, pp.289-296, 1962.

Williams, B., "Justice as a Virtue", in Rorty, A. O. ed., *Essays on Aristotle's Ethics*, Berkeley: University of California, 1980.

5. 기타 언급된 작품들

Adkins, A. W. H., *Merit and Responsibility*, Oxford: Clarendon Press, 1960.

Annas, J., *The Morality of Happiness*, Oxford: Oxford University Press, 1993.

Anscombe, "Modern Moral Philosophy", in Crisp, R. & Slote, M., 1997.

Aquinas, *Summa Theologiae*, New York: Hafner Publishing, 1953.

Argyle, M., *The Psychology of Happiness*, London: Routledge, 1987.

Athanassoulis, N., "A Response to Harman: Virtue Ethics and Character Traits", *Proceedings of the Aristotelian Society*, 100, pp.215–221, 2000.

Barnes, J., "Introduction", in *Thomson*, 1955.

Burke, E., *An Inquiry into our Ideas of the Beautiful and Sublime*, Oxford: Oxford University Press, 1990.

Butler, J., *Five Sermons*, Indianapolis: Hackett, 1983.

Crisp, R. & Slote, M., *Virtue Ethics*, Oxford: Oxford University Press, 1997.

Davidson, D., "How Weakness of Will is Possible", in *Essays on Actions and Events*, Oxford: Oxford University Press, 1980.

Dent, N. J. H., *The Moral Psychology of the Virtues*, Cambridge: Cambridge University Press, 1984.

Dent, N. J. H., *Rousseau: An Introduction to his Psychological, Social and Political Theory*, Oxford: Blackwell, 1988.

Foot, P., *Natural Goodness*, Oxford: Oxford University Press, 2001.

Goldie, P., *On Personality*, New York: Routledge, 2004.

Hampshire, S., *Two Theories of Morality*, Oxford: Clarendon Press, 1977.

Harman, G., "Moral philosophy meets social psychology", *Proceedings of Aristotelian Society*, 99, pp.315–331, 1999.

Hobbes, T., *Levianthan*, London: Penguin, 1651〔1985〕.

Holton, R., "How Strength of Will is Possible", in S. Stroud and C. Tappolet eds., *Weakness of Will and Practical Irrationality*, Oxford: Clarendon Press, pp.39–67, 2003.

Hume, D., *A Treatise on Human Nature*, Oxford: Clarendon Press, 1978.

Hume, D., *An Enquiry Concerning the Principles of Morals*, Indianapolis: Hackett, 1751〔1983〕.

Hursthouse, R., *On Virtue Ethics*, Oxford: Oxford University Press, 1999.

Huysmans, Joris-Karl, *Against Nature*, London: Penguin, 1884〔1959〕.

Kant, I., *The Moral Law*, trans. H. Paton, London: Hutchinson, 1785〔1948〕.

Kant, I., *The Metaphysic of Morals*, trans, M. Gregor, New York: Cambridge University Press, 1996.

Kant, I., *Critique of Judgement*, trans. J. C. Meredith, Oxford: Oxford University Press, 1790〔1988〕.

MacIntyre, A., *A Short History of Ethics*, London: Routledge, 1967〔1998〕.

MacIntyre, A., *After Virtue*, London: Duckworth, 1981〔1985〕.

Matthews, G., "Weakness of Will", *Mind* 75, pp.405-419, 1966.

Mill, J. S., "Utilitarianism", in *On Liberty and Other Essays*, Oxford: Oxford University Press, 1861〔1991〕.

Montaigne, M., *Essays*, London: Penguin, 1958.

Plato, *Early Socratic Dialogues*, London: Penguin, 1987.

Plato, *Protagoras and Meno*, London: Penguin, 1956.

Plato, *Republic*, London: Penguin, 1955.

Rawls, J., *A Theory of Justice*, Oxford: Oxford University Press, 1971.

Rousseau, J.-J., *The Reveries of a Solitary Walker*, trans., P. Walker, London: Penguin, 1979.

Russell, B., *The Conquest of Happiness*, London: Routledge, 1930〔2003〕.

Shopenhauer, A., *The World as Will and Representation*, 2 Vols., Dover, 1819, 1844〔1961〕.

Shopenhaurer, A., *Essays and Aphorism*, Lonon: Penguin, 1970〔1851〕.

Scruton, R., *Sexual Desire*, London: Weidenfeld & Nicolson, 1985.

Theophrastus, *Characters*, Cambridge, MA: Loeb, 2002.

Veblen, T., *The Theory of the Leisure Class*, Dover, 1899〔1991〕.

Von Wright, G. H., *The Varieties of Goodness*, London: Routledge, 1963.

Williams, B., *Ethics and the Limits of Philosophy*, London: Fontana, 1985.

Wollheim, R., *The Thread of Life*, New Haven: Yale, 1985.

찾아보기